本书受到云南省哲学社会科学优秀学术著作
出版专项经费资助

物以载志

中国第一座水电站的历史人类学考察（1910~2012）

赵晓荣 著

AN OBJECT'S WHISPER：

A Research of Historical Anthropology on the First Hydropower Station in China (1910-2012)

序 言

记得6年前，赵晓荣约我讨论她的博士论文选题时，表达了要做文化遗产方面的研究题目，我非常赞同。只是，我提醒她一定要恰当选点。果然，她选的田野点是云南昆明滇池边的石龙坝水电站，这是一个“非传统”的城市文化遗产，而且仅有百年历史，因此，这是一项并不多见的工业文化遗产考察。

赵晓荣从石龙坝现存的大量遗迹，尤其是那三座百年碑文，以及今天仍在发电的水轮机之间所呈现的文化链接中，进行了这样的阐释：当年石龙坝人自觉办电的行为不单单是以往历史学家所认为的那样，因受西方工业文明濒临城下的一种“冲击－反应”行为，更是一种“被动中的主动”意义上的“文化自觉”行为。当年，石龙坝电站的建设者，无论是政府官员、商贾大亨，还是普通人，面对列强的入侵，均体现了“匹夫有责”的强国热情与民族意识，这在每个人身上都得到充分体现。显然，百年前，石龙坝人在精神方面的追求是受中国传统儒家文化所熏陶，云南官绅商庶外争主权和内争民权的自强壮举，是他们当年立德、立功和立言之不朽践行，这种精神跨越时空一直延续到今天。文化资本存量随着社会文化变迁、时间的流动和行动者的实践或多或少地会发生变化，但不论怎样变化，都改变不了文化资本在世代之间的“传承性”。今天，石龙坝的许多物件已经具有了活的文物的意义，其整个厂区就是一座开放式的博物馆，石龙坝的精神与象征仍在后来的几代人中传承着。

赵晓荣立足当下，在田野中追求具有深远意义的历史，又在历史中对田野资料加以印证，从而使中国近代史上第一座水电站的百年历程，在当代石龙坝人的生活场景以及那些泛黄的档案中得到了鲜活的呈现。赵晓荣不仅将田野看作人类学例行研究园地，而且将田野视作生活本身，通过主体间际的分享重新发现和思考田野中研究者的角色、研究者和被研究者的关系，从而为认识他者与自我、认识百年工厂变迁中的人性的多元形貌提供一种“路径知识”。

赵晓荣以“人类学的文化透镜”观察石龙坝水电站的历程是循着一明一暗的两条逻辑运行的。明的逻辑是国家的逻辑，暗的逻辑是石龙坝人的逻辑即社会的逻辑，这两条逻辑在石龙坝人的实践中是在国家与社会之间做“钟摆运动”。在这种动态平衡的“钟摆运动”中，石龙坝人通过运用种种象征符号赋予日常生产和生活的世界以意义，使物质世界变成象征化的意义世界。同时，石龙坝水电站百年历程中物所承载的人的思想之变迁，从“人－物”的关系视角理解，表现出“传世主义”向“现世主义”的变化。“传世主义”中传承的物不仅是物质遗产，而且是一种历史遗产，是在祖宗和后代之间通过物的传承构成的一股文化流。这股文化流传递的并不仅仅是物质文化，同时还向后代传递了先人的信仰和诠释生活的内在方法，使得过去与现在绵延不断。而传世主义向现世主义的转向也在揭示物质文化并不是一成不变的，它是在特定的历史时空中经由社会结构中的人与物之互动而生发和转变的。

赵晓荣对我讲，她在石龙坝的调研环境一度极为困难与无助，但她的执着与坚持令人感动，她的心血没有白费，我们期待她的《物以载志》早日面世！晓荣一直有自己的学术选择和决断，她在中国人民大学获得人类学博士研究生学位后，又为拓宽自己的研究领域到北京大学光华管理学院做博士后，显然是想把人类学和工商管理学在理论与方法上进行交接，听说她的另一部作品就是这种跨学科的探讨，相信这种跨学科的研究走向会不断地带给她创新观察与研究乐趣，这也是我所希望的。

庄孔韶于北京景山老宅

2016 年 1 月 24 日

目　录

表目录

图目录

第1章　绪论*

1.1　研究缘起

我的工厂像一本很厚很厚
缺角　卷边　泛黄的大书
沉重的内核及其破损的美
只有我能看见
没有谁愿意也不能将它翻动

这是我于2010年在石龙坝水电站做田野调查时，从一位工人布满灰尘的日记本上摘录的一首诗中的一节，他说他是从一本杂志上抄的，这首诗和他们厂，还有他们自己对工厂的感情特别贴切，打动了他的心。当我在他的日记本上看到这首《我和我的工厂》的诗的时候也怦然心动，它牵引着我用人类学的“文化透镜”一页页翻开石龙坝这本百年“大书”，探索它文化变迁背后的奥秘。

本书选择研究石龙坝是出于偶然，2010年夏初的时候我打算做有关“滇越铁路”的研究，因为滇越铁路承载了百年的历史。

* 根据学术惯例，本书对田野调查中所访谈的石龙坝工人的姓名做了匿名处理。

当我 2010 年 8 月 19 日从北方到云南昆明调查滇越铁路时，遇到一位昆明的老水电人，他说没有滇越铁路就没有中国的第一座水电站——石龙坝水电站的建成。石龙坝水电站到 2010 年已有 100 年了。与滇越铁路不同的是，石龙坝水电站是中国的商人自己集资创办的。滇越铁路是法国投资创办的，但是滇越铁路名气很大，而很少有人知道中国第一座水电站在云南石龙坝。滇越铁路几乎都停车了，看不到老火车了，石龙坝水电站却还在运转。他去过石龙坝水电站很多次，工厂、建筑、车间、机器大都还是百年前的老样子，更神奇的是 100 年前的机器现在还在良好地运转。这个老水电人的讲述激发了我的兴趣，我思考着从清末到民国、从抗战到新中国成立、从计划经济到市场经济，从机器到工人，水电站的百年背后蕴含了多少有关物、工人和文化的故事。我迫不及待地向他打听好石龙坝的地址和坐车路线后，就从昆明的小西门坐上 17 路长途车到安宁市，再从安宁市坐私人中巴 25 路到安宁的甸基村下，随后从甸基村沿着土坡步行半个小时，一边走一边问人，最后终于找到了石龙坝。当走进石龙坝发电厂的时候，我诧异、惊奇，怀疑自己走错了路，“一颗印”式的四合院办公楼挂着“水电博物馆”的牌子，古色古香的天井、镂花门窗、立柱、飞檐、碑刻都显示着这里传承了上百年的文化。整个厂区肃穆宁静，如果不是听到第一车间百年老水轮发电机轰隆隆的运转声，我还以为到了古代的庙堂。当一位工人师傅指引着我进入水电博物馆二层的展览室时，那些发黄的档案、古旧的文物静谧地躺在玻璃柜里，吸引着我走进石龙坝的百年历史去探寻它们缄默的外表下所隐藏的历史的生命力。但是不是就以石龙坝为田野点？我有点举棋不定，主要是我已经花了一些时间在滇越铁路上。后来我回到学校后将调查的滇越铁路和石龙坝水电站的初步情况向业师庄孔韶先生汇报，庄先生仔细地听我说田野的情况，他以人类学家敏锐的眼光建议我以石龙坝为研究的田野点，因为滇越铁路通到越南，越南这一段调查起来很困难，而石龙坝是典型的中国工厂，与中国社会的变迁紧密相连，更具有研究的意义。先生悉心地将他做田野研究的法宝向我传授，为此我坚定信心将石龙坝水电站作为研究对象。当有的同学问我的田野点在哪里时，我告诉他们在石龙坝，当他们得知其是云南昆明市的一个工厂时，还很困惑地问我为什么不选择人类学的传统田野点——少数民族或乡村社会。

"何处是田野?"常常会听到人类学家或人类学的研究者这样追问。人类学的传统往往认为那些初民社会、异族社会和乡土社会才是人类学的田野，而常常对城市的工业文化遗产视而不见。甚至故意与城市保持距离，生怕被人贴上"非人类学"的标签。由于工业化的飞速发展，人类学家却又往往在寻寻觅觅中叹息他们（她们）所钟情的田野在不断缩小甚至消失。应该说，石龙坝水电站是典型的中国工厂，与中国社会的变迁紧密相连，更具有研究的现代意义，是当代社会的重要"田野"之一。

费孝通在《继往开来，发展中国人类学》一文中指出："人文世界，无处不是田野。"[①] 黄剑波在《何处是田野？——人类学田野工作的若干反思》一文中主张："作为主要关注文化差异性的学科，人类学不仅可以在异邦和乡野展开研究，也可以在家乡和都市进行田野工作；不仅在地理意义上的田野地点中调查，也可以在历史和社会场景意义上的事件、文本、机构中进行分析，从而为认识自身，认识人性提出独特的洞见。"[②]

---

① 费孝通：《继往开来，发展中国人类学》，《广西民族学院学报》（哲学社会科学版）1995 年第 4 期。

② 黄剑波：《何处是田野？——人类学田野工作的若干反思》，《广西民族研究》2007 年第 3 期。

本书正是从“人文世界”的视角，在“历史和社会场景意义上”选择中国第一座水电站——云南昆明石龙坝水电站[①]作为田野考察对象。石龙坝建于1910年，到现在已经有100多年了，百余年的历史使得现在的它具有了多重身份，除了依然还是云南的发电厂，还被国家命名为中国现存的九大近现代工业遗产之一，并且整个电厂被国家命名为“水电博物馆”。石龙坝位于昆明滇池的出海口螳螂川的上游，因为交通不方便，石龙坝在某种意义上是“文化孤岛”，保留了中国工厂的很多特点，同时又因为电厂里有农田，很多工人出身农民，所以又具有了乡土社会的一些特点。本文通过在石龙坝的田野的过程和经验对传统索取式的田野调查范式进行反思，不仅将田野看作人类学的研究方法或研究工作，而且将田野视作生活本身，通过主体间际的分享重新发现和思考田野中研究者的位置、研究者和被研究者的关系，从而为认识他者、认识自我、认识百年工厂变迁中的人性的多元形貌提供一种“路径知识”。

1.2 研究意义

1.2.1 理论意义

本书从“物的人类学的视角”出发，将“物”看成是文化生成的“物”，通过对中国第一座水电站——石龙坝水电站的历史人类学考察，以中国近现代工业化的“大历史”为背景，以“人－物的关系”为框架，沿着云南地域传统文化的历史发展脉络，梳理

① 2009年7月，石龙坝水电站更名为“华电云南发电有限公司石龙坝发电厂”，简称“石龙坝发电厂”，但人们更多的时候都叫它“石龙坝水电站”。本书中，因涉及不同的场合，将“石龙坝水电站”或“石龙坝发电厂”并称为石龙坝水电站。

和分析了在石龙坝水电站百年历史变迁中“物”所承载的人的思想的变迁过程，并在此基础上进行理论创新。

在石龙坝水电站的百年实践中，现代学术语境中的所谓“国家-社会”“工人-农民”“大传统-小传统”“人-物”等在这里不是那么泾渭分明，石龙坝人是在“国家-社会”之间做“钟摆运动”，在“钟摆运动”中，国家、社会、商绅、工人等多方交织和互动，保持动态平衡。在这种动态平衡中，石龙坝人通过种种象征符号的运用赋予日常生产和生活的世界意义。石龙坝人正是在历史和文化变迁中根据社会情境的变化建构和运用他们的“意义理性”，编织他们生产和生活的“意义之网”，在巨大而快速的物质世界的变迁中寻找自己的身份和价值。

在梳理和分析中国第一座水电站形成的社会、历史和文化基础的同时，本书以“人和物的关系”为框架，在田野调查和文献研究的基础上提出“传世主义”和“现世主义”的理论概念。“传世主义”是指人将物看作不仅有自然生命而且有社会生命的机体，人对待物的文化观念是为了世代相传，通过物的代代相传，人的精神、思想和价值也在后代延续。“物”是祖先传承给后代的“礼物”，它建立在集体主义意识基础上；而“现世主义”是指人将物看作为人们所使用或支配的资源或商品，人对待物的文化观念是为了满足现世生产和生活的需要，“物”是个人消费的商品，它建立在个人主义意识基础上。“传世主义”中的人和物是融合的关系，“物”为祖先和后代共同享有，并向后代传达祖先的精神和责任感；而“现世主义”中的人和物是分离关系，“物”被个人占有和支配，是满足个人利益的工具。石龙坝水电站的物所承载的思想之变迁，是从“传世主义”向“现世主义”的转向。

本书的理论创新是尝试为思考近代以来中国的历史和文化变迁提供一种人类学的新视角，虽然这种尝试只是初步，但至少提供了一种诠释中国历史和文化变迁的可能途径，当然对于这种探索还需要不断反思和深入。

1.2.2 实践意义

石龙坝的百年现代化进程充满了物性与心性、工业与农耕、现代与传统、实体与符号的张力：既有现代工业文明的特征，更有传统农耕文明的根基；既借鉴西方的水电技术理念，又传递东方传统的三不朽精神；既有对水电物性的探寻，又有对工业文化的精神建构；既注重物的实体表达，又凸显石刻的象征符号。因此，百年石龙坝的历史意象是多义而弥散的，但是那些隐藏在多元文化符号后的心志和信仰是深深嵌在个体生存图式和集体实践之中的。正是因为百年石龙坝在现代化进程中在“人与物”的时空互动中呈现着物性与心性、现代与传统的对话与冲突，它已不仅仅是中国水电工业文化的物象表征，而且是一面具有反思功能的文化棱镜观照着现实和探寻着未来。

从文化实践来看，作为入选第六批全国重点文物保护单位的九处近现代工业文化遗产之一，2008 年 12 月 12 日，石龙坝发电厂被昆明市政府命名为“水电博物馆”。虽然昆明市政府没有将石龙坝水电站规划为“生态博物馆”，但是经过田野观察，我发现与其他博物馆不同的是，石龙坝在实践中是真正意义上的“生态博物馆”。

生态博物馆的概念最早于 1971 年由法国人弗朗索瓦·于贝尔和亨利·里维埃提出，其基本理念是“以生态学为基础，以特定地域某一特定群体的全部文化内涵为展示内容”①。生态博物馆不

① 刘沛林、Abby Liu、Geoff Wall：《生态博物馆理念及其在少数民族社区景观保护中的作用——以贵州梭嘎生态博物馆为例》，《长江流域资源与环境》2005 年第 2 期。

同于传统博物馆的地方是以原地保护的方式，以社区为基础进行原生态状况下的文化遗产的活态保护和展示。目前中国建立的生态博物馆几乎都在少数民族地区，以保护和开发少数民族文化为内容，生态博物馆类型局限在民族山区。如果能在城市的工业文化遗产地实践生态博物馆模式，将为中国的工业遗产保护提供一种新的可能途径。

有的学者认为“从身份认同角度看，生态博物馆应采取‘政府领导，专家指导，村民主导’的建设理念”①，这种“生态博物馆”模式对石龙坝人而言是一种自然而然的行为，没有刻意为之，他们没有和我说过他们的博物馆是生态博物馆，他们只是说石龙坝是“天生地造加人为”。他们没有被生态学家或博物馆专家指导过，只是自觉自为而成，但他们的实践已经为“生态博物馆”增添了新的模式。石龙坝发电厂整体都是博物馆，除了厂房、机器、水坝等物，还有工人也是博物馆的一部分，工人在厂房里生产，百年的水轮发电机还在车间里继续运转，石龙坝水电站行政办公室就设在水电博物馆院内，工人们一边生产一边保护。博物馆完全是原生态模式和开放式结构，游客可以在整个厂房自主参观，遇到不懂的文物时，可以问厂里的工人，因为博物馆没有专门的解说员，都是工人兼职；游客从办公楼出来可以到四个车间、水坝参观，还可以到有百年历史的第一车间，一边看百年水轮发电机运转时的情形，一边听旁边的工人师傅讲有关百年水轮机的故事。如果感兴趣，还可以跟着下班的工人师傅到石龙坝的后山看他们脱了工装穿上农装手工供养土地、活水灌溉土地的情景。我有一次领着一位游客到石龙坝的车间和田里参观工人两种不同却又有序的生产和生活，他连连赞叹，说石龙坝是“世外桃源”。正

① 覃琛：《唤醒文化价值——生态博物馆的身份认同》，《中国文化遗产》2011 年第 6 期。

如亨利·里维埃所预想的那样："生态博物馆是当地人民关照自己的一面镜子，用来发现自我的形象，同时也是一面能让参观者拿着以深入了解当地产业、习俗、特性的镜子。"[①] 当然，石龙坝这种工、农相辅相成的生态模式，是"生态博物馆"的概念所不能完全涵盖的，石龙坝人用他们的实践丰富了"生态博物馆"的文化意义，为文化遗产的保护展现了一种新的文化实践模式。

1.3 文献回顾

1.3.1 中国古代的物的研究

先秦时期的庄子从"道"的角度出发提出"万物与我为一"观。他指出："以道观之，物无贵贱；以物观之，自贵而相贱。"[②] 庄子认为"道"是宇宙的基础和根源，人应以"道"看待万物，而不应从人自身去看万物，万物皆源自道，没有等级序列和高低贵贱之分，没有人和物的客体和主体之分，即"天地与我并生，而万物与我为一"[③]，又说："天与人不相胜也"[④]，《庄子》一书中有几百处"万物"一词，而且庄子认为人也是"万物"之一，他说："夫子（人），物之尤也"[⑤]，因此万物包含人和物，这是一种整体主义的宇宙观。庄子的"万物一体，物我为一"是道生万物，万物有生，人物合一的思想。

西汉时期的道家学者严君平发展了庄子的思想，主张"万物

---

① 刘沛林、Abby Liu、Geoff Wall：《生态博物馆理念及其在少数民族社区景观保护中的作用——以贵州梭嘎生态博物馆为例》，《长江流域资源与环境》2005年第2期。

② 陆永品：《庄子通释》，经济管理出版社，2004，第16页。

③ 陆永品：《庄子通释》，经济管理出版社，2004，第24页。

④ 冯达甫：《老子译注》，上海古籍出版社，1991，第59页。

⑤ 陈鼓应：《庄子今注今译》，中华书局，2001，第65页。

和人平等”，严君平在他写的《老子指归》中提出：“由此观之，天地人物，皆同元始，共一宗祖。六合之内，宇宙之表，连属一体，气化分离，纵横上下，剖而为二，判而为五。或为黑白，或为水火，或为酸碱，或为微羽。人物同类。”[①] 人与天地万物有共同的祖宗，虽然“气”分离了人和万物，但本质上人和物同类，不仅同类，而且平等：“不贱为物，不贵为人，与王侯异利，与万性殊患。”[②] 因此，严君平将庄子的“万物与我为一”观进一步发展为人和物平等的思想。

儒家提倡“成己与成物的合一”思想。儒家学者在《中庸》中主张“成己成物”：“诚者，非自成己而已也，所以成物也。成己仁也，成物知也，性之德也，合外内之道也。”[③] 在《中庸》看来，“成己”是修养道德、完善自己，“成物”是辅助万物，利济群生，在这里人和物融合于“诚”，“诚”就是真实自然，去伪求真，是人的内在的道德性，“唯天下至诚，为能尽其性；能尽其性，则能尽人之性；能尽人之性，则能尽物之性”[④]。但是“成己成物”中是有差异秩序的，人是宇宙的主体，物是客体，“万物皆备于我矣。反身而诚，乐莫大焉”[⑤]，人生在世就要积极有所为，人通过“诚”化育万物，参赞天地，达到诚就要“尽其心者，知其性也。知其性，则知天矣”[⑥]。“诚”是人向内求索，力求提升自我道德修养，并推己及物，从而达到天人、物我、主客的统一。

先秦时期的《易传》从“生生不息”的宇宙观出发，认为天生万物，万物有生，人和物动态联系；《周易·系辞下》言：“天

---

① （汉）严遵：《老子指归译注》卷 8，王德有译著，商务印书馆，2004。

② （汉）严遵：《老子指归译注》卷 9，王德有译著，商务印书馆，2004。

③ 《老子·大学·中庸》，邓启铜注释，云南大学出版社，2005，第 26 页。

④ 《老子·大学·中庸》，邓启铜注释，云南大学出版社，2005，第 35 页。

⑤ 宋元人注：《四书五经》，中国书店，1984，第 79 页。

⑥ 宋元人注：《四书五经》，中国书店，1984，第 128 页。

地之大德曰生"[①]，意思是孕育和延续万物的生命是天地最大的美德；《周易·系辞上》曰"生生之谓易"[②]，就是说要不断变化，不断创造新的生命，这样生命之水才能不竭，"易"是变化，"生生不息"是易的本质，《周易·系辞下》又曰："《易》穷则变，变则通，通则久"，"易"是人向外求索，强调人要随着事物的变化而变化；《易传》用乾代表天，坤代表地，"乾，天也，故称乎父；坤，地也，故称乎母"[③]，将天地比作"父母"，这是将天、地看成是人的生命之源；《序卦传》曰："有天地然后有万物，有万物然后有男女，有男女然后有夫妇，有夫妇然后有父子，有父子然后有君臣，有君臣然后有上下，有上下然后礼义有所措。"[④]可见，天地、人、万物不仅是相互联系、相互作用的生命体，而且相互给予意义。

1.3.2 现代的物的研究

莫斯（Mauss，也有的译为"毛斯"）提出"人和物混融"的思想。在《礼物》的开篇，莫斯希望通过对古代社会的交换现象与契约现象的研究，"能够发现我们社会的一方人性基石"[⑤]，通过人类学推导的道德结论解决现代社会的法律危机和经济危机。莫斯对礼物的论述建立在对现代性的反思基础上，他说："我们生活在一个将个人权利与物权、人与物截然分开（相反的做法目前正在受到法学家们的批评）的社会中"[⑥]。莫斯所要探讨的是"迫使人们对所受馈赠必须做出回报"的那种精神机制，在故友赫茨的

① 高亨：《周易大传今注》，齐鲁书社，1998，第39页。
② 高亨：《周易大传今注》，齐鲁书社，1998，第62页。
③ 高亨：《周易大传今注》，齐鲁书社，1998，第125页。
④ 高亨：《周易大传今注》，齐鲁书社，1998，第109页。
⑤ 〔法〕马塞尔·莫斯：《礼物》，汲喆译，上海人民出版社，2002，第5页。
⑥ 〔法〕马塞尔·莫斯：《礼物》，汲喆译，上海人民出版社，2002，第137页。

有关毛利人的民族志材料中，莫斯兴奋地发现“hau”（豪）是使得毛利人“礼物流动的物的灵”（the spirit of things），是毛利人法律的主导观念之一。“豪”所体现的观念不仅是事物形成的关联，也是灵魂的关联，因此接受了某人的礼物，就是接受了物所承载的那人的某些精神实质，接受了那人的一部分灵魂，“保留这些事物会有致命的危险，这不单单是因为这是一种不正当的占有，还因为该物在道德上、在物质上和精神上都来自另一个人”①。所以就有必须回报的道德义务。

由此可以看出，“豪”是建立在迪尔凯姆所说的“总体性社会事实”② 基础上的，体现的是一种机械团结，“物”所承载的是人的“集体精神”。正如莫斯在《礼物》一书中所指出的：“归根结底便是混融。人们将灵魂融于事物，亦将事物融于灵魂。人们的生活彼此相融，在此期间本来已经被混同的人和物又走出各自的圈子再相互混融：这就是契约与交换。”③ 人们“在给予别人礼物的同时，也就是把自己给了别人”④。人和物的混融不仅呈现某种自我，而且体现社会秩序；不仅意味着氏族之间、个体之间、等级之间、性别之间的交换，而且意味着世代之间的一种持续的精神交换。

列维-斯特劳斯与莫斯不同，他不认为物的分类是由社会的客观规则所形成的，而是人类的心智结构决定了物的分类，他认为“豪”只是人在物的流动中所表现的意识的形式，不是交换的真正的决定因素，要到人的“心智结构”中才可能获得。⑤ 列维-

---

① 〔法〕马塞尔·莫斯：《礼物》，汲喆译，上海人民出版社，2002，第21页。

② 〔法〕迪尔凯姆：《社会学方法的准则》，狄玉明译，商务印书馆，1995，第10页。

③ 〔法〕马塞尔·莫斯：《礼物》，汲喆译，上海人民出版社，2002，第45页。

④ 〔法〕马塞尔·莫斯：《礼物》，汲喆译，上海人民出版社，2002，第79页。

⑤ 〔法〕莫里斯·古德利尔：《礼物之谜》，王毅译，上海人民出版社，2007，第26页。

斯特劳斯在《图腾制度》《野性的思维》，《神话》四卷中的《生食和熟食》《从蜂蜜到烟灰》《餐桌礼仪的起源》，还有《嫉妒的制陶女》等书中对南美洲的原始人的图腾观念、亲属关系、神话结构、饮食分类等进行分析，提出了人类心智的二元结构：表层结构－深层结构。他认为正是人类心智的二元结构决定了物的分类的结构，“表层结构”是物质现象或文化现象的表面秩序，是人的心智过程的表层显现，表层结构是人可以观察和分析的并能够反映深层的结构；“深层结构”是隐藏在表层结构后面，与语言行为相对的语法结构，与心智活动相对的无意识的逻辑结构，这种深层次的无意识结构是人类普遍的共同的心智结构。[①] 这种深层结构具有共时性，无论人类的文化表象多么不同，但人类的心灵世界是一致的。

深层结构和表层结构是决定与被决定的关系，是对立统一的整体，一切社会、文化现象和行为，包括物的分类都受这种二元对立结构所支配，例如列维－斯特劳斯在《图腾制度》一书中提到蒂科皮亚人对动物的可吃与不可吃的分类来自于图腾制中深层的心智结构，“人们既没有把动物当成一种标志，也没有当成祖先或亲属……群体是个人祖先的后代，神是某种动物的化身，在神话时代中，祖先与神之间存在一种亲缘关系”[②]。图腾并不是祖先的象征，图腾制度中将自然物的分类与人类心智的结构相对应，并使原始人从自然向文化过渡。列维－斯特劳斯认为神不是动物，神和动物之间只是一种转喻的关系：“所谓图腾制度只是依据由动物和植物名称所构成的特殊命名系统的一种特殊表达，它所具有

① 〔法〕克洛德·列维－斯特劳斯：《结构人类学》第1册，张祖建译，中国人民大学出版社，2006，第23、37页。

② 〔法〕克洛德·列维－斯特劳斯：《图腾制度》，渠东译，上海世纪出版集团，2005，第27～28页。

的唯一的特征，就是通过其他方式所阐明的相关和对立"[①]，"当他们（两个氏族的成员）宣布他们是两类动物的时候，他们所强调的并不是动物性，而是二元性"[②]。由此可见，列维－斯特劳斯否定以往的人类学家将图腾看作自然崇拜和认为图腾是宗教的观点，他认为在图腾制度中人与物不分只是表面现象，图腾是一种隐喻，是符号，"图腾制度包含有自然序列和文化序列这两个序列之间的关系，在自然序列中，一方面是范畴，一方面是特例，组成文化序列的是群体和个人"[③]。"一个很简单的转换就能使一个系统过渡到另一个系统，图腾制度要求在自然生物的社会与社会群体的社会之间有一种逻辑等价关系"[④]，图腾中动物、植物的分类名称只是人表达他们心智结构的符号，人和物不是不分，而是人和物有相似的深层心智结构，人和物是逻辑等价关系。

列维－斯特劳斯从物的无意识结构分析了人和物的关系。玛丽·道格拉斯认为列维－斯特劳斯的结构主义人类学的无意识结构无法解释现实社会生活，她认为人类关于物的洁净和肮脏的分类是由社会秩序所建构的。玛丽·道格拉斯在《洁净与危险》的序言中指出她的这本书沿着两个主题展开："一个主题展示禁忌作为一个自发的手段，为的是保护宇宙中的清晰种类。禁忌保护了关于世界是如何组成这一问题的地方共识。它挺起了那摇摆不定的确定性。它能减少知识上和社会上的混乱。我们大可质疑：为什么有必要保护宇宙的原始分类以及为什么禁忌如此五花八门？

① 〔法〕克洛德·列维－斯特劳斯：《图腾制度》，渠东译，上海世纪出版集团，2005，第 114～115 页。

② 〔法〕克洛德·列维－斯特劳斯：《图腾制度》，渠东译，上海世纪出版集团，2005，第 123 页。

③ 〔法〕克洛德·列维－斯特劳斯：《图腾制度》，渠东译，上海世纪出版集团，2005，第 81 页。

④ 〔法〕克洛德·列维－斯特劳斯：《野性的思维》，李幼蒸译，商务印书馆，1987，第 119 页。

第二个主题是对以上问题的问题。它针对含混带来的认知不适做出反思。”[①] 由此，道格拉斯探讨象征分类体系是如何建构社会秩序的。道格拉斯认为每一种文化都有其自身分类为污染的东西，污染观念为维持社会秩序建立了内部“区隔”的界限，某一种污染物是否被看作危险是由人类的社会体系所决定的，“社会体系表述污染并且提供体制来操纵它。这意味着宇宙中的力量被完全地系于社会……这就是存在于观念本身结构内部的污染力量。它惩罚那些本应连接的象征性阻断和本应分隔的象征性连接”[②]。有关物的象征分类是人类通过文化分类体系的建构重建被破坏的道德秩序和社会秩序的努力。最后，道格拉斯揭示了社会体系的象征逻辑：在人类的宇宙秩序中，动物和植物的生命所扮演的角色与人的文化分类体系和认知世界的观念有关。

萨林斯与道格拉斯相类似，将物的分类体系与文化体系相联系，但又与道格拉斯不同，萨林斯不是从物的二元对立分类体系出发，而是从物的实践视角出发，认为文化决定着人们的物质生产实践，他的《石器时代经济学》和《文化与实践理性》分别通过对古代石器时代社会和现代美国社会的物的分析，论证“文化构成决定物质实践”。他在《石器时代经济学》一书中提出，礼物和商品在经济体系中不应该被视为是二元对立的关系，“礼物－商品”是一个连续体，“亲属关系距离是从礼物到商品的过渡的连接点”[③]。他将礼物交换划分为一般互惠交换、均衡互惠交换和否定性互惠交换。无论是礼物交换还是商品交换都是由文化秩序所建

① 〔英〕玛丽·道格拉斯：《洁净与危险》，黄剑波、卢忱、柳博赟等译，民族出版社，2008，第 2 页。

② 〔英〕玛丽·道格拉斯：《洁净与危险》，黄剑波、卢忱、柳博赟等译，民族出版社，2008，第 140～141 页。

③ Sahlins, M., *Stone Age Economics* (New York: Aldine de Gruyter, 1972), pp. 175－186.

构的。[①] 他提出不是经济基础决定物质生产，而是文化的秩序决定着人类生产、交换和消费的物质实践。文化的象征体系决定了人们如何看待物品的价值。在《文化与实践理性》一书中萨林斯以现代美国社会的家畜的食物选择和禁忌为例，指出："可食性以颠倒的方式与人性相联系着"[②]，美国人对食物内部和外部的区分和人的关系史是同样的，动物可食性的象征图式和它所隐喻的社会关系的象征图式分别建构的食物差异和人们地位的差异在整个图腾秩序中实现了统一。萨林斯说："这种整个自然界的再生产构成了整个文化的对象化。通过系统地安排那些被赋予具体对立的意义差异，文化秩序也被实现为物品的秩序。物品是作为一种对人和场合、功能和情景的表义方式和评价方式的对象法则而存在的。"[③] 由此，萨林斯总结说社会对物质世界的主宰，是受文化的象征体系主宰的。

格雷戈里沿着萨林斯将礼物和商品视作连续体的思路，从经济人类学的视角分析商品交换和礼物交换，他认为礼物循环在交换主体之间建立起人的本质的关系；商品的循环，在所交换的物之间建立起客观的量的关系。[④] 格雷戈里认为导致这种交换关系差异的原因是进行交易的人的社会地位差别和进行交换的物的社会地位差别。社会的物质基础决定了交易的人和所交换物品的社会地位，格雷戈里认为马克思已经在 19 世纪就指出了礼物交换和商品交换的不同，莫斯也指出礼物所交换的东西具有不可异化性，

① Sahlins, M., *Stone Age Economics* (New York: Aldine de Gruyter, 1972), pp. 190 - 211.

② 〔美〕马歇尔·萨林斯：《文化与实践理性》，赵丙祥译，上海人民出版社，2002，第 226 页。

③ 〔美〕马歇尔·萨林斯：《文化与实践理性》，赵丙祥译，上海人民出版社，2002，第 230 页。

④ 〔英〕格雷戈里：《礼物与商品》，姚继德、杜杉杉、郭锐译，云南大学出版社，2001，第 43 页。

而商品交换是一个买卖系统，交换的过程是价值形成的过程。[①] 在讨论前人关于商品和礼物分类的基础上，格雷戈里指出“商品是由陌生人交换的可异化物品，礼物是非陌生人之间交换的不可异化物品”[②]。

格雷戈里认为商品交换与生产方式紧密联系，而礼物交换与消费方式紧密联系，在阶级社会的商品经济中以生产方式为主导，在氏族社会的礼物经济中以消费方式为主导。他以资本主义经济中的小麦、铁、猪三种产业之间的商品交换为例说明商品经济中不同物之间的交换是“从异质类物质形式的生产条件向同种社会形式（即价值形式）的生产条件转换”[③]，体现的是物与物之间的定量关系；他又以巴布亚新几内亚的西亚内成年人的食物为例，说明礼物交换中的食物消费并不是简单的进食行为，食物所扮演的角色象征着婚姻关系和性关系[④]，从食物到礼物的再生产过程受到人的再生产方式的制约，体现的是人与人之间的关系。格雷戈里认为在阶级社会里，物与土地还有劳动表现为商品的形式，在氏族制社会里，物、土地与劳动表现为礼物的形态。商品交换发生在陌生人之间，礼物交换发生在非陌生人之间。[⑤] 但在格雷戈里那里，商品交换和礼物交换并不是完全二元对立的，他以巴布亚新几内亚商品生产的出现为例进行说明，一名契约劳工每月除了领到现金津贴和食物补助外，最重要的是领到一个盒子，“该盒子

① 〔英〕格雷戈里：《礼物与商品》，姚继德、杜杉杉、郭锐译，云南大学出版社，2001，第44页。

② 〔英〕格雷戈里：《礼物与商品》，姚继德、杜杉杉、郭锐译，云南大学出版社，2001，第45页。

③ 〔英〕格雷戈里：《礼物与商品》，姚继德、杜杉杉、郭锐译，云南大学出版社，2001，第85页。

④ 〔英〕格雷戈里：《礼物与商品》，姚继德、杜杉杉、郭锐译，云南大学出版社，2001，第88页。

⑤ 〔英〕格雷戈里：《礼物与商品》，姚继德、杜杉杉、郭锐译，云南大学出版社，2001，第106～116页。

是劳工与礼物经济间的链环”[1]，劳工将受雇期间获得的各种商品放在盒子里，回家时带着这些盒子里的商品作为礼物送给各种大人物。由此可以看出，格雷戈里的商品交换和礼物交换并不是完全泾渭分明的，二者体现了人的社会地位和人所定义的物的社会地位，但是格雷戈里并没有详细阐述商品和礼物在哪些区域勾连。

阎云翔对礼物的分析与格雷戈里有类似的地方，格雷戈里认为礼物的交换在人与人之间建立了一种定性的关系，阎云翔也认为礼物的交换建立了交换者之间的关系。不同的是，格雷戈里对礼物交换的分析是建立在有关殖民地巴布亚新几内亚地区的数据统计和文献资料的分析基础上，他认为礼物交换所反映的正是马克思所言的物质基础决定个人的社会地位；而阎云翔实地研究的是中国社会主义制度体系中的乡村礼物交换，他认为礼物交换所反映的是中国文化结构中个人的社会地位。阎云翔在《礼物的流动：一个中国村庄中的互惠原则与社会网络》一书中指出了他与以往的礼物研究的不同之处在于：“与以往的研究强调馈赠行为的动机和策略有所不同，我的分析关注礼物交换的文化规则与运作逻辑。”[2]

阎云翔所分析的下岬村的礼物流动与莫斯所分析的古式社会、格雷戈里所分析的氏族社会以及萨林斯所分析的美国资本主义工业社会的礼物流动不同，它挑战了人类学有关礼物的传统研究，主要体现在三个方面，一是对马林诺夫斯基提出的礼物流动的普遍的“互惠原则”提出挑战，虽然在下岬村互惠原则在礼物流动中起着很重要的作用，但互惠的模式有变化而且在有些情况下不存在互惠，礼物流动的文化机制是中国的人情伦理，“人情伦理体

① 〔英〕格雷戈里：《礼物与商品》，姚继德、杜杉杉、郭锐译，云南大学出版社，2001，第 145 页。

② 阎云翔：《礼物的流动：一个中国村庄中的互惠原则与社会网络》，李放春、刘瑜译，上海人民出版社，2000，第 19 页。

系包含了三个结构性维度：理性计算、道德义务和情感联系。人情在行动上的复杂性和弹性就源于这三个结构性因素变动不定的组合”①，而且传统的人类学一般都认为馈赠礼物的人增加了其声望和权力，例如格雷戈里指出：“在馈赠礼物方面，首领的动机与‘大人物’相同，其权力、威望和地位是通过馈赠而不是通过接受获得”②。而下岬村提供了反例，“相反，是收礼者赢得声望，因为交换本身表明他占据着足以吸引工具性礼物的资源”③。第二个方面，对礼物不可让渡性这一观点提出挑战，莫斯指出礼物之灵的“豪”与礼物不可分割，而在中国的情景中，“礼物不但是可让渡的，而且是必须被让渡了的，回赠同样的礼物被认为是一种侮辱与拒绝的姿态”④。礼物是可以分割的，下岬村的村民回礼总是与原来的赠礼不同，也没有礼物之灵，礼物传达的是人的精神，这种精神就是阎云翔所言的情感联系和道德关怀。正是人的精神起了迪尔凯姆所说的社会团结的作用。第三个方面是对商品和礼物二元对立关系观点的挑战，格雷戈里虽然提到了劳工劳动之后领到的盒子将商品和礼物勾连，但是他没有详细阐述勾连的机制，而是花了大量的笔墨在商品和礼物的二元对立关系的阐述上。阎云翔发现在商品和礼物之间存在一个灰色区域，“在这个区域中，一种中国礼物的特殊类型工具性礼物，扮演了一个兼容这两套对立性关系的角色”⑤，这种工具性礼物最典型的体现就是中国特有

---

① 阎云翔：《礼物的流动：一个中国村庄中的互惠原则与社会网络》，李放春、刘瑜译，上海人民出版社，2000，第143页。

② 〔英〕格雷戈里：《礼物与商品》，姚继德、杜杉杉、郭锐译，云南大学出版社，2001，第61页。

③ 阎云翔：《礼物的流动：一个中国村庄中的互惠原则与社会网络》，李放春、刘瑜译，上海人民出版社，2000，第164页。

④ 阎云翔：《礼物的流动：一个中国村庄中的互惠原则与社会网络》，李放春、刘瑜译，上海人民出版社，2000，第209页。

⑤ 阎云翔：《礼物的流动：一个中国村庄中的互惠原则与社会网络》，李放春、刘瑜译，上海人民出版社，2000，第211页。

的“走后门”的礼物流动方式。阎云翔所分析的其实是嵌入中国关系本位的文化结构中的礼物，他关注人们试图通过礼物将长期利益和情感伦理还有道德责任相结合这种现象。但其实在中国快速变迁的乡土文化中，礼物流动所关联的人情伦理和道德责任正在减弱，追求短期性利益的动机逐渐增多。

西敏司不像阎云翔那样将物的交换建立在本土的文化结构基础上，他将物的历史与世界资本主义经济的权力体系紧密相连，他在《甜与权力》中文版序言中这样说他的研究宗旨：“您手中的这本书并非关于糖本身——而是关于资本主义的历史。对我来说我们人类学家能够在思考世界的变化方面受益良多，某种意义上是因为我们这一学科似乎特别有助于理解和解释那些微观的、日常化的、熟悉的以及通常是具体的事物；通过发掘那些生活中平凡事物在宏观历史中的位置，赋予了这些事物以格外的意味，同时也可以使宏大历史本身得到更好的理解。”① 由此可见，西敏司是希望通过糖的历史呈现更宏观的历史，并揭示糖在世界经济历史中在不同民族、文化和社会变化中的位置以及变化后面的权力体系。

西敏司追溯蔗糖如何成为英国人日常饮食中一个固定而且重要的组成部分的过程，认为甜味的重要性是随着历史兴起的，甜味与苦味、酸味、辣味相对，是相当晚近的事。8 世纪随着阿拉伯文明向西方的扩张，欧洲人对糖的认识发生了转折，十字军东征不但帮助西欧人认识了蔗糖，而且欧洲人成了征服地蔗糖的生产者，但当时蔗糖还只是一种奢侈品，不是日用消费品。15 世纪之后，蔗糖甚至成为影响欧洲国家政治发展的重要因素，为了扩大蔗糖种植，葡萄牙和西班牙开始进行殖民扩张，分别占领了大西洋的一些岛屿。15 世纪随着哥伦布的远航，甘蔗被带到美洲新大

① 〔美〕西敏司：《甜与权力》，王超、朱健刚译，商务印书馆，2010，第 3 页。

陆，甘蔗种植园依靠非洲奴隶的劳动，收获后再从西班牙的非洲殖民地运回欧洲。到了16世纪，随着美洲大陆被开发，西班牙的糖业中心地位被巴西取代。随着甘蔗种植面积的扩大，原本美洲土特产的甘蔗，从上层阶级的奢侈品变成了劳动阶级的日用必需品。最初英国没有自己的殖民地作为甘蔗种植园，只是从地中海和葡萄牙购买糖。到17世纪，英国甘蔗的消费量超过烟草，甘蔗的巨大利润吸引着英国殖民者开始开拓自己的甘蔗种植园，而在这之前英国人只是在西印度掠夺大量甘蔗回去。1627年英国开辟了巴巴多斯殖民地，开启了英国种植蔗糖的历史，为了开拓更多的种植园，英国加速对外扩张，其他的殖民地也开始满足国内市场糖的消费需求，皇室通过法律制度控制糖的物流和贸易。17世纪英国在新大陆占领比荷兰和法国多得多的殖民地，一旦占领就很快建立起蔗糖种植园，并输入奴隶。宗主国对甘蔗种植园劳工的态度是资本主义经济体系发展的反映，在这一时期欧洲的本土自由无产劳动者诞生了。18世纪是英国和法国蔗糖种植园发展的最高峰时期，甘蔗生产除了满足本土的需求之外，还在国际市场和葡萄牙、荷兰、法国、丹麦等国竞争，英国人也逐渐将糖的消费纳入本民族的生活习惯，甜味成了英国人饮食中不可或缺的部分，并且糖成了英国人国民性格的一部分。17世纪以来的糖雕宴显示了上层阶级的权力，18世纪随着糖成为劳动阶级的必需品，糖越来越平民化和日常化，糖的社会地位的象征意义衰落，从权力的象征逐渐变为利润之源。[①] 但是糖的家庭化使得它被消费者赋予了仪式意义，例如在一些节日和婚礼上使用糖代表着甜蜜，而且在一些仪式场景中，糖的意义被重新构筑，例如加冕礼、高级教士的就职礼、骑士授予礼等仪式上糖会被使用，不过这种仪式

① 〔美〕西敏司：《甜与权力》，王超、朱健刚译，商务印书馆，2010，第100页。

在社会上并不被广为使用。到了 19 世纪，随着现代技术的发展，精炼糖作为工业化和现代化的象征，随着资本主义经济体系在全球的扩张被带到了北美洲和非洲，人们可以通过劳动交换或西方人的“慈善”之举获得，糖影响了消费的现代化进程。19 世纪初期，随着工业的技术进步，糖与脂肪的组合成了欧洲人的食物偏好，口味代替了营养，外出吃糖与脂肪的组合快餐的兴盛，使得吃饭作为一种仪式衰落，全世界对糖的消费量猛增。同时糖的消费还是有分化的，在发达的欧洲国家糖在预加工食物中的使用比例越来越高，但这种情况在糖消费量日益增长的欠发达国家没有出现。这种分化也体现了世界政治经济体系中的“中心 - 边缘”结构。西敏司在书的最后提出，在理解物与人的关系的同时，“我们将重新发掘自身的历史”①。

在梳理糖在世界近代史中的轨迹后，西敏司指出：“它被那些活跃地重塑着世界的社会、经济以及政治力量，推向一个蕴含着巨大产能的混合体中去，而这条轨迹牵扯到了数量庞大的人口与资源。”② 通过糖的历史我们看到世界经济体系的“中心 - 边缘”关系并不是固定不变的，8 世纪以前是以地中海地区为中心，欧洲是边缘，到了 15 世纪后欧洲才成为世界经济体系的中心，随着地中海文明的衰落，糖的种植中心由地中海转移到欧洲，因此，西敏司通过糖的历史动态地呈现了世界政治经济权力体系的变化。不过西敏司只是为我们提供了理解人和物的方法，并没有提供人和物关系的理想图景，这也是他留给我们思考的问题：“意义究竟栖居在何处？”③

西敏司在 20 世纪 80 年代提出的问题，其实海德格尔在 20 世

① 〔美〕西敏司：《甜与权力》，王超、朱健刚译，商务印书馆，2010，第 210 页。
② 〔美〕西敏司：《甜与权力》，王超、朱健刚译，商务印书馆，2010，第 206 页。
③ 〔美〕西敏司：《甜与权力》，王超、朱健刚译，商务印书馆，2010，第 157 页。

纪50年代就回答了，他提出“物之为物”[①]、人之“还乡”[②]，将世界视作人类栖身的家园，平等地对待我们栖身的家园中的万物，感受每一个生命都保持真实的独特的生存状态，实现“人诗意地栖居在大地上”[③]。为此，海德格尔通过提出“天地人神一体”的物的观念具体阐释人类如何诗意地栖居。[④] 海德格尔看到技术进步给人类带来的道德危机，对人类中心主义的西方认识论进行反思。在《技术的追问》中他指出现代工业文明中技术的本质是“集置”，他说：“现在，我们以‘集置’（Ge-stell）一词来命名那种促逼着的要求，那种把人聚集起来、使之去订造作为持存物的自行解蔽者的要求。”[⑤] 意思是人处于被技术所支配的情景之中，“集置”使人和万物都成为技术的持存物，人和万物不再是相互依存的关系，人将万物视作自己可以自由使用的资源或工具，并将万物纳入了技术理性的算计和功利。技术将人的本性遮蔽了，人和物变成了“主客分离”的关系，人和物都脱离了本质。海德格尔由此指出：“人不是存在者的主宰，人是存在的看护者。”[⑥] 他受到中国庄子思想的影响，主张人和物回到本质，1959年6月海德格尔在慕尼黑举办的演讲报告中提出了“天地人神四方游戏说”：“于是就有四种声音在鸣响：天空、大地、人、神。在这四种声音中，命运把整个无限的关系聚集起来。但是四方中的任何一方都

① 〔德〕海德格尔：《演讲与论文集》，孙周兴译，三联书店，2005，第190页。

② 〔德〕海德格尔：《人，诗意地安居》，郜元宝译，上海远东出版社，2004，第87页。

③ 〔德〕海德格尔：《人，诗意地安居》，郜元宝译，上海远东出版社，2004，第86页。

④ 〔德〕海德格尔：《荷尔德林诗的阐释》，孙周兴译，商务印书馆，2000，第210页。

⑤ 〔德〕海德格尔：《海德格尔选集》，孙周兴选编，上海三联书店，1996，第938～939页。

⑥ 宋祖良：《拯救地球和人类未来——海德格尔的后期思想》，中国社会科学出版社，1993，第69页。

不是片面地自为地持立和运行的。在这个意义上，就没有任何一方是有限的。若没有其他三方，任何一方都不存在。它们无限地相互保持，成为它们之所是，根据无限的关系而成为这个整体本身。”[1] 天地人神四位一体思想是海德格尔对现代性危机的救渡方式，天、地、人、神是统一的整体，物居留在统一的四方，这四方中的每一方既有独立的存在方式，又与其他三方相互依存，人与物不是主客关系，物的本质是“物物化。物化聚集”[2]。

在 1950 年发表的《物》中，海德格尔以“壶”为例说明“物化”是如何容纳天、地、人、神的四方纯一性的，他认为壶的虚空的本质起容纳作用，这种虚空的容纳作用聚集于馈赠中，“壶之壶性在倾注之馈品中成其本质”[3]。倾注之赠品可以赠予人，也可以用于敬神献祭，“在奉献的祭酒之馈赠中，倾注的壶才作为馈赠的赠品而成其本质”[4]。这种本质是“……真正地被表达为：捐赠、牺牲”“倾注之赠品乃是赠品，因为它让大地与天空、诸神与终有一死者栖留”[5]。倾注之赠品，让大地、天空、诸神与终有一死的人栖留，也让四方之四重整体的纯一性得以栖留，这四方相互依存，“这种多样化的质朴聚集乃是壶的本质因素”。可见物的本质是聚集，海德格尔认为使物成为聚集的本质，不是人为的作用，他从人和物摆脱技术的“集置”立场出发主张“如果我们思物之为物，那我们就是要保护物之本质，使之进入它由以现身出场的那个领域之中”[6]，因为“物之为物并非通过人的所作所为而到

① 〔德〕海德格尔：《荷尔德林诗的阐释》，孙周兴译，商务印书馆，2000，第 210 页。
② 〔德〕海德格尔：《演讲与论文集》，孙周兴译，三联书店，2005，第 181 页。
③ 〔德〕海德格尔：《演讲与论文集》，孙周兴译，三联书店，2005，第 180 页。
④ 〔德〕海德格尔：《演讲与论文集》，孙周兴译，三联书店，2005，第 180 页。
⑤ 〔德〕海德格尔：《演讲与论文集》，孙周兴译，三联书店，2005，第 181 页。
⑥ 〔德〕海德格尔：《演讲与论文集》，孙周兴译，三联书店，2005，第 190 页。

来”[①]。因此，在海德格尔的天地人神一体思想中，人和物不是主客体的关系，物之为物而聚集，并在聚集之际保持天、地、人、神的统一。海德格尔反对人和物的主客之分，认为人终有一死，人和物的不同是能赴死，人只是天、地、神、人的一方，不能驾驭万物，做好自己的角色才能让四方自在，为了解决现代技术给人类带来的危机，海德格尔主张“物之为物”，人之“还乡”，他说：“……请赐我们以双翼，让我们满怀赤诚返回故园。……还乡就是返回与本源的亲近。……还乡，使故土成为亲近本源之处。”[②] 只有这样，才能实现回归本源、人和物各得其所。

海德格尔主张人和物都是独立的生命，人和物一体。进入20世纪80年代以来尤其是90年代随着全球化进程带来的世界性问题，一些人类学者也在尝试将物看作有社会生命的世界的组成部分。当代美国文化人类学家阿尔君·阿帕杜莱（Arjun Appadurai）批判全球化的商品化导致的物化结构和拜物教，认为在全球化的过程中世界进入了消费社会，在这个过程中，包括时间在内的万物都被商品化了，人的身体成了具有超弹性却又混乱的景观。[③] 阿帕杜莱主张文化主义的物质观念，他认为物和人一样具有社会生命。他在其主编的《物的社会生命：文化视野中的商品》一书的导论“商品与价值的政治”中提出：商品，和人一样，都有社会生命。[④]《物的社会生命：文化视野中的商品》是一本跨学科的文集，在书中人类学和历史学家围绕商品进行对话，这本书汇集了

① 〔德〕海德格尔：《演讲与论文集》，孙周兴译，三联书店，2005，第190页。

② 〔德〕海德格尔：《人，诗意地安居》，郜元宝译，上海远东出版社，2004，第86～87页。

③ Appadurai Arjun, *Modernity at Large: Cultural Dimensions of Globalization* (Minnesota: University of Minnesota Press, 1996), p. 85.

④ Appadurai Arjun, "Introduction: Commodities and the Politics of Value," in Appadurai Arjun, eds., *The Social Life of Things: Commodities in Cultural Perspective* (Cambridge: CambridgeUniversity Press, 1986), p. 3.

宾夕法尼亚大学很多学者的论文，包括五个人类学家、一个考古学家和四个历史学家，这本文集研究的主题集中在人和物的关系上，将商品看作物的社会生命的一个阶段，探讨人如何通过物定义人自身，如何通过物的交换来建构物的文化内涵。阿帕杜莱将时间引入商品，分析商品和时间的关系，批判商品化过程的必然性，商品在时间中的流动也是在社会空间中的流动，因此物的历史贯通着社会历史。他在这本文集的前言的研究宗旨中强调："在这一过程中我们一致认为是到了复兴物的人类学（anthropology of things）的时候了。"[①] 阿帕杜莱批判了马克思所提出的"商品化是现代资本主义的一种现象"[②]。他将商品视作一种具有特殊社会内涵的物，它与产品、客体、物品、工艺品等其他的物完全不同，尽管在资本主义社会商品的特质尤为明显，但商品是在各个社会中都存在的物；阿帕杜莱也不同意新古典经济学家所说的商品交换是中立的观点。他认为要了解商品就要了解商品是如何被定义的，阿帕杜莱说他对礼物精神的观点得益于布迪厄对礼物交换的分析，布迪厄强调礼物馈赠的时间动力学，认为无论是商品交换还是礼物交换背后都有共同的精神。[③] 他借鉴布迪厄的思想，反对将商品和礼物二元对立，他将商品交换分为两种交换：物物交换和礼物交换，在商品交换和物物交换之间并不是二元对立而是存在着一种共同精神，阿帕杜莱认为正是这种共同精神，使得商品

① Appadurai Arjun, "Introduction : commodities and the Politics of Value ", in Appadurai Arjun, eds. , *The Social Life of Things*: *Commodities in Cultural Perspective* (Cambridge: CambridgeUniversity Press, 1986), p. 8.

② Appadurai Arjun, "Introduction : commodities and the Politics of Value ", in Appadurai Arjun, eds. , *The Social Life of Things*: *Commodities in Cultural Perspective* (Cambridge: CambridgeUniversity Press, 1986), p. 6.

③ Appadurai Arjun, "Introduction : commodities and the Politics of Value ", in Appadurai Arjun, eds. , *The Social Life of Things*: *Commodities in Cultural Perspective* (Cambridge: CambridgeUniversity Press, 1986), p. 6.

交换和物物交换共享着一种以物为中心的社会性关联。他对以往人类学对“库拉”（kula）的研究进行反思，认为库拉并不是马林诺夫斯基所说的互惠关系，这种礼物交换虽然不用钱但也带有算计的成分，而算计也体现了商品交换的特征，所以不能简单地判断库拉是礼物交换还是商品交换，在前工业社会也同样存在着商品交换，库拉展示了政治的价值：算计和竞争。[①] 阿帕杜莱通过对奢侈品与必需品的分析表明这种对物的分类不是依赖物本身的性质。许多经济学理论和历史理论将奢侈品和必需品的对立作为分析资本主义发展的假设，但是阿帕杜莱对这样的假设提出质疑。他认为，奢侈品仅仅是文化象征符号，具有修饰性和社会性，奢侈品是由文化定义的，上层社会的奢侈品交换是一种价值竞赛（tournaments of value），这种价值竞赛是社会等级秩序的象征。[②] 价值竞赛中政治的作用改变了商品化的路径，但是在社会统治阶层控制的一些领域发生着去商品化的趋势，例如国王之物是被社会控制和限制在商品交换之外的，经历着去商品化的过程。

阿帕杜莱认为必需品中也是一种政治性策略在发挥作用。他以广告为例分析必需品中的政治策略，认为“也许当代资本社会反映知识与需求的控制之间关系的最好的例子是广告”[③]。他引用海蒂兹和布迪厄的分析，认为广告图像改变了人们的想法、艺术、设计、生活方式和区隔，扮演了阐明这种需求动员的“资本主义

---

① Appadurai Arjun, “Introduction: Commodities and the Politics of Value,” in Appadurai Arjun, eds., *The Social Life of Things: Commodities in Cultural Perspective* (Cambridge: CambridgeUniversity Press, 1986), pp. 17 - 23.

② Appadurai Arjun, “Introduction: Commodities and the Politics of Value,” in Appadurai Arjun, eds., *The Social Life of Things: Commodities in Cultural Perspective* (Cambridge: CambridgeUniversity Press, 1986), p. 21.

③ Appadurai Arjun, “Introduction: Commodities and the Politics of Value,” in Appadurai Arjun, eds., *The Social Life of Things: Commodities in Cultural Perspective* (Cambridge: CambridgeUniversity Press, 1986), p. 55.

的现实主义”；他特别指出：“无论如何广告的功效是确保了某种产品的成功，让人似乎相信广告尤其是电视广告的当代表现方式共享了某种策略，这种策略使得那些很一般的，大规模生产的并且价格便宜甚至以次充好的产品在某种程度上（从齐美尔的意义来说）看起来很完美然而能够获得。”[①] 他用鲍德里亚的“幻象”（illusion）一词来形容广告给消费社会带来的仿真效果，广告的幻象作用使得消费成为一种符号，从而掩盖了它所配合的政治策略。所以物的区分不是依据物自身本质的区分，而是依靠政治的作用，体现的是社会权力关系。

虽然阿帕杜莱认为物和人一样具有社会生命，但是他还是以人和物是主客体的关系来探讨人如何通过物定义人自身，人如何通过物的交换来建构物的文化内涵。黄应贵在他主编的《物与物质文化》一书中对以往人/物、主体/客体关系的认知进行反思，认为人和物是相互界定而难以分隔的。[②] 他以台湾地区东埔社布农人的研究为例，指出东埔社布农人认为他们所接触到的所有自然物都有“hanitu”（精灵、神、鬼魂）[③]，这种 hanitu 是物独立自主的，不是人赋予的。人与自然物因互动而凸显两者的相对主体性，也就是海德格尔所主张的人和物是各自独立的主体。布农人的生活方式从日本殖民时期的刀耕火种，到水稻耕作，再到国民党统治时期的资本主义经济体系下的经济作物生产，从作物的历史发展过程我们可以看到布农人对于物的传统分类观念影响到了他们对于新的作物的认知和创新方式。对于布农人而言，通过人的知

---

① Appadurai Arjun, “Introduction: Commodities and the Politics of Value,” in Appadurai Arjun, eds., *The Social Life of Things: Commodities in Cultural Perspective* (Cambridge: CambridgeUniversity Press, 1986), p. 55.

② 黄应贵：《导论：物与物质文化》，载于黄应贵主编《物与物质文化》，“中研院”民族学研究所出版，2004，第 19 页。

③ 黄应贵：《物的认识与创新：以东埔社布农人的新作物为例》，载于黄应贵主编《物与物质文化》，“中研院”民族学研究所出版，2004，第 386 页。

识或特殊的工艺技术转化或改造的人造物，失去了自然物所具有的 hanitu，人造物是无主体性的客体物，例如最典型的例子，小米煮成饭后被认为还是有 hanitu 的自然物，饭仍然被视作小米本质的一部分；小米由妇女经过知识或工艺技术加工成酒以后就成为没有 hanitu 的人造物，这就是具有主体性的物成为客体性的物的过程，即客体化。①

黄应贵指出布农人对新作物的分类观念是与他们的土地、工作、知识、人观和“dehanin”（天）的分类概念联结在一起运作的结构，黄应贵认为这种联结反映了当时布农人的心性。他们在对水稻、经济作物、茶的认识上都是这样的。布农人既没有那种以人为中心的基督教传统看法，也没有英国人自启蒙时代和资本主义兴起以来而发展的人与物二元对立的观念。布农人的分类观念不但塑造了他们的生活方式和社会秩序，而且再现了当时的象征性沟通体系性质。例如小米代表了人与物直接沟通的性质，稻米代表了当时的象征性沟通已经通过人与物流动的沟通开始向外部世界扩展，番茄和货币则进一步再现了地方社会与外在大社会联结下的一种超越地方限制的人和物沟通的象征系统，到了茶和汽车，则表现人和物沟通体系的多元化。由此，黄应贵指出物与人的象征性沟通的系统性质反映了布农人的社会的深层灵魂或心性的发展，象征性沟通体系的改变凸显了物性是与其存在的历史与社会经济条件紧密关联的，在黄应贵看来“物具有稳定及规律心灵的作用”②，物本身已经具备了因人心理过程提升后才可以理解的物性，没有物性，人也不能创新，因此物自身就有与文化不

① 黄应贵：《物的认识与创新：以东埔社布农人的新作物为例》，载于黄应贵主编《物与物质文化》，“中研院”民族学研究所出版，2004，第386～389页。

② 黄应贵：《导论：物与物质文化》，载于黄应贵主编《物与物质文化》，“中研院”民族学研究所出版，2004，第20页。

可脱离的性质。

王铭铭与黄应贵相似，也在探讨物与文化的关系，但又不同。黄应贵将物与人的心性发展和社会的深层灵魂相联系，王铭铭主要是从物的文化史的视角关注物的社会生命，他在《心与物游》一书中以我们日常生活中司空见惯的“香”“茶”“糖”“槟榔与咖啡”“水”“冥币”“草木”等物，探究它们的“谱系”，从中国的传统文化中把握“物理”。王铭铭梳理了香从祭祀的香木到香料再到禁番香，物品内含的文化从“天人合一”到“天下主义”再到“文化本土主义”①；他又以青城山的贡茶为引子追溯茶从唐朝到宋元明清时代的历史发展，宋代的茶马互市形成了中国的汉人与北方游牧民族之间茶马二元对立或互补的结构关系，到了 19 世纪初，茶与欧洲中心的帝国之间的结构性紧张关系导致了“中国进入了一个与欧洲中心的‘世界体系’交往的时代”②；王铭铭还将季羡林的《糖史》与西敏司的《甜与权力》这两部风格迥异的糖史做比较分析，他认为无论是季老的有关糖的文化史还是西敏司的有关糖的政治经济史，都在“观物见人”③ 中洞察隐藏在日常物品中的社会生活的历史意义；王铭铭接着以“槟榔与咖啡”为例，认为人们在对槟榔或咖啡的自由选择中，实际上是“各自在有意或无意中也选择了历史，选择了表达历史归属的方式”④，而且这种选择反映了不同的文化心态；在《水的精神》一文中，他将福柯关于水的分析与中国古人对水的分析进行比较，福柯从精神病学史的视角，将水与疯狂联系，中国古人从“知者乐水，仁者乐山”的“仁学”视角⑤，将水与智慧相联系，王铭铭认为二

① 王铭铭：《心与物游》，广西师范大学出版社，2006，第 112 页。
② 王铭铭：《心与物游》，广西师范大学出版社，2006，第 122 ~ 125 页。
③ 王铭铭：《心与物游》，广西师范大学出版社，2006，第 128 ~ 133 页。
④ 王铭铭：《心与物游》，广西师范大学出版社，2006，第 148 页。
⑤ 王铭铭：《心与物游》，广西师范大学出版社，2006，第 150 ~ 154 页。

者的不同在于演绎了不同的政治世界观。

王铭铭还通过对冥币这样一种仪式符号的分析认为，冥币部分解释了为什么物质主义成为中国现代性所具有的文化特色；他还将中国人"物我一理"的观念与海德格尔的"天地人神一体"、泰勒的"泛生论"的观念相对照，认为中西物论的不同在于中国以长生不老论存在，西方以终有一死论存在；在《物的非思》一文中，王铭铭提出："这正是人类知识从古代的'人随物行'转变为'物随人行'"，他所要表达的正是从中国古代的人和物的合一到现代人们不能像海德格尔所言的那样回归物自身。在有关对莫斯的《礼物》的分析中，王铭铭认为法国年鉴派对物的诠释更接近中国古人的物观，中国古人包含人在内的"物中心论"创造了一个"丰富的想象世界"[①]，王铭铭所言的"丰富的想象世界"也为我们重新理解中国的历史提供了参考。当然，王铭铭只是为我们提供了有关的想象，还需我们在实践中去探寻可行的路径。

潘守永对物质文化的研究没有像王铭铭那样从物的文化史开始，他更偏重物质文化的理论模型在现实中的实践，尤其是在博物馆中的物质文化的实践。他分析了物质文化的概念、物质文化的三种理论模型和博物馆中的"物"。他将物质文化界定为："因人类克服自然并借以获得生存而产生，故也称为技术文化，是人与自然关系的反映。它包括人类在生产、生活以及精神活动中所采用的一切物质手段和全部物质成果，从衣食住行所需以至于现代科技均涵盖在内，所以它的内容丰富而多样。"[②] 由以上定义可以看出，潘守永是将物质看作人的客体，物质文化是有关物质客体的文化，认为物质文化不仅研究物，而且要研究人，研究人对

---

① 王铭铭：《心与物游》，广西师范大学出版社，2006，第220~224页。

② 潘守永：《物质文化研究——基本概念与研究方法》，《中国历史博物馆馆刊》2000年第2期。

物的认知。他又比较了考古学中的物质文化的概念，指出："物质文化通常是指相对于自然物而言的各种人工制品的综合。它具体表现为一定的形态，存在于某一具体的时空之中，反映人类的生存智慧。纵观人类社会的全部历史，人类所创造的物质文化呈现一种连续的、累积的和进步的特性。"[①] 因此考古学的物的研究带有历史的特征。他以博物馆里的藏品的收集和展示背后的观念变迁为例，说明人们有关物质文化研究的历史变迁，17、18 世纪早期，博物馆主要是有关物的自然史的展现，像英国、美国的一些博物馆主要是展示欧洲以外的异民族的与历史有关的物品；到了 1849 年，丹麦国家博物馆藏品的展示体现了考古学有关物质文化的历史特征；20 世纪 50 年代，物质文化逐渐成为博物馆的物品研究和展示的重要内容；二战以后，将科技史与博物馆研究紧密结合成为美国物质文化研究的热点；从 20 世纪 70 年代开始，物质文化的研究重点开始关注物品背后的人及其社会文化，博物馆藏品的展示注重呈现物所包含的人的活动和文化；20 世纪 80 年代，随着对物质文化研究理论的反思，博物馆里的物品也受到批评和重新审视，人们对物质文化的理解也多元化。

潘守永认为人类学的物质文化的理论模型主要有三种，第一种理论是将物看作人工劳动转化的物质器物[②]，突出对物的技术文化的研究，分析其中所包含的人和自然的关系，显示文化是如何影响物品的制造；第二种理论将物品视作"文化的符号和象征物"[③]，受列维－斯特劳斯结构主义人类学理论的影响，认为物质

① 潘守永：《物质文化研究——基本概念与研究方法》，《中国历史博物馆馆刊》2000 年第 2 期。

② 潘守永：《物质文化研究——基本概念与研究方法》，《中国历史博物馆馆刊》2000 年第 2 期。

③ 潘守永：《物质文化研究——基本概念与研究方法》，《中国历史博物馆馆刊》2000 年第 2 期。

反映的是文化的结构，物的符号不仅代表工具，也代表着权力，并且还表示性别特征；第三种理论认为“物品在社会生活中是有一定意义的。”[①] 任何物品都展示社会生活的意义，但是物所涵盖的意义受到时空的限制，在这个意义上，历史的时空网络决定了物所涵盖的文化意义的内容和形式。在指出三种物质文化的理论模型后，潘守永又重点分析了博物馆中的物质文化，认为博物馆的物的收集紧密围绕“人－物”的关系而展开，主要体现在四个方面，“一是收集与保存，二是陈列与展览，三是教育与知识养成，四是娱乐”[②]。但博物馆中的物不是自然的物，而是由学者再构的文化空间，由此他提出了对博物馆物的实践进行反思：文化再造的物的意义是否还能完备？这样的物是否能代表文化的整体，其真实性有多少？由此提醒我们警惕在物的研究和实践中以“博物馆化”的形式，借用或抄袭文化符号，将一切历史文化遗产进行商业化的趋势。

赵旭东对物的精神的探讨既不像潘守永那样从物质文化的视角出发，也不像黄应贵那样将物与人的深层心理结合，他是从财产权利的视角谈物的精神，他延续了格雷戈里的礼物经济和商品经济的二分法，将物的精神分为礼物的精神和商品的精神。他认为：“礼物最核心的特征是集体性，也就是礼物背后隐含着相互性的责任”[③]，这种礼物精神建立在财产共有的社会，这种类型的社会是摩尔根所说的“氏族社会”[④]。在氏族社会里，人和物混融在一起，像莫斯所言的礼物之灵那样，人格连同礼物一起送出去，

---

① 潘守永：《物质文化研究——基本概念与研究方法》，《中国历史博物馆馆刊》2000年第2期。

② 潘守永：《物质文化研究——基本概念与研究方法》，《中国历史博物馆馆刊》2000年第2期。

③ 赵旭东：《礼物与商品》，《安徽师范大学学报》2007年第4期。

④ 赵旭东：《礼物与商品》，《安徽师范大学学报》2007年第4期。

收到礼物必须有回礼的义务，礼物有一种道德的约束；商品的精神是个体性，这种精神建立在对财产权利明确划分的个体主义社会，也即摩尔根所言的“政治社会或者国家”；在个体主义社会里人和物是分离的，“各自有了各自的独立性，相互交换的是异化出来的物”[①]。赵旭东和格雷戈里有相似的看法，认为礼物交换的是不可异化的物，建立的是交易人之间的相互关系，而商品交换的是可异化的物，建立的是被交易的物之间的关系。格雷戈里认为，在巴布亚新几内亚社会由氏族社会向资本主义殖民地经济变迁的过程中，礼物经济是工人签订短期或长期合同，以及移民城市的参照点，礼物经济和商品经济并行不悖。对此，格雷戈里认为“在资本主义冲击下，土地未能作为商品出现的另一个结果，为礼物交换的繁荣与发展创造了必要的条件”[②]。土地没能成为商品，是因为“在巴布亚新几内亚，许多法律和社会力量正在反对着土地作为商品出现”[③]，这也正像赵旭东基于中国的经验所分析的那样，“财产共同占有的社会组织依然存在……但是土地尚能够卓尔不群，维持集体的共同占有”[④]，换言之，土地还是“礼物”。赵旭东认为土地和血缘的共有性营造了宗族的集体主义的意识，在财产占有的集体主义社会里，商品经济繁荣的同时也促进了礼物经济的繁荣。

赵旭东以中国乡村土地集体占有为例，认为中国改革开放 30 多年中“与这个时期乡村工业化同时兴盛起来的就是关系取向的礼物经济”[⑤]。原因在于土地还是礼物，不是商品，土地和人混融，

---

① 赵旭东：《礼物与商品》，《安徽师范大学学报》2007 年第 4 期。

② 〔英〕格雷戈里：《礼物与商品》，姚继德、杜杉杉、郭锐译，云南大学出版社，2001，第 197 页。

③ 〔英〕格雷戈里：《礼物与商品》，姚继德、杜杉杉、郭锐译，云南大学出版社，2001，第 196 页。

④ 赵旭东：《礼物与商品》，《安徽师范大学学报》2007 年第 4 期。

⑤ 赵旭东：《礼物与商品》，《安徽师范大学学报》2007 年第 4 期。

这样的礼物经济是以宗族关系的血缘基础和村落共同体的地缘为基础的，中国的关系和礼物的实践正是这种礼物精神的体现。[①] 他将礼物精神与中国社会结构的延续与变迁结合起来，让我们对中国的物的精神有了新认识，同时引起我们反思的是在中国改革开放30多年中虽然礼物的精神还在，但是莫斯所言的社会团结或社会凝聚力并未随着礼物经济的繁荣而增强。

由以上的文献回顾，我们可以看到，从中国古代关于物的研究到现代西方和中国关于物的研究，随着人类学理论的发展，人－物的关系随着对物的定位的不同也在发生着变化。中国古代的物的研究从“万物与我为一”“万物和人平等”到“成己与成物的合一”，再到“万物有生”“物我一理”等，体现的是人和物合一和生生不息的物观；现代的物的研究经历了整体论、结构功能论、象征体系论、文化决定论、二元精神论、权力体系论、人情伦理论、世界政治经济体系论、天地人神一体论、物的社会生命论、社会生活和心性论、物中心论、物的精神论等不同研究视角和研究路径，但不论哪一种研究视角或者路径，物的研究所围绕的人和物的关系，依然分别体现了人和物的合一或者混融、人和物的分离或者在二者之间寻找勾连，近年又有一种主张回归物本身，让人和物共生的趋势。

通过以上文献回顾，我们发现以往的物的研究主要是从以下两个方面着手：第一是人和物是分离的关系还是融合的关系，二者是怎样互动的研究视角；第二是精神和文化心理与物的存在状态是如何对接的视角。无论采用哪一种视角，以往的研究关注的是抽象的人和物的关系，而忽视了物本身的质性。在石龙坝，物的质性直接而深刻地影响了人和物的关系。因此，本书是从物的

① 赵旭东：《礼物与商品》，《安徽师范大学学报》2007年第4期。

质性的视角研究人和物的关系，将历时性研究与共时性研究交织在一起，关注物的文化观念和实践意义，并将它放在具体的历史变迁过程中去考察。本书回溯物的历史与社会文化脉络，整体呈现物、人、历史、社会、文化之间的多元动态关系，以及物所展现的石龙坝人的生产和生活方式，不同时代的工人对物的认知和诠释，揭示这些物的认知和诠释背后的心志。

石龙坝的百年历史流变中物自身的特性与人的社会文化特性是双向互构的关系。石龙坝的物不仅是质性的，而且它与人融合在一起，人通过物来界定或表达自己，而物性又建构人之生产和生活的意义，它不仅是石龙坝工人有关个体、家庭、朋友、先辈、工厂的集体记忆和动态表征，更是工业文化生命力的象征。在某种意义上，它是工人自我与先辈、后代联系的载体，它的生产与再生产塑造了在时空中延伸的代际传承、社会联系、文化纽带和心志图式。

本书重要的突破之处是，关注物质文化实践的历史具体性，探究历史过程的逻辑和机制。在“历史－文化－社会”之间连续不断的互动过程中洞察物何以载志。在长时段的历史进程之中将人的物质文化实践和更宽泛的社会结构、制度环境紧密连接。透过石龙坝在百年历史进程中社会生命的载浮载沉，生动勾勒出物所承载的历史、社会、文化变迁的立体图像和动态过程。力求在长时段的物质文化实践中探究大社会的结构变迁、工厂的转型和工人个体命运的辗转之间交织互动的复杂关系，深入体察工人群体在卷入现代化洪流中的际遇、认知、渴求、阵痛与选择，从中洞见物象流变之背后的心志，借以这些心志图示展示不同时代的工人是如何在国家大社会和工厂小社会交织的具体历史中通过物表达自身和建构生活意义的。本书不仅仅是对物象变迁的人类学学理剖析和民族志书写，还包含了我的社会关怀，这是本书研究的出发点和主要旨趣。

1.4 研究方法与逻辑结构

1.4.1 研究方法

从人类学的整体观看待物和人之间的相互关系，应该注意从不同角度、多个方面和不同层次对之进行研究，这样才能充分地展现物背后社会文化的不同面相和历史纵深度。本书的田野点是一座具有百年历史的老工业文化遗产，作为物它有深远的文化渊源，而今日它仍然以一种活态存在着。究竟研究什么，如何进行研究，是摆在我面前的一个必须抉择的问题。石龙坝发电厂初创时就是一个很正规的股份制企业，新中国成立以来又成为重要的国有能源企业，因此留存下了许许多多的档案文献资料；今天的石龙坝由于受到多方面因素的制约和影响，它的生产价值已经只具有象征意义了，其辉煌体现在那一座座建筑和一台台机器中，留存在石龙坝人的集体记忆之中。经过仔细的思考，我决定从历史人类学的角度对石龙坝进行研究。

安德烈·比尔吉埃尔认为历史人类学是一种研究范式，他指出："历史人类学没有特定的研究领域，它相当于一种研究范式，即始终将作为考察对象的演进与这种演进的反应联系起来，并与由这种演进产生或改变的人类行为联系起来。"① 张小军也持相似的看法，认为历史人类学是一种研究方法，他说："历史人类学不是一门学科分支，而是一种研究方法和视角，至少目前如此。"②

① 〔法〕雅克·勒高夫、诺拉主编《新史学》，姚蒙译，上海译文出版社，1989，第238页。

② 张小军：《历史人类学化和人类学的历史化——兼论被史学"抢注"的历史人类学》，《历史人类学学刊》2003年第1期。

但是对于什么是历史人类学，学术界一直存在争议，有所谓的基于历史学的历史人类学和基于人类学的历史人类学之分。历史人类学，简单说有两个基本视角，历史学视角和人类学视角，由此也决定了历史人类学有两类学者从各自的学科出发进行研究，一种是从人类学视角展开的历史研究，例如辛西亚·海伊认为："人类学式的历史学所关心的是，如何让 20 世纪的读者理解过去社群的信仰与态度，这些信仰与态度正可透露出他们的社会活动。这种取向反映出学术界发现了历史学家与人类学家之间的亲属关系；也显示他们认识到非西方社会的重要性，因为可透过它们来验证其与欧洲近代早期文化态度之间所暴露出的相似性。"这种视角反映了历史学家借鉴人类学的特性，关注历史的文化向度，开始发现非西方的历史，并以此反观西方文化的态度。另一种是展现历史深度的人类学研究。例如马歇尔·萨林斯认为："现在的问题是用人类学的文化经验来突破历史的概念。当然这种推论也不是单方面的，历史的经验将确定无疑地突破人类学的文化概念——包括历史结构。"[①] 这种视角反映了人类学家将历史学的方法纳入人类学，对人类学缺乏时间感进行反思，关注文化模式的历史过程，"在人类学的分析研究中，不仅注重对历史素材（事件及其记忆）的分析，而且尊重社会式文化的时间向度（也就是时间性）"[②]。我的这项研究取后者的学术立场，从人类学的角度对石龙坝水电站作为物的历史进行考察，进而探寻物的历史中所贯通的人之思想变迁。

马林诺夫斯基开创的人类学田野工作方法，使得人类学成为一种必须做大量实地研究才能形成研究成果的学科，但由于过多

① 〔美〕马歇尔·萨林斯：《历史之岛》，蓝达居等译，上海人民出版社，2003，第 99 页。

② 蓝达居：《历史人类学简论》，《广西民族学院学报》2001 年第 1 期。

地强调实地研究，在一定程度上忽略了研究对象的历史意义。直到20世纪80年代，这种由于历史的缺失影响到对文化现象认识的深刻性问题才被人类学界重新认识到。实际上，文献研究与田野工作并不是相互对立的，注重文献资料研究的历史学强调在时间的过程中动态地把握对象，这能够促使主要以在空间与结构方面展现社会生活的人类学研究具有历史的深刻性。如上所述，石龙坝文化场景可以为我们做历史人类学研究提供最便当条件，为此，本书主要采用了田野调查和文献分析两种研究方法，同时兼顾时间（历史）和空间（文化），在研究的过程中不断地运用人类学整体观在田野中寻找历史，在历史中解释现在。

首先是田野调查方法。水电的空间叙事是石龙坝人在石龙坝这个具体场景中展开的，为此研究首先以石龙坝人及其所生活的文化场域为对象，运用参与观察法和深入访谈等田野调查方法。我从2010年8月到2012年3月在昆明陆陆续续地做了一年多的田野调查。首先，为了对石龙坝初建时的历史和文化背景有更真实的了解，分别到云南讲武堂，滇越铁路沿线的昆明、蒙自碧色寨、开远、个旧，还有个碧石铁路沿线进行了实地田野调查。其次，在石龙坝做田野调查期间，除了对石龙坝发电厂在任和前任的多位厂长、书记、中层管理干部和普通工人进行深入访谈外，还对许多不是石龙坝发电厂正式员工却一辈子是石龙坝人的职工家属做了深入访谈。最后，记录了几代工人的口述史，其中比较注意捕捉工人的日常生活史，补充官方的历史文本中所忽略的民间记忆，因为“历史的主要部分本就是这些衣食住行、日常生活的记录和记述”[①]。一方面我从中获得了当代石龙坝人自己生动而直接的具体资料；另一方面也了解到了几代石龙坝人传承下来的关于

① 李泽厚：《历史本体论和己卯五说》，三联书店，2003，第30页。

百年石龙坝的大量传说、信仰和其他资料。实际上，我对石龙坝人进行访谈的过程同时也是一个参与观察的过程，我跟着工人到工厂上班和值夜班，到田里种菜和施肥，在参与观察中获得了大量亲身经历、直接感受的有价值资料。这些资料经过甄别和梳理后，为本书论证主题提供了鲜活翔实的素材。

其次是文献研究方法。百年石龙坝的文献作为物的文化史的信息资源与知识载体，不仅是云南工业活动的历史见证，而且具有重要的历史文化价值，作为文化遗产具有丰富内涵。这些文献分别保存于云南省档案馆、昆明市档案馆、昆明市工商联档案室、南方电网云南公司档案馆，其中有部分资料被编辑成云南文史资料藏于云南省图书馆和其他图书馆。在这些文献资料收藏机构中，我通过对石龙坝文化遗产相关文献的收集、鉴别、整理和研究，并与田野调查资料进行比较分析，在历史场域和文化空间中对田野材料和文献材料进行解读，以找到新视角并理解所研究对象的“历史性”价值和“现实性”意义。更重要的是通过对文献的掌握来还原百年石龙坝人所生存的文化场域及其历史过程。也正是在这种对大跨度时间进程的驾驭中，实现了历史资料与现实资料的印证和互动，在历史性与现实性交织的时空中理解物所承载的文化的变迁，使这项研究最终能以综合分析方法提出“传世主义”与“现世主义”及其关系的创新性概念。

1.4.2　范式转变

本文通过对百年石龙坝水电站的田野调查过程，深刻反思以往人类学研究中以研究者为本位而将研究对象当作研究工具的索取式田野调查范式。为了打破这种索取式的阈限模式，本研究提出主体间际分享的田野调查范式，将研究对象看作与研究者平等的主体；主体间际的分享是心灵互相沟通和指引，是共同发现遮蔽在快速的物化社会下的生活的本真样貌的历程。

在石龙坝的田野调查所经历的从“他群”到“我群”的艰难过程[①]，激发我重新凝视田野中研究者和研究对象的关系。我受传统田野调查范式的影响，在初期的田野调查中急于从研究对象那里获得所需要的资料，理所当然地将对象当作资料的来源。在刚到石龙坝田野时，为了使得研究对象很好地配合和完成研究任务，我刻意与研究对象拉近距离，以获得更真实的田野材料。这种将研究对象当作研究工具的“研究者本位”的思想，使得研究者变成了想方设法获得调查材料的“索取者”，这样让研究对象感觉到我急于从他们那里获取对我有价值的信息，所以他们常常会用缄默或者拒斥来面对我的索取。

传统的田野调查范式在某种程度上是一种索取式的理念，是以主体和客体、主位和客位二元对立的关系模式为基础和前提的，它无法超越研究者和研究对象之间的鸿沟而深入到两者共同的本源之处。正像女性主义田野工作者所分析的那样：想要了解研究对象，研究者必须将她们看作人，她们与我们一起创造对生活的阐释。[②] 现象学家舒茨也认为只有从日常生活世界的意义出发才能超越研究者和研究对象的二元对立，他认为我们所生活在其中的世界是主体间际的世界，即人和人是互为主体的，“即它从一开始就是一个主体间际的文化世界。它之所以是主体间际的，是因为我们作为其他人之中的一群人生活在其中、通过共同影响和工作

① 本研究田野调查从“他群”到“我群”的艰难过程参见附录：赵晓荣：《主体间际分享：“他群”“我群”互动的田野》，《广西民族大学学报》（哲学社会科学版）2013 年第 3 期。

② Fontana. A and Frey. J, “The Interview: From Structured Questions to Negotiated Text,” In Denzin. N and Lincoln. Y, eds., *Handbook of Qualitative Research* (2nd eds.) (Thousand Oakes, CA: Sage Publications, Inc, 2000), p. 668.

与他们联结在一起，理解他们并且被他们所理解。”[①] 主体间际也是一种研究视域，这种研究视域不将研究者和研究对象看作主体与客体、局外人和局内人、自我与对象相互对立、相互外在的关系，而是相互生成、相互内在和相互依存的关系。在本研究看来从某种意义上说主体间际的互动是一种心灵分享活动，是主体与主体之间分享着生活、信仰、情感、态度、思想和对意义的诠释，分享不在于达成共识或同一，而在于尊重对方、了解对方、求同存异、相互交融、共同建构有意义的世界。

经过田野的凝视，我开始转变在石龙坝的田野调查范式，变索取为心灵分享，这种心灵分享是主体间际的平等分享。石龙坝人对我的女博士生生活很好奇，有的工人问我：“你们博士是不是整天只知道学习，不会做饭，也不懂生活?”我和他们分享我的博士生活、日常的爱好、在家里如何做饭、我的情感、态度和生活理念等，他们也和我分享他们的情感、思想、信仰等，还分享他们的知识。田野中的知识生产人类学研究者并不占据主导地位，更没有特权，恰恰相反，分享也是一种知识的互相生产。不仅研究者具有人类学知识储备，而且研究对象有他们的人类学知识，他们的自我认同有一部分来源于这些知识。

分享生活的过程，使得我更细致地体察和理解石龙坝工人的文化、情感、思想、信仰，还有他们对待生命的态度和诠释生活意义的方式；同时田野也是一面文化透镜，让我凝视自我，反思自我，重新发现生活的意义，正如人类学家拉比诺所说的那样：“通过对他者的理解，绕道来理解自我”[②]。

---

① 〔德〕阿尔弗雷德·许茨：《社会实在问题》，霍桂桓、索昕译，华夏出版社，2001，第 36~37 页。

② Paul. Ricoeur, *Existence at Hermeneutique in Le Conflit des Interpretations* (Paris: Editions du Seuil, 1969), p. 20.

经过我多次和工人们分享工田野调查的感受，他们越来越了解我，也越来越喜欢参与研究，“你调查得怎么样了?”成了他们见我时的口头禅，一旦他们又回忆起什么就赶紧给我打电话，还在家里努力找以前工厂里的老古董让我拍照，并给我讲老古董的故事，涉及一些他们认为重要的人物时，他们积极主动地帮我联系能不能上门做访谈，联系好后我就去，有时候我自己去，有时候他们带着我去，为此我找到了在云南安宁市、楚雄市、昆明市等地的老工人，并到他们家里访谈。每次他们都会很关心地问我访谈的收获，如果有收获他们会和我一起高兴，没有收获他们会和我一起沮丧。有的工人还跟着我到我昆明的婆婆家里玩和吃饭，然后在昆明一起逛街和买衣服、聊天。通过分享他们也了解了我的田野，常师傅这样总结说：“你的田野调查并不高深，就和我们养护机器、养护土地那么自然，只是一项工作或者一种乐趣。”

通过主体间际的分享，我发现在石龙坝人的生活世界里有两种时间观，白天是围绕着水轮机和发电机的标准工业时间，下班后是围绕着农历的自然节气和农作物的耕作周期转动，所以他们说自己是半工半农。时间和生命对他们来说既是直线的又是循环的。在车间里他们的情感是被压缩的，在田地里他们是释放的，他们坦诚地将这两个自我和我分享，他们也分享了学术研究中的我和生活中的我。石龙坝的工人尽管因为电厂的衰落日子过得艰难，但是他们保持着一种人与机器、人与土地不是索取而是分享的心态。不发电的日子、发不起工资的日子，他们也会细致地维护和擦拭运转了一百多年、几十年的那些水轮发电机，像对待宝贝似的对待它，与它共患难共荣辱，面对着机器默默地将自己心里的酸甜苦辣说给它听，所以他们创造了世界的奇迹，他们的第一台老水轮发电机经过了一百多年还在正常运转，连生产它的德国人看了都为之惊叹。工人们对土地也是持这样分享的态度，不是全部地索取它的果实，收获了甜玉米他们会和土壤里的虫子分享，虫子也会分享，它会为人消灭掉有病虫害的植物。老王师傅是这样说他们的生活态度的："不能老向土地要食吃，不能老向机器要电发，土地和机器和人差不多，也有情感，也会生病，你对它们好，它们才会对你好哩。要把一些东西留给它们养着，不能人都夺走。"人和土地、人和机器、人和人都不能只索取，要分享，只有养土地，养机器，养周遭的生命，才能养人，人和人分享才能有乐，这就是石龙坝人朴素的分享信念。

石龙坝人朴素的分享信念也启示我们在田野中要不时地反省自己的角色位置。以往索取式的田野调查范式其实以研究者为本位，以研究主体/研究客体、主位研究/客位研究、局内人/局外人等传统的二元关系为模式，为田野调查设置了研究者与研究对象交流的阈限；而本文提出的分享式田野调查范式中研究者和研究对象不是二元对立关系，双方是主体间际的关系即是平等的主体，研究者和被研究者之间建立的不是主体对客体的索取关系，也不是"我"和"他们"的关系，而是"我们"之间的主体间际关系。"通过这样建立起来的我们关系，我们——向我讲话的他和倾听他讲话的我——都生活在我们共同的生动的现在之中，都在这种沟通过程中、并且通过这种沟通过程被引向应当认识的思想，我们是一起变老练的。"① 在"我们"之间的分享中，彼此将对方看作与"我"一样有着思想、情感、信仰、意识、行动的平等的主体，"我们"之间敞开心灵，通过分享进入彼此的内心，相互理解和相互丰富。

我在石龙坝电厂的田野经历了由索取者到分享者的转变，在刚进石龙坝的时候我脑海里是带着上文提到的那些二元结构框架，

---

① 〔德〕阿尔弗雷德·许茨：《社会实在问题》，霍桂桓、索昕译，华夏出版社，2001，第 297 页。

急于从石龙坝人那里收集到自己所需要的资料和信息，在田野中是一个带着研究者本位思想的索取者，由此也陷入了田野调查的困境。在经过深刻反思之后，我开始了主体间际分享的田野历程。石龙坝的车间、田里、工人家里、厂区周围、附近集镇等空间都变成不同文化的主体之间分享的场域，我也越来越进入石龙坝人的生活世界。随着分享的增多，我发现主体间际的分享是跨越这些二元阈限的桥梁，“心灵的共同性和共享性隐含着不同心灵或主体之间的互动作用和沟通，这便是它们的主体间性”①，只有主体间际的分享才能体察和洞见研究对象内心丰富的情感世界和他们自身对生活意义的理解和建构，“人是人的镜子，每个人都从他人身上看到自己，也从自己身上看到他人。在主体间的这种相互观照中，既确定了对于自身而言的自我的存在，同时也确认了他人的自我的存在”②。我在石龙坝的田野调查中的分享过程，也让我不断地内省和反思人类学者在田野中的位置，重新审视和认知研究者和研究对象的关系，认识田野调查本身的性质。我们不是在田野调查中寻找或索取我们要的资料和信息，而是通过心灵分享洞察田野中生活表象后面的意义；田野调查不是发现某种文化表象的存在，而是探寻不同文化背后的人性的共同本质；而主体间际的分享不仅是一种“我群他群一体”的情怀，而且是一种交流、对话、体验和理解的实践，是互相了解对方，通过对方观照自我、发现自我、赋予自我新的意义的心灵历程，也是互相沟通，互相指引，共同发现遮蔽在快速的物化社会下的生活的本真样貌的生命历程；同时主体间际的分享也是新的社会历程，在同一时空中不同文化带着各自的惯习和特质相互对话、相互碰撞、相互融合，为研究者和研究对象建构多棱镜、多向度的共享世界。

① 余纪元：《西方哲学英汉对照词典》，人民出版社，2001，第68页。
② 郭湛：《论主体间性或交互主体性》，《中国人民大学学报》2001年第3期。

1.4.3　逻辑结构

本书的研究逻辑是从人类学的整体观看待社会文化及生活于其中的人群以及他们之间的相互关系，通过“人－物”的关系在历史进程和文化空间中的变动充分地展现社会文化的不同面相和历史纵深度。为此，研究的出发点首先是探讨研究对象的社会和历史基础，进而对其形成的动因与发展过程做具体展现和深入分析，最终提出相应的分析研究结论。基于这样的安排，本书的结构共分为如下 8 章。

第 1 章，绪论。主要说明了本书研究的问题缘起，研究的理论意义和实践意义，对有关物的研究从中国古代的物的研究、现代西方和中国的物的研究做了文献回顾，并在此基础上指出本书关于物的研究的特点所在。此外，还说明了所采用的历史人类学视角，田野调查和文献分析两种方法在具体研究中相互交融。

第 2 章，近代云南的社会与历史场景。主要探讨了石龙坝水电站缘起的社会和历史背景。通过对云南的社会历史和滇池文明发展的考察，寻求在云南能够产生中国第一座水电站的社会历史原因。本书对中法战争、洋务运动和辛亥革命做了历史考察，认为它们是这座水电站缘起的重要社会历史因素，而滇池文明的发展是水电站缘起的地缘基础。

第 3 章，实业救国与文化自觉。着重从石龙坝水电站的具体动因和创建场景考察，展现在当时外患内忧的历史条件下，云南地方官商士绅百姓如何在国家对外开放的过程中自救图强，通过商办水电实现“耀龙”救国和兴国之志。本书重点通过对主要人士的策略及其运作过程的展现来说明第一座水电站创建的艰难。

第 4 章，石刻与水电。主要考察了耀龙电灯公司建设水电站的过程和初创时期的一些具体特点，其面向全球招标购买机器设备、面向全国招聘技术巧匠的具体过程以及在社会各界齐心协力的努力下中国人建设自己第一座水电站的心态和方略，人们将建水电的过程都详细地铭石为记，以实现“三不朽”的思想。在此基础上从中国文化传统的传承理念、信仰及其仪式对石龙坝人的精神做了分析。

第5章，油灯与电灯。主要展现了人们固守点油灯的传统，对闯入传统生活图式中的电灯所表现出的畏惧排斥，凸显两种文化现象冲突中民间文化惯习的作用；同时也对电站管理过程中两种文化的相融相斥做了展现。意在说明尽管随着时间的推移，本土文化会对部分外来文化加以融和、扩散并以自上而下的方式推行，这有助于促使民间文化惯习改变，但文化的内核部分的价值观和信仰等始终在影响着人们生产与生活的方方面面。

第6章，国家命运与工人身份。主要探讨的是工人与国家的关系问题。作为现代文明重要推动者的产业工人是在大历史中形成的，耀龙公司几次所有制的变更与国家的命运与抉择休戚相关。工人的身份也与大历史的发展进程紧密联系，在新中国工人阶级作为推动现代文明进程的力量被整合进了“单位制”的国家体制之中，工人成了“公家人”。

第7章，制度变迁与传统再造。通过制度变迁与文化传统来展现国家的制度安排与工人身份的变化。在国家新的制度安排背景下，石龙坝人的生产与生活也发生了变化；在对“不公平”进行抗争未果之后，他们现实地回归亦工亦农的生活，既往已经落寂的传统信仰重新复出，并且成了公开的秘密。同时石龙坝人也通过发掘石龙坝的文化资本促进其转型，石龙坝水电站2006年被国务院列入第六批全国重点文物保护单位，2008年被昆明市命名为“水电博物馆”。

第8章，结语。在石龙坝人百年实践变迁过程中，现代学术语境中所谓的“国家－社会”“工人－农民”“大传统－小传统”“人－物”等的关系并不泾渭分明地对立，而呈现为一种“钟摆运动”。石龙坝人在历史和文化变迁中根据社会情境的变化建构和运用他们的“意义理性”，编织他们生产和生活的“意义之网”，在巨大而快速的物质世界变迁中寻找自己的身份和价值。从“志－物”关系视角看，其表现为从“传世主义”向“现世主义”的变迁：前者作为文化流传递的并不仅仅是物品，它还向后代传递祖宗的信仰和诠释生活的内在方法，使得过去与现在绵延。20世纪90年代以后，石龙坝人由“传世主义”向“现世主义”转变，这是石龙坝人在巨大的历史变迁和快速的社会转型中结合自身的情境所做的文化调适的努力。

从传统到现代的转变，使得石龙坝人相对一致的文化图式被打乱，他们难以维持原有的物质生产和生活模式，地方社会秩序与外在大社会秩序日趋交织和混淆。但是物质生产和生活的改变并非意味着物所承载的意义的断裂，“传世主义”“传世主义－现世主义”“现世主义”等与个体或集体不同的联结，经由大社会的变迁、工厂的转型和个体不同的生命辗转，在人与物的互动沟通上呈现多元化趋势。

第 2 章　近代云南的社会与历史场景

2.1　水电站兴建的历史背景

2.1.1　中法战争与云南近代化

中国第一座水电站的缘起与中法战争有着紧密的联系。云南近代工业文明的进程不是起始于鸦片战争，而是深受中法战争的影响。位于中国西南边陲的云南地处高原，山高谷深，其中山区、半山区约占全省土地面积的94%，坝区及平原仅占6%左右，古书上称之为“蛮夷之地”，因为高山峻岭的阻隔，云南的社会发展很缓慢。19 世纪下半叶的鸦片战争冲击了中国的东南沿海及内陆的大部分地方，但对云南的影响很小，直到中法战争，云南才开始了近代社会结构的变革。

法国对中国云南觊觎已久，“自拿破仑三世以迄十九世纪季年，其积极谋以印度支那为根据，通中国西南诸省之政策，始终一贯，未尝变更”[①]。19 世纪 80 年代，法国想占领中国的藩属地越南，并企图打通红河入侵云南，夺取中国的西南边疆，在亚洲建立殖民帝国。清同治十二年十月（即 1873 年 11 月），法军占领了越南的河内等地，并向驻守在越南北部的清军发起进攻，1882 年

① 邵循正：《中法越南关系始末》，河北教育出版社，2000，第 55 页。

逼近越南都城顺化，越南政府被迫和法国签订了《顺化条约》，越南变成了法国的保护地。接着，法国逼迫清政府放弃与越南的宗藩关系，提出在越南划出一个中立区将中国驻越南的军队撤出，并将云南作为商埠向法国开放，为法国打开云南门户提供便利，此举遭到清政府的拒绝。面对法国的殖民扩张和侵略问题，清朝统治集团内部分成了主战派与主和派，主战派以曾纪泽、左宗棠、张之洞为代表，主张出兵越南，增兵西南支援刘永福率领的黑旗军抗法；主和派以掌握着清政府军事和外交实权的李鸿章为代表，认为中国为越南与法国开仗是“火中取栗”，主张边境御敌。就在清政府在两派之间摇摆不定之时，法军即于 1883 年 12 月 14 日进攻驻扎在越南山西的中国军队，清政府被迫应战，中法战争正式爆发[①]。

中法开战后，清政府命令云贵总督岑毓英率滇军出关抵抗法军，由于清政府财政困难，滇军军饷奇缺，将士在半饥饿状态下抵抗法军，军情紧急，“岑毓英饬昆明各汇号借饷银六万两，皆以为难，无敢应者，兴斋挺身而出”[②]。兴斋即王炽。王炽字昌国，号兴斋，是清末云南金融业的创始人，近代云南最大的票号同庆丰的创办人，也是后来中国第一座水电站的创办人王筱斋的父亲。在中法战争中，同庆丰票号以国家安危为重，先后四次垫支巨款，总金额高达 60 余万两[③]，解决了清军的物资供应与后勤保障问题，

① 关于中法战争的爆发时间目前学术界没有统一的看法，综合起来主要有 5 种看法：一种认为是纸桥之役，爆发时间是 1873 年 12 月 21 日；二是 1883 年 8 月的怀德之役；三是 1883 年 12 月 14 日的山西之役；四是观音桥事变，发生在 1884 年 6 月 23 日；五是 1884 年 8 月 5 日发生的基隆之役。在 5 种看法中，持第 3 种看法的学者最多，故本书采用第 3 种看法。

② 中国人民政治协商会议云南省委员会文史资料研究委员会编《云南文史资料选辑》第 28 辑，云南人民出版社，1986，第 150 页。

③ 云南省地方志编纂委员会编《新纂云南通志》卷二百三十五《实业传》，1949，第 8 页。

使得中国军队屡次挫败法军的进攻，取得宣光、临洮等关键战役的胜利，战争胜利后，云贵总督岑毓英为同庆丰票号赐匾额曰“急公好义”。

中法战争中中国各族人民积极抵抗法国侵略军，驻守在广西的清朝老将冯子材率领将士奋勇抵抗法军，1885 年 3 月取得镇南关大捷，并且收复了凉山。在云南，刘永福的黑旗军率领河口、金平等地的各族人民英勇抵抗法军，成功将法军逐出了云南的东南边疆。中法战争期间，云南各族人民纷纷出钱出力支援，对于战争的胜利功不可没。就在中国军队取得节节胜利的时候，由于清政府担心会引起国内的“民变”和“兵变”，危及清朝的统治，所以求和派提出“乘胜即收”①，1885 年 4 月慈禧太后颁布了停战的诏书。1885 年 6 月 9 日清政府与法国在天津签订了《中法会订越南条约》。条约中清政府不仅承认法国对越南的保护权，而且同意了向法国开放云南、广西两个边界通商口岸，条约共十款，其中第五条规定法国“所运货物进出云南、广西边界，应纳各税，照现在通商税则较减”②；第七条规定“由法国在北圻一带开辟道路，鼓励建设铁路……日后若中国酌拟创造铁路时，中国向法国业此之人商办……”③。中法战争之后，这些规定不但为法国打开了云南和广西的门户，而且为法国以后取得滇越铁路修筑权埋下了伏笔。

中法战争后法国在云南的蒙自、思茅和腾越（现在的腾冲）等地开埠通商、设立洋行、开采锡矿、修筑铁路等，将世界殖民主义经济体系扩张到中国内陆边疆。云南自鸦片战争以来没有受到西方近代化的影响，但是中法战争在客观上打破了“从沿海到内陆”的近代化发展规律，使得云南成为中国内陆较早实现近代

① 云南近代史编写组编《云南近代史》，云南人民出版社，1993，第 83 页。
② 王铁崖编《中外旧约章汇编》第 1 册，三联书店，1957，第 468 页。
③ 王铁崖编《中外旧约章汇编》第 1 册，三联书店，1957，第 745 页。

化的地区。

2.1.2　滇越铁路与工业文明

法国在云南开埠通商后，发现云南山势险峻、江河纵横，交通阻隔，通商非常不便。为了更快地掠夺云南矿产资源和打开云南市场，法国亟须打通一条交通通道由外部直达云南腹地，当时法国驻越南总督都墨向法国政府主张："云南为中国天府之地，气候、物产之优，甲于各行省，滇越铁路不仅可扩张商务，而关系殖民政策尤深，宜选揽其开办权，以收大效。"[①] 光绪二十四年（1898 年）法国照会清政府："中国国家允许法国国家或所指法国公司，自越南边界至云南省城修筑铁路一道。"对此照会，清政府答复"可允照办"[②]。自此，法国取得了滇越铁路的筑路权。

滇越铁路全长 855 公里，南起越南海防，经老街入云南河口，中经蒙自、开远抵达云南府（昆明）。[③] 分为南段和北段，又称越、滇两段：南段（越段）自越南的海防，经河内、安沛到中越边境的老街，1901 年开工，1903 年完工，长 389 公里；北段（滇段）在中国云南境内，法国人原计划从西线修建云南境内路段，西线是从云南河口向北沿着红河经蒙自、建水、玉溪、晋宁最后到达昆明。但在对路段的勘测中由于地势险峻和沿线当地人民的反抗，法国放弃西线，改为修建东线。1904 年动工，从河口向北沿着南溪河，经蒙自的碧色寨、开远、宜良、呈贡而至昆明，轨距为一米的窄轨铁路，全线长 466 公里，工程艰巨，其中人字桥最为险要，洒满了中越两国工人的血汗。整条线路南北海拔高差 1807 米，穿越了

---

① 盛襄子：《法国对华侵略之滇越铁路》，《新亚细亚月刊》第 3 卷第 6 期，1936。

② 万湘澄：《云南对外贸易概观》，新云南丛书社，1946，第 21 页。

③ 云南近代史编写组编《云南近代史》，云南人民出版社，1993，第 115 页。

12个少数民族聚居区，有隧道158座、桥梁773座。[①] 1910年4月1日滇越铁路通车，通车后被世界称为“继巴拿马运河、苏伊士运河后的世界第三大工程”。铁路的路权属于法国，光绪二十九年（1903年）中法会订的《滇越铁路章程》第三十四条规定：“中国于八十年期限将满，可与法国国家商议收回地段铁路及铁路一切产业。”[②]

滇越铁路为法国殖民体系在云南的迅速扩张提供了条件。通过滇越铁路，法国掠夺和运输云南丰富的自然资源，在某种程度上控制了云南的经济。但客观地看，滇越铁路引进了西方工业文明的要素，促进了云南对外交通和对外贸易的发展。滇越铁路建成以前，马帮运输是云南的主要交通手段，“云南地处高原，崇山峻岭，交通不便，久有山国之称，虽金沙江上游经过云南，但水流湍急，险滩甚多，也无法通航，因此，内地交通运输，主要依靠马帮驮运”[③]。最短的滇川土路——从昆明到四川宜宾——马帮运输也要21天，1890～1909年是云南马帮的鼎盛时期，滇越铁路通车后，从云南府到越南海防转到北京只需要11天，马帮也逐渐衰落。因此，滇越铁路加速了云南人与外部社会的交往和联系。2010年8月我寻访到滇越铁路的起点即云南昆明的塘子巷时，生活在这里的86岁李大爷回忆说：

> 塘子巷就是滇越铁路的起始站云南府站，我的老爹（爷爷）当时就在滇越铁路上上班，亲眼看到过1910年在这里举行的通车典礼。并见证过云南的锡矿和土特产例如茶叶、药材、蚕丝和皮革等通过铁路运往国外，外国的洋货大到汽车、机器

① 万湘澄：《滇越铁路与其专约的修订问题》，《东方杂志》第33卷第24期。

② 云南通志馆编《续云南通志长编》下册，云南省志编纂委员会办公室，1986，第80页。

③ 中国人民政治协商会议云南省委员会文史资料研究委员会编《云南文史资料选辑》第9辑，云南人民出版社，1989，第184页。

设备，小到棉布、香烟、针线盒等通过铁路运进昆明的景象。[①]

通过以上的叙述我们可以看出滇越铁路推动了云南的进出口贸易，这一点在《续云南通志长编》中得到了印证："云南山岳盘结，交通梗阻，故在滇越铁路未通以前，进出口货物量与值均甚微小。迨滇越路成，交通称便，于是对外贸易，乃得顺利发展。"[②]

除了促进对外贸易的发展，滇越铁路还唤醒了云南人的民族自觉。当时的云南人看到滇越铁路带来的经济效益和为了防止法国势力在云南的扩张，决定自建中国第一条民营铁路。1912 年（民国元年）3 月，"李光翰等联名上书云南军都督蔡锷，倡议修筑个（旧）蒙（自）临（安）屏（石屏）铁路，蔡锷极表赞同"[③]。这条铁路被称为个碧石铁路，于 1915 年开工，为了不让法国人的米轨火车驶入，路轨仅为"0.6 米的寸轨"，而滇越铁路路轨的宽度为 1 米，故称米轨。为了修路，云南的矿主、乡绅自愿集资，连铁路沿线的百姓也尽其所能，最小的股份是一块大洋，经过 21 年的艰辛修建，1936 年个碧石铁路竣工通车。2011 年 11 月 12 日我沿着个碧石铁路沿线寻访个旧车站、鸡街车站、碧色寨车站，个旧车站已经被商业区覆盖，只剩下一座老式站房，鸡街车站撤下的寸轨被丢弃在铁路的一旁，只有斑驳的老车站还回望着那段历史。而蒙自的碧色寨火车站由于是滇越铁路和个碧石铁路的交会处，滇越铁路的米轨还在运行，但现在一天只有几趟货车通过。当地人告诉我，新修的昆河准轨铁路已经要通车了，货车也会很快停用，个碧石铁路的寸轨早就被拆掉了。一位个碧石铁

① 笔者根据 2010 年 8 月 19 日访谈录音整理。

② 云南通志馆编《续云南通志长编》下册，云南省志编纂委员会办公室，1986，第 565 页。

③ 开远铁路分局志编纂委员会《开远铁路分局志》上册，中国铁道出版社，1997，第 12 页。

路的退休工人普师傅回忆说：

听老人说以前人们叫个碧石铁路上跑的小火车叫铁牛，不知道为什么它能拉人还能拉锡（锡矿），后来人们乘坐小火车次数多了就离不开了。那个时候从鸡街到个旧县城唯一的出行工具就是小火车，小火车开得很慢，跑上三四个小时才到个旧县城，小火车过隧道时，有的人嫌慢，当时火车靠的是煤，还有人闻不惯煤烟味，就跳下车爬上坡，等到火车从隧道里钻出来，再上火车接着走。遇到赶集或过年火车里过道上挤着的都是人。鸡街附近山区的人带上土特产从鸡街坐上火车到个旧县城卖，再从县城换回洋火、洋碱（肥皂）、洋布、洋油（煤油）等洋货。有钱的人也会在碧色寨车站转乘滇越铁路到昆明，那里不仅可以看到洋楼和洋车，而且洋货的种类比个旧多多了。我是在火车的汽笛声中长大的，记得我小时候跟着我爹坐过个碧石铁路的寸轨小火车，小火车座位很硬，是木板的，车厢里混合着各种臭味，车开的时候，咣当咣当地响一路。我也跟着我爹坐过滇越铁路的米轨火车，碧色寨是米轨和寸轨交会的地方，人要在这里转车，货也要通过这里转运到其他地方，我们就是在碧色寨上了米轨火车，车厢比寸轨车厢宽，铁路是悬在空中，火车开过人字桥的时候，能听到下面激流咆哮的声音。我爹和我讲过他小的时候看到滇越铁路一路上从河口、开远、个旧、蒙自的碧色寨到昆明等地都有很多洋人，好像有法国人、希腊人、英国人、日本人等，每个地方都有洋人街，而且还有酒吧和洋行。洋人运来的各种先进的机器设备和稀奇的洋玩意儿真是让人大开眼界。[①]

---

① 笔者根据 2011 年 11 月 15 日访谈的录音整理。

从以上当地人的回忆中我们可以看出滇越铁路和由其促生的个碧石铁路不仅改变了云南的对外交通，而且西方的工业技术、机器设备、商品和生活方式也冲击着当时云南自给自足的社会结构和社会心理。在分析近代欧洲工业化的历程时，历史学家布罗代尔指出："工业革命就是从木柴和木炭的文明过渡到铁和煤的文明。"[①] 滇越铁路的开通，将西方工业革命的车轮也开进了云南。这种由滇越铁路带来的工业革命会对云南当时的社会生活形成冲击，这一点已经被云南石屏人袁嘉谷所预料到，他是云南历史上唯一的状元，曾参加过维新运动，也是后来建造中国第一座水电站的推动者。1910 年 10 月袁嘉谷乘坐滇越铁路火车回故乡石屏，不到半个月就到了家乡，而当初他从家乡去北京赶考时花了两个多月时间，袁嘉谷在感慨之中赋诗曰："新生事物多折难，说三道四两极反；云滇谁说无前路，列车尽头尽曙光。"[②] 虽然云南近代化的开端一般被认为是中法战争后蒙自、思茅和腾越等地的开埠通商，但工业文明的显现是在袁嘉谷所预料的滇越铁路开通之后。1910 年以后源源不断的西方工业技术、设备和产品从世界各地被输入昆明，进而扩展到西南和其他内陆区域。

2.2　水电站兴建的社会思潮

2.2.1　洋务运动与中体西用

19 世纪在西方资本主义入侵中国之前，中国还处于自给自足的农业社会，"工商"处于中国传统社会"士农工商"阶层等级序列的末端，清政府不愿意看到资本主义的发端所带来的变化。就

---

① 〔法〕布罗代尔：《资本主义论丛》，顾良等译，中央编译出版社，1997，第 10 页。

② （清）袁嘉谷：《袁嘉谷文集》第 1 卷，云南人民出版社，2001，第56 页。

像布罗代尔指出的那样，“中国店铺和流动商贩数目繁多，生生不息，但是缺少了高级机件——商品交易会和证券交易所。个中原因或者是政府反对这些高层次的交易形式，或者初级市场的毛细血管式的流通对于中国来说已经足够了，不再需要动脉与静脉了。这些原因是中国资本主义发展不起来的重大原因”①。其实，中国在15、16世纪就出现了资本主义萌芽，出现了晋商、徽商、浙商等大的商人集团和工场手工业②，在18世纪末，滇商因做缅甸的玉石生意不断扩大而逐渐发展起来。但这些资本主义萌芽由于封建专制皇权对工商业的打压，未能茁壮成长。正如韦伯所分析的那样，“中国政府严格约束商人的办法有：控制其行会，管制贸易，对朝廷和政府所消费的大批商品和分配实行国家垄断，这些商品包括武器、纺织品、陶器、皮革制品、服装和酒。有时政府甚至扩大到对盐和铁一类全民的必需品实行专卖”③。由于没有像西方的市民社会那样的力量来与封建专制力量博弈，中国的资本主义萌芽长期徘徊在低级阶段，还不能成长为工业革命的力量，但是它在一定程度上也为洋务运动奠定了基础。

19时期中期，清政府面临外患内忧，外患是两次鸦片战争失败后，西方列强争夺中国市场，不断输出资本；内忧是1851年爆发了太平天国运动。在外患内忧的刺激下，从19世纪60年代到90年代清朝统治集团中比较开明的官僚推行了一场影响深远的洋务运动，内容广泛，涉及军事、政治、经济、文化等各个方面，是中国近代史上第一次大规模的社会改革运动。这场社会改革运动，以奕䜣、李鸿章、曾国藩、张之洞、左宗棠等为代表。洋务

---

① 〔法〕布罗代尔：《资本主义的动力》，杨起译，三联书店，1997，第22页。

② 孔令仁等主编《中国近代化与洋务运动》，山东大学出版社，1992，第99页。

③ 〔德〕马克斯·韦伯：《儒教与道教》，洪天富译，江苏人民出版社，2008，第87页。

派对中国自身和西方世界有了新的认识，不再认为西方世界和中国是传统的“夷夏”关系，中国不再是统令四夷而位于世界中心的“天朝上国”，而是世界各国中的一员，而且发展不如西方各国。[①] 为了“知彼虚实，然后徐图制夷之策”，洋务派以“自强”“求富”为口号，创办新式军事工业，兴办交通电讯、工矿企业，创办新式学堂，筹划海防，并且派遣留学生出国学习西方先进技术，洋务运动加快了中国从封建社会向新的社会体制转变的过程。

洋务运动的文化观念和技术理念是“中学为体，西学为用”，简称“中体西用”。所谓的“中学为体”，就是要以中国儒家的纲常伦理为根本，“西学为用”是以向西方学习先进的技术为工具；“中学”和“西学”二者是二元对立的关系，是价值范畴和工具范畴的关系，是“体”与“用”、“道”和“器”、“本”与“末”的关系。这一思想可以追溯到 1843 年魏源在《海国图志》中提出的“师夷长技以制夷”[②]，虽然他并没有提出“中体西用”，但已经有了类似的理念；1861 年，冯桂芬在《校邠庐抗议》中提出“以中国之伦常名教为原本，辅以诸国富强之术”[③]，这种“主辅”说被看作中体西用的雏形；王韬在《弢园文录外编》中说，“形而上者中国也，以道胜；形而下者西人也，以器胜”，“器则取诸西国，道则备自当躬”；[④] 郑观应在考察西学的基础上，将“中体西用”的内涵扩大，他提出：“中学其体也，西学其末也；主以中学，辅以西学。”[⑤] 郑观应在《道器》一书中认为中学和西学之间

---

① 金耀基：《现代化与中国现代历史》，载罗荣渠、牛大勇主编《中国现代化历程的探索》，北京大学出版社，1992，第 16～18 页。

② （清）魏源：《海国图志》第 27 卷，清道光二十四年（1844）毗陵薛子瑜木活字印本。

③ （清）冯桂芬：《校邠庐抗议》，上海书店出版社，2002，第 57 页。

④ （清）王韬：《弢园文录外编》，中华书局，1959，第 321～323 页。

⑤ （清）郑观应：《郑观应集·西学》上册，上海人民出版社，1982，第 276 页。

可以相互借鉴，他主张：

> 《新序》曰："强必以霸服，霸必以王服。"今西人所用，皆霸术之绪余耳。恭维我皇上天宜聪明，宅中御外，守尧舜文武之法，绍危微精一之传，宪章王道，抚辑列邦，总揽政教之权衡，博采泰西之技艺，诚使设大小学馆以育英才，开上下议院以集众益，精理商务藉植富国之本，简练水陆用伐强敌之谋，建黄极于黄农虞夏，责臣工以援契皋夔。由强歧霸，由霸图王，四海归仁，万物得所，于以拓车书大一统之宏观而无难矣。[①]

郑观应主张的是坚持中国"道"的同时，学习西方的"器"。郑观应所认为的道乃是"修身、齐家、治国、平天下"的儒家伦理；"器"乃是主张效法西方的教育、科技、政治、军事和经济等制度，学习西方先进的技术和工艺。应该说，中国的"士"的集体潜意识无疑深藏在"道"之论中，希望以道辅之器而兴国。但无疑在郑观应论述"道"和"器"的思想中又充满着矛盾，既要"守尧舜文武之法"，又要"博采泰西之技艺"，但又害怕"器"输入后，西学会逐渐取代中学，这反映了当时中国的洋务派普遍的矛盾心态，1898 年张之洞在《劝学篇》里指出：

> 今欲强中国，存中学，则不得不讲西学。然不先以中学固其根柢，端其识趣，则强者为乱首，弱者为人奴，其祸更烈于不通西学者矣。……彼所翻四书五经，皆俗儒村师解释之理，固不知孔教为何事，无责焉耳。浅陋之讲章，腐败之

① （清）郑观应：《盛世危言·道器》，华夏出版社，2002，第 19 页。

> 时文，禅寂之性理，杂博之考据，浮诞之词章，非孔门之学也。……孔门之学，博文而约礼，温故而知新，参天而尽物；孔门之政，尊尊而亲亲，先富而后教，有文而备武，因时而制宜。……今日学者，必先通经以明我中国先圣先师立教之旨，考史以识我中国历代之治乱、九州之风土，涉猎子、集以通我中国之学术文章，然后择西学之可以补吾阙者用之、西政之可以起吾疾者取之，斯有其益而无其害。[①]

“中体西用”所反映的是近代中国社会在外患内忧的社会危机之中，士大夫想在坚守儒家道统和法统基础之上通过博采西方之长达到变革中国社会和实现强国的理想。虽然这种“中体西用”的思想有一定的局限性，洋务派想依靠文化和技术变革并不能从根本上挽救近代以来的中国社会危机，但是“中体西用”作为一种新的文化观念和技术理念，在当时外有西方列强的军舰和资本的入侵，内有根深蒂固的封建思想禁锢的历史条件下，符合当时社会的需要，促进了工业文明在中国的传播，加速了近代中国社会的转型，这种兼顾中西的思想其实体现了中国传统文化中“兼容并蓄”的精神。

这种“中体西用”的新文化观念和技术理念在近代中国掀起了学习和引进西方先进技术的社会思潮，不仅影响到东南沿海地区，到了 19 世纪七八十年代还逐渐通过通商口岸影响到地处边疆的云南。洋务派在云南先从办军事工业开始，然后扩大到民用工业、开办新式学堂、选送学生出国留学等。19 世纪 70 年代洋务派创办了云南机器局，这被认为是云南近代机器工业的开端。[②] 洋务派的“中体西用”思潮影响了云南铜业的发展，铜和银是清朝主

---

① （清）张之洞：《劝学篇》上卷，光绪二十四年（1898）两湖书院刊本。

② 云南近代史编写组编《云南近代史》，云南人民出版社，1993，第 158 页。

要的货币，而滇铜当时地位很高，为全国提供了主要的原材料，《清史稿·食货·矿政》中指出："百余年来，云、贵、两湖、两粤、四川、陕西、江西、直隶报开铜铅矿以百数十记，而云南铜矿尤甲各行省。盖鼓铸铅铜并重，而铜尤重。秦、鄂、蜀、桂、黔、赣皆产铜，而滇最饶。"[①] 光绪三年（1877 年）支持洋务运动的云贵总督刘长佑向清政府建策："今拟参用西洋采矿机器以助人力之不足，并延雇熟习矿路之洋匠以补中法之未备。"[②] 清政府当时没有采纳刘长佑的上奏，但是这种冶铜的思想还是影响了传统的云南矿业。1883 年洋务派创办了云南矿务招商局，采用官督商办的形式，主要经营东川铜矿、个旧锡矿、会泽铅锌矿等，其中在东川铜矿引进外国设备，聘用日本工程师，采用机器生产。[③] 除机器局之外，洋务派还在云南创办了制革厂、造币厂等近代企业。1885 年在云南设立有线电报局，1886 年，昆明到蒙自的电报线路开通，此后逐步形成了以昆明为中心的滇南、滇东、滇西三条线，还与川、贵、桂等省电报线路相连，并且国际电报线路直通越南和缅甸。[④] 近代邮电业的发展促进了云南与外部世界的信息联系和交换。而且这些带有资本主义萌芽性质的近代企业也为云南人学习西方的先进技术和引进西方的先进设备开了先河，尤其是洋务派对儒家思想和西方工业文明的先进技术进行文化整合的"中体西用"思想，为中国第一座水电站的自办提供了可鉴范式。

2.2.2 辛亥革命与天下为公

洋务运动后，西学日益在中国传播，国人意识到"泱泱大国"

---

① 赵尔巽：《清史稿》第 124 卷，中华书局，1976。
② 中国史学会主编《洋务运动》第 7 册，上海人民出版社，1961，第 10 页。
③ 谢本书、李江主编《近代昆明城市史》，云南大学出版社，1997，第 62 页。
④ 谢本书、李江主编《近代昆明城市史》，云南大学出版社，1997，第 71 页。

的落后，以康有为、梁启超为代表的改良派并没有将中国带上独立发展的道路，孙中山等人发动了辛亥革命，提出“民族”“民权”“民生”的三民主义革命思想。云南是辛亥革命重要的根据地之一。1908 年滇越铁路云南河口站正在建设，4 月 30 日黄兴领导同盟会会员以河口车站为中心发动河口起义，起义的主力是修建滇越铁路的工人，云南商人支援河口起义 1700 银圆。[①] 河口起义虽然失败了，但是为武昌起义和重九起义奠定了群众基础。1905 年云南留日学生吕志伊、李根源、赵伸、罗佩金、唐继尧等人成立了同盟会云南支部，并创办《云南》杂志，杂志向国内同胞积极宣传资产阶级革命派的主张，“推倒专制政体，鼓吹民族主义”[②]。此外辛亥革命前夕，云南创办的进步刊物《云南公报》《云南日报》《云南旬报》《滇报》《星期报》等向云南人民宣传资产阶级的政治、经济、文化教育和民族革命思想，云南同盟会员还成立了“滇学会”“公学会”“敢死会”等革命团体。1908 年“滇学会”的领导人杨振鸿领导景颇族、汉族、傣族、傈僳族等云南各族人民发动永昌起义，因清军力量强大，永昌起义失败，杨振鸿因在起义前后奔波和劳累过度而去世，时年 35 岁。[③] 辛亥革命云南起义前后，云南陆军讲武堂起了中流砥柱的作用。云南陆军讲武堂[④]作为近代中国的“革命熔炉”，缘于“清朝新政”，洋务运动随着中日甲午战争中北洋水师的全军覆没而结束，1900 年

① 杨晓林主编《云南百年故事》，云南人民出版社，2001，第 268 页。

② 云南近代史编写组编《云南近代史》，云南人民出版社，1993，第 198 页。

③ 云南近代史编写组编《云南近代史》，云南人民出版社，1993，第 203 页。

④ 云南陆军讲武堂始建于 1907 年，在昆明承华圃，东临昆明翠湖，学校原占地 7 万多平方米，北部为学校建筑主体，南部为有名的练兵的操场。2010 年 8 月我来到云南陆军讲武堂旧址，讲武堂经历百余年沧桑，虽然经过几次修葺，但依然保持着历史的雄姿，两层楼的主楼、礼堂、宿舍和兵器库等保存完整，这里的工作人员告诉我现在的讲武堂面积比原来小，只有近 3 万平方米了，现有的云南省图书馆、云南省科技馆、钱局街农贸市场这些地方原来都是讲武堂的地盘。1988 年这里被列为全国重点文物保护单位。

八国联军侵华慈禧太后仓皇出逃，为了稳固大清帝国的江山，1901 年 1 月 29 日慈禧太后发布了变法命令，这就是“清朝新政”。清朝新政以洋务派刘坤一、张之洞上奏的《江楚会奏变法三折》为核心纲领①，并以洋务派张之洞、袁世凯等为主导进行新政，因此在一定意义上清朝新政是洋务运动的延续。新政在经济方面就是颁布一系列新政策鼓励资本主义经济发展和许可成立“商会组织”；在文化教育方面废除科举制、派遣留学生和开办京师大学堂等新式学堂等；在军事方面，训练新军、开办军事学堂和培养军事人才，相继开设（天津）北洋陆军讲武堂、（南京）南洋陆军讲武堂、（沈阳）东北陆军讲武堂和云南陆军讲武堂等军事学堂，其中云南陆军讲武堂规模最大、影响深远，远播海内外，成为辛亥革命云南起义和护国运动的策源地。

云南陆军讲武堂创办于 1907 年，于 1938 年结束，共招收 22 期学生，培养军事人才 9000 多名。讲武堂的教官都是留日学生，其中大部分是同盟会会员。同盟会会员李根源、范石生、杨杰、朱培德、张开儒、赵康时、何应钦、罗配金、李烈钧、唐继尧等曾任讲武堂教官，和同盟会会员来往紧密的蔡锷也担任了讲武堂的教官。讲武堂打破地理区域，除了招收国内学生，还招收了很多缅甸、越南和朝鲜等外国学生，这些外国学生成为二战前后东南亚国家革命的重要人物，韩国开国总理李范奭、越南临时革命政府主席武海秋、朝鲜原最高人民议会常委会委员长崔庸健等四国领导人当时都是讲武堂的学生。讲武堂不仅影响了亚洲国家的革命进程，而且为国内培养了叶剑英、朱德、龙云、卢汉、李根源、李烈钧、周保中、赵又新等 300 多名中国近现代革命史上的杰出将领。除此之外，讲武堂还对黄埔军校的建立和发展有着至关

① （清）朱寿朋编《光绪朝东华录》第 4 册，中华书局，1958，第 4771 页。

重要的影响，1924 年成立黄埔军校时，孙中山邀云南陆军讲武堂援建，黄埔军校的步兵、骑兵、工兵、炮兵四大学科的教官和队官大部分是从云南陆军讲武堂调来的。云南陆军讲武堂的教材也被带到了黄埔军校，用“讲武精神”训练黄埔学生，云南陆军讲武堂的李烈钧还向孙中山极力推荐蒋介石做黄埔军校的校长，从这种意义上讲云南陆军讲武堂是黄埔军校的人才和思想的发源地。[①] 云南陆军讲武堂在当时学科设置合理，设置了文理科，还聘用日本陆军上校和中校教授兵学，因材施教，制度严格。因为中国教官中大多数是同盟会会员，他们在云南陆军讲武堂的课堂上对学生进行爱国主义教育和积极宣传“民族、民权、民生”[②] 的民主革命思想，并在学生中间发展同盟会会员，朱德就是在云南陆军讲武堂加入同盟会的，辛亥革命前，云南陆军讲武堂的许多教官是云南新军的领导骨干，这里成了当时民主革命的思想阵地。

辛亥革命的“民族、民权、民生”的主张是以中国传统的“天下为公”思想为根本的道德准则和价值基础，孙中山一生题词最多的就是“天下为公”四字，孙中山说：“余之谋中国革命，其所持主义，有因袭吾国固有之思想者，有规抚欧洲之学说事迹者，有吾所独见而创获者。”[③] 孙中山的“天下为公”思想继承了中国传统文化中“天下为公”的“大同理想”文化，后来将它融入三民主义的思想内核。“天下为公”的思想最早记载于先秦时期儒家的《礼记·礼运·大同》篇。

---

① 马继孔等：《云南陆军讲武堂史》，云南民族出版社，1993，第 14～16 页。

② 孙中山 1906 年 12 月在东京《民报》创刊周年庆祝大会演讲中完整地提出三民主义的主张：“兄弟想《民报》发刊以来已经一年，所讲的是三大主义：第一是民族主义，第二是民权主义，第三是民生主义。”参见孙中山《孙中山全集》第 1 卷，中华书局，1981，第 32 页。

③ 孙中山：《孙中山全集》第 2 卷，中华书局，1982，第 181 页。

大道之行也，天下为公，选贤与能，讲信修睦。故人不独亲其亲，不独子其子，使老有所终，壮有所用，幼有所长，矜寡孤独废疾者皆有所养。男有分，女有归。货恶其弃于地也，不必藏于己；力恶其不出于身也，不必为己。是故谋闭而不兴，盗窃乱贼而不作，故外户而不闭，是谓大同。[①]

从此以后“天下为公”的思想成为中国人的价值追求，洪秀全以“天下为公”的“大同思想”为基础建立太平天国，他在《天朝田亩制度》的纲领中提出：

有田同种，有饭同食，有衣同穿，有钱同使，无处不均匀，无人不饱暖……是故孔丘曰：大道之行也，天下为公。……不必为己。是故奸谋闭而不兴，盗窃乱贼而不作，故外户而不闭，是谓大同。[②]

康有为发展了洪秀全的“天下为公”的思想，在他的《大同书》中建构了一个理想的“大同世界”：“今欲致大同，必去人之私产而后可；凡农工商之业，必归之公。举天下之川地皆为公有。”[③] 不同于洪秀全构想的农耕文明基础上的“大同社会”，康有为倡导工业化的“大同社会”，他论述道：

故太平之世无所尚，所最尚者工而已；太平之世无所尊高，所尊高者工之创新器而已……太平之世，工最贵，人之

① 《礼记·礼运》，崔高维校注，辽宁教育出版社，1997，第63页。

② （清）洪秀全：《天朝田亩制度》，载中国史学会主编《太平天国》第1册，神州国光出版社，1952，第322页。

③ （清）康有为：《大同书》，华夏出版社，2002，第282页。

为工者亦最多，待工亦最厚。[①]

康有为的天下为公理想中融合了儒家的大同思想和佛家的救世情怀，还吸收了西方工业文明的要素，他通过“君主立宪”的政治道路实践他天下为公的理想，尽管最后只能是乌托邦，但也为孙中山的天下为公的思想形成提供了资源。孙中山“天下为公”的思想形成于 1904 年，据冯自由的《革命逸史》记载：“在同盟会成立之前，尝语人曰：余之主张为‘大同主义’，在英语名之曰 cosmopolitan，亦即‘世界大同主义’也。”[②]

孙中山在构建他的三民主义时就以天下为公的思想为道德准则，他认为在近代中国外患内忧，国家民族危亡之际，应放下个人的利益，以集体利益为重，人人“天下为公”：“救国即是救破舟一样，当舟沉之时，不图共力而补救，徒顾个人铺盖行李，俄而舟已沉矣，生命已矣具（俱）亡，又何有于铺盖行李？……但我国人多不知国与己身之关系，每顾个人之私事而不为国出力，不知国与己身之关系如身体之于发肤，刻不可无。”[③] 孙中山要用传统的道德唤醒国人，“我们今天要恢复民族精神，不但要唤醒固有的道德，就是固有的智识也应该唤醒他”[④]，固有的道德重点是指“天下为公”的美德。他主张中国人都发扬这种“天下为公”的传统美德，自觉地为国家和千万之人造福，换取民族大义，早日促成中国的独立和富强。

人人对于国家社会，当视为我个人与他人组织而成。凡

① （清）康有为：《大同书》，华夏出版社，2002，第 289 页。

② 冯自由：《革命逸史》第 3 集，中华书局，1981，第 209 页。

③ 孙中山：《孙中山全集》第 9 卷，中华书局，1986，第 523 页。

④ 孙中山：《三民主义》，岳麓书社，2000，第 62 页。

国家社会之事，即我分内事。有时凡有益于国家社会之事，即牺牲一己之利益，为之而不惜，然后国家社会乃能日臻于进步。[①]

孙中山将“天下为公”的传统道德思想融合西方的民主共和思想，详细地阐释为“民族、民权、民生”的三民主义思想：“我们三民主义的意思，就是民有、民治、民享。这个民有、民治、民享的意思，就是国家是人民所共有，政治是人民所共管，利益是人民所共用。”[②] 以天下为公思想为核心的三民主义不仅是辛亥革命的指导思想，也是有关中国社会发展的观念构造。而且，孙中山也想像康有为那样博取西方工业文明的思想要素，探索大同社会的工业化道路，他提倡中国进行工业革命：

中国今尚用手工为生产，未入工业革命之第一步，比之欧美已临第二革命者有殊。故于中国两种革命必须同时并举，既废手工采机器，又统一而国有之。于斯际中国正需机器，以营其巨大之农业，以出其丰富之矿产，以建其无数之工厂，以扩张其运输，以发展其公用事业。然而消纳机器之市场，又正战后贸易之要者也。造巨炮之机器厂，可以改制蒸汽辘压，以治中国之道路；制装甲自动车之厂，可制货车以输送中国各地之生货；凡诸战争机器，一一可变成平和器具，以开发中国潜在地中之富。[③]

由此可以看出孙中山所构想的天下为公的大同社会是工业文

① 孙中山：《孙中山全集》第9卷，中华书局，1986，第361～362页。
② 孙中山：《孙中山选集》下卷，人民出版社，1956，第690～691页。
③ 孙中山：《孙中山选集》上卷，人民出版社，1956，第188页。

明发达的社会，是一种以集体主义为精神复兴中华的理想路径。孙中山和康有为不同的是，他不仅进行理想建构，还身体力行。他毕生都在提倡天下为公。他的思想经同盟会的报刊传布，成为影响中国现代化进程的重要革命思潮。云南是当时辛亥革命思想较早的传播地之一，当时云南的同盟会会员创办的《云南》《云南公报》《云南日报》《云南旬报》《滇报》《星期报》都积极地宣传以天下为公思想为核心的三民主义；除了革命报刊，云南陆军讲武堂是较早传播天下为公思想的革命阵地，而且以讲武堂的师生为主力，蔡锷领导的云南辛亥起义军为了救亡图存，用浴血奋战书写了孙中山的“天下为公”的思想，蔡锷还在推翻清朝在云南的封建统治后，在民主革命政权中实行的社会改革中将“天下为公”的思想付诸实践。

辛亥革命中云南的腾越、昆明和临安三次起义，云南陆军讲武堂师生都是革命的主力，其中最重要的是昆明的“重九起义”。1911 年 10 月 10 日，湖北革命党人发动了武昌起义，辛亥革命在全国爆发，云南陆军讲武堂的师生和云南的革命党人积极响应。1911 年 10 月 30 日，这一天是中国农历的九月初九，云南讲武堂教官蔡锷和唐继尧以讲武堂的师生为主力领导发动了昆明起义，历史上称之为“重九起义”。昆明起义战斗非常激烈，“云南省城起义，是除首义的湖北以外，独立各省革命党人组织的省城起义中，战斗最激烈，代价也最巨大的一次”[①]。很多云南陆军讲武堂师生在战斗中不幸中弹壮烈牺牲，但经过浴血奋战最终取得了重九起义的胜利。起义胜利后，建立了“大中华国云南军都督府”，蔡锷任都督，李根源任参议院院长兼军政部部长。讲武堂师生成为新政府中的骨干，巩固革命新政权。蔡锷任都督后，按照资产

---

① 章开沅等主编《辛亥革命史》下册，人民出版社，1981，第 145 页。

阶级民主思想进行改革，在经济上振兴民族实业，实行禁烟政策，整顿盐务、矿务等，开办工厂并开拓市场，发展铁路、公路、航运和邮政等公用事业；在财政上，节俭开支，蔡锷曾经几次带头减薪；在政治上建立行政、立法、司法三权分立的政治体制，政治民主化；在人事上，唯才是举，不准贪污受贿，不能请客送礼，撤掉腐败的地方官吏，任用青年知识分子，使干部队伍年轻化和知识化；在教育上普及小学教育，发展师范教育，公派留学生，推行军事和国民教育；尤其在民族政策方面，推行多民族共和政策，实行将“汉、回、蒙古、满、藏、夷、苗各族视同一体”的政策。蔡锷在云南实行的改革是以“民主共和精神”为指导，他主张军人不加入政党，他一生没有参加过同盟会也没有参加过任何党派，却拥护和实践着“民主共和精神”，实践着“天下为公”的思想。在云南进行改革的同时，蔡锷还派滇军支援四川、贵州、西藏人民的革命斗争，维护新生的共和政权。1915 年当袁世凯复辟帝制时，蔡锷誓言“为四万万国民争人格”[①]，率领以讲武堂师生为核心的滇军发动了护国运动，此项运动被称为“护国首义”，昆明“各界人民欢呼雷动，全市游行，高呼打倒袁世凯，拥护共和口号，至夜乃息”[②]。云南各地百姓都拥护护国运动，商店、学校和机关等纷纷贴出“拥护民主共和”的标语，许多百姓自动捐款捐物，青年踊跃参军，在百姓的支持和全国各地的声援下，护国运动取得了胜利，护国运动使得帝制永绝于中国。蔡锷领导的辛亥重九起义、在云南实行的改革、发起的护国运动，还有“为四万万国民争人格”的誓言将“天下为公”思想具体化，他身体力行的实践和对“天下为公”思想在云南的道路探索，重新塑造了近代云南陆军的人格和重建了他们的道德世界，这也是为什么

① 蔡锷：《蔡锷集》，文史资料出版社，1982，第 7 页。

② 谢本书、李江主编《近代昆明城市史》，云南大学出版社，1997，第 85 页。

中国第一座水电站没有建在发达的东南沿海而建设在偏远的云南的思想源泉。

2.3　水电站兴建的地缘基础

2.3.1　云南地理与历史环境

云南是中国西南的门户，东邻贵州、广西，西面同缅甸毗连，南面与老挝、越南接壤。北依西藏和四川，北回归线横贯云南南部，北靠亚洲大陆，南依印度洋及太平洋，云南全境东西最大横距 864.9 公里，南北最大纵距 990 公里，面积为 398583 平方公里。云南不仅受西藏高原区的影响，而且处在东南季风和西南季风控制之下，自然地理环境复杂多样，气候多样化，有热带、亚热带、温带、高原等气候类型，从热带雨林到高原草甸，生态丰富。云南处于青藏高原的南部延伸区域，整个地势具有阶梯形特点，从西北向东南倾斜，全省海拔相差很大，最低点海拔 76.4 米，在与越南交界的南溪河口，最高点海拔 6740 米，滇藏交界的德钦县怒山山脉梅里雪山主峰卡格博峰，高低相差达 6000 多米。地貌以山地高原为主，山地约占 84%，高原约占 10%，在山地和高原之间的低洼地方是盆地，当地人俗称为“坝子”。虽然坝子（盆地）只占到 6%，但它是云南核心的农耕地带，坝子按着阶梯地形分布在云南的各个地方，坝子适于农业生产和人类发展。坝子数量很多，面积大小不等，著名的坝子有昆明、大理、玉溪、曲靖、沾益、陆良、宜良等。这些坝子适合农耕，坝区是云南城市形成与发展的基础，而昆明坝子最大，是云南开发历史最久、经济文化最发达的地区之一。

云南开发历史悠久，战国时期是古“滇国”，在西汉时候被称为“彩云南”或“云之南”，有着许多美丽的传说，《南诏野史》

上曰："彩云现于龙兴和乡，县在云之南，故名云南。"[①] 昆明当地的一些老人还和我讲了另一种传说。

> 很古的时候这里是滇国，古滇之地层峦叠嶂、河流密布，山高险峻，被中原人称为"神秘之境"。西汉时，汉武帝刘彻统治时候，一天朝中大臣上奏皇上说从滇国有通往身毒（今天印度）的一条古道，可以和身毒通商往来，汉武帝希望能打开汉朝西南的通道，于是立即派得力的大臣去滇国寻找，去滇国的大臣回来说，滇国山岳盘结、山林阻隔，古道不知道隐藏在何处，滇国百姓说除非能看见七彩之云才能找到这条古道。此后，汉武帝一心盼望找到古道，他每天在长安的宫殿中登高遥望西南，盼望有一天能看到七彩之云。一天他终于看到了有一片七彩云朵在西南的天边飘移，立即派大臣们去追逐彩云。使臣们骑上快马不断地追赶，彩云时卷时展，一会儿浮现一会儿隐藏，似乎与使臣们开着玩笑，使臣们紧紧地追赶着彩云，但是山高水险，累死了很多匹马。七彩云海在天边时有时无，使臣们翻山越岭一直追到了滇池这个地方，终于看到了彩云驻留在山峰的顶端，不断变换着七种色彩，不断变换着形状，都看呆了。找到彩云后，大臣们赶忙四处找寻古道，果然找到了那条直通身毒的古道，使臣们在回去的路上发现滇南泽这块地方湖水泛着涟漪，土地肥沃，不禁赞叹这里是块吉祥宝地，回朝禀报汉武帝，汉武帝不禁大喜，当即下诏令在此地设置郡县，赐名为"云南"。[②]

以上故事虽然只是民间传说，但故事中所指的滇国，还有西

① （明）杨慎：《南诏野史》上卷，（清）胡蔚订正，云南省图书馆，清朝刊本。

② 笔者根据2010年8月17日访谈录音整理。

汉时在云南设立郡县，这些在史书中能找到记载。《史记·西南夷列传》卷五十六中说：

西南夷君长以什数，夜郎最大。其西，靡莫之属以什数，滇最大[①]；自滇以北君长以什数，邛都最大，此皆魋结，耕田，有邑聚。其外，西自同师以东，北至楪榆，名为巂、昆明，皆编发，随畜迁徙，毋常处，毋君长，地方可数千里。自巂以东北，君长以什数，徙、筰都最大。自筰以东北，君长以什数，冉、駹最大。其俗或土箸，或移徙，在蜀之西。自冉駹以东北，君长以什数，白马最大，皆氐类也。此皆巴蜀西南外蛮夷也。

始楚威王时，使将军庄蹻将兵循江上，略巴、蜀、黔中以西。庄蹻者，故楚庄王苗裔也。至滇池，地方三百里，旁平地，肥饶数千里，以兵威定属楚。欲归报，会秦击夺楚巴、黔中郡，道塞不通，因还，以其众王滇，变服，从其俗，以长之。[②]

《史记》的记载说明在公元前 3 世纪的战国初期滇国就存在了，到了西汉汉武帝征服滇国，在滇国设立益州郡，《史记·西南夷列传》上提到“赐滇王王印复长其民”。庄蹻率兵来滇国之前，居住在滇国的主要是僰族人，《史记·司马相如列传》说：“僰，羌之别种也。”僰族人是羌族人的支系，僰族人是今天布朗族和佤

① 西南夷指西南的少数民族，夜郎是西汉时的古部族，也是古王国，成语“夜郎自大”指的就是夜郎王。但是，滇也是西汉时的古部族，古王国。历史学家尤中认为“滇”出自云南彝族语。因当时滇国还没有汉族。彝语称山间平地为“滇”，也写作“甸”。今云南以“甸”为名的地方有鲁甸、寻甸、倘甸、花甸、荞甸等等。这些地方原来都是彝族居住的地方。参见尤中《古滇国、夜郎考》，《史学史研究》1989 年第 1 期。

② 司马迁：《史记·西南夷列传》卷五十六，中华书局，1959 年点校本。

族的先民，也有的民族学家认为其是白族的祖先。当时在滇池周围的除了僰族人，还有昆明族和叟族，昆明族人构成了近代的彝族的主体，叟族一部分形成了后来的哈尼族、傈僳族、阿昌族，还有一部分形成了后来的彝族。[①] 汉武帝在滇国设置益州郡以后，汉人不断迁入，滇国自战国初期的独立自治转变成汉一统下的郡县，到西汉末年，滇国已经是以僰族为主体，多民族混居的区域。《史记·西南夷列传》上说："及元狩元年，博望侯张骞使大夏来，言居大夏时见蜀布、邛竹杖，使问所从来，曰'从东南身毒国，可数千里，得蜀贾人市'或闻邛西可二千里有身毒国。"[②]《史记》中提到的从滇国通往身毒的通道被史学家称为"南方丝绸之路"，这说明在滇国时期云南与国外存在商贸和文化交流。据黄懿陆的历史考证，西汉时期，滇国各民族融合，到了东汉元初二年（公元115年）才灭亡。[③] 滇国存在的时间将近四百年。滇国的覆盖范围主要在以滇池为中心的云南中部及东部地区。

史书的记载在20世纪的在原古滇国地址上的几次重大考古发现中得到了印证。1955年3月考古学家又在滇国当时的都城晋宁附近也就是现在的云南晋宁县石寨山古遗址中发掘出100余件青铜器。1958年又在这里挖掘出20座古墓，其中出土的随葬品以青铜器为最多，这次发掘最重大的发现是在第六号墓中出土了"滇王之印"，金印篆字[④]，从而也印证了《史记·西南夷列传》所说的汉武帝"赐滇王玉印"的史实。1972年，考古学家又在临近晋宁县的江川县李家山遗址中发掘古墓27座，文物以青铜器为主，其中"牛虎铜案"被定为国家级文物，石寨山墓群和李家山墓群的

---

① 尤中：《古滇国、夜郎考》，《史学史研究》1989年第1期。

② 司马迁：《史记·西南夷列传》卷五十六，中华书局，1959年点校本。

③ 黄懿陆：《滇国史》，云南人民出版社，2004，第85～87页。

④ 孙太初：《云南晋宁石寨山古遗址及墓葬》，《考古学报》1956年第1期。

年代后来被考古学家鉴定为战国时代中期甚至更早。滇国的墓群里出土了大量青铜器，有祭祀器、生产工具、兵器、乐器、生活用具等，比同时代的中原地区出土的青铜器的种类还多，而且工艺水平达到了较高的程度，并不逊于中原地区。滇池湖畔的青铜从战国到东汉的滇国时期，其工艺技术和物质文明已经有了一定的发展。此外，考古学家还在石寨山墓群和李家山墓群中发掘出了蚀花的肉红石髓珠、有翼虎纹银带扣、列瓣纹金属盒、琉璃珠等南亚、中亚、西亚等地的文物，这更印证了滇国时期云南就已经在与这些国家进行贸易和文化交流。

神话传说、史书记载和考古发现都说明云南自古以来就是多民族杂居和融合、多种文化交流和汇合的地方，南方丝绸之路表明云南不仅与巴蜀、番禺进行商贸文化交流，而且与西亚、东南亚、南亚的国家有贸易往来，滇国的经济和文化是围绕滇池而发展起来的。在一定程度上，滇池养育了早期的云南先民，他们建立起了多元的民族文化，两千多年前的青铜器也证明了滇池流域较发达的物质文明。本书从人类学的视角将滇池孕育的多元的民族文化称为“滇池文明”，史书记载和考古发现证明了滇池文明孕育了今天的云南各少数民族的文化。

2.3.2　滇池水域与滇池文明

滇池古称为“滇南泽”或“昆明湖”，在昆明市西南部。《后汉书·南蛮西南夷列传》上曰：“有池，周回二百余里，水源深广，而末更浅狭，有似倒流，故谓之滇池。”[①] 滇池地处红河、珠江、长江这三大水系分水岭地带，滇池是云贵高原上最大的天然

① （南朝·宋）范晔：《后汉书》卷八十六《南蛮西南夷列传》，中华书局，1999，第 232 页。

淡水湖，是典型的断陷湖泊，共有20多条河流进入滇池，盘龙江是滇池的主要入海口，海口河是滇池的唯一出海口，海口河进入安宁以后被称为“螳螂川”，螳螂川的上游就是石龙坝。滇池湖盆地地势由北向南逐渐降低，滇池四周土地平坦广阔。考古发掘表明早在新石器时代，滇池湖盆地就有居民从事农业活动；考古学家在滇池湖盆地发现了许多新石器遗址，历史学家方国瑜在《滇池水域的变迁》一文中提到“在滇池西南到东南地区分布着很多螺壳堆，据解放后考古调查，在海口至官渡一带，发现有十四处，这些是新石器时代文化遗址”[①]。遗址上出土的除了螺蛳壳，还有很多陶瓷品、石斧、石锛等，在前文中提到的石寨山遗址和李家山遗址，还有后来发掘的官渡遗址中出土的陶器上很多都留有稻壳和稻穗的痕迹。人类学家汪宁生经过考证认为：“滇池周围的居民也以经营原始农业为生活主要来源，种植的农作物主要是稻，据陶片上的谷壳痕迹来看，其品种也是一种粳稻。”[②] 考古发现说明在新石器时代滇池湖盆地就有先民种植水稻，从事农耕生产和渔猎等。[③] 上文已经说过战国末年庄蹻入滇国之前，僰人已经居住在滇国。《史记》上说，“滇池，方三百里，旁平地，肥饶数千里”“耕田有邑聚”，可见滇池环湖沿岸的先民已经在这里劳动和生息。滇池属断陷构造湖泊，迄今已有约1200万年的历史。在古地质年代，湖盆北起今松华坝，南至今晋宁十里铺，水深可达百米，今天的昆明市区还在古滇池之底。

从新石器时代开始到今天，滇池水量和滇池文明都在不断变迁着：新石器时代，滇池湖岸线沿着海拔1890米的等高线延伸，

---

① 方国瑜：《滇池水域的变迁》，《思想战线》1979年第1期。

② 汪宁生编《云南考古》，云南人民出版社，1980，第20页。

③ 新编昆明市情编委会编《新编昆明市情》，云南科技出版社，1999，第10页。

最早的先民开始种植水稻、渔猎和制陶，滇池文明开始孕育；从战国到西汉时期滇池水位降低，西汉王朝还在滇池地区设立了益州郡，田地的垦殖和青铜器的冶炼，通往印度的蜀身毒道即南方丝绸之路的开拓，使得滇池文明逐渐形成。唐宋时期，滇池北部被开发，由于开垦田地，滇池水位有所下降，湖岸线大约沿着 1882 米等高线延伸，南诏国、大理国崛起，和唐宋王朝往来频繁，互通有无，滇池文明在和中原文明的互动、渗透和融合中得到发展。到了元朝，云南的经济和文化中心又从大理转移到昆明地区，忽必烈派赛典赤治理云南，云南正式建省。赛典赤大规模地组织军队和百姓在滇池地区进行屯田，挖海口河，疏通螳螂川，滇池面积由 510 平方公里缩小到 410 平方公里，因为大量屯田，昆明地区出现了拥有土地的自耕农，赛典赤还开通了云南到缅甸的通道，滇池文明传播到中亚和南亚一带。到了明代，明太祖在云南设置了布政使司。军屯、商屯、民屯进一步扩大，滇池地区的人民在获得灌溉便利的同时，也不时遭受洪水的威胁。据明正德《云南志》卷二说：“滇池为云南巨浸，每夏秋水生，淋漫无际，池旁之田，岁袄其害。”于是明朝时候，数次疏通滇池的出水口海口河，滇池面积缩小到 350 平方公里。同时，滇池地区也进驻了大量的移民人口，有军事移民，也有商贸移民等。移民使得滇池文明和中原文明相互借鉴和相互融合，明朝在滇池兴修水利和进行戍边移民的同时，修了一条昆明到京城的商道，运输盐和普洱茶还有奇珍山货等，同时明朝通过驿道建设，拓宽了兴起于唐朝时期的茶马古道的路线，使得茶马古道在明朝达到鼎盛。经过昆明的茶马古道主要有两支，一条是通向中原的，是从大理、楚雄到昆明、曲靖，从胜景关进入贵州，经湖南进中原；另一条是通往越南的，从云南昆明，经红河，由河口进入越南，再由越南转到南亚、东南亚。滇池文明和南亚、东南亚文明也通过茶马古道相互交流和相互影响。明清以后大量人口移民进入滇池地区，“清朝滇池水位约在1887.2米，水域面积为320.3平方公里，湖岸线长164公里，库容积16亿立方米”[①]，清政府多次在滇池水域进行屯田，很多陆地露出水面，其中昆明的海埂就是在那个时候成为陆地的。环境的变迁和人类的生产和生活活动不断改变着滇池的面貌。从清朝晚期到中华人民共和国成立这段时期，滇池的水位和面积变化不大，20世纪50年代至80年代的围湖造田使得滇池面积严重缩小（见表2－1）。[②] 但是从清朝晚期到现在，滇池作为云南政治、经济、文化中心的地位一直没有变过。清朝晚期到民国初年战争频繁，滇池流域的人口较明朝时候大大减少，1885年签订的《中法新约》向法国打开了西南的门户，开埠通商客观上促进了滇池文明与西方工业文明的相互碰撞和相互联系，也为滇池地区近代交通、外贸和水利等的发展奠定了基础。可以说，从新石器时期以来一直到中法战争，滇池文明一直被局限在“以农为本”的结构中，虽然在与中原、南亚、东亚和东南亚的商贸往来中触碰到过工业文明的火种，但也只是在边缘徘徊，一直到中法战争后，滇池文明才开始转向工业文明。

表2－1　滇池水域变迁推算

	唐宋朝	元朝	明朝	清朝	1949年	1978年	1998年
水域面积（平方公里）	510.10	410.00	350.00	320.00	320.00	298.00	298.00

资料来源：根据昆明市水利局水利志编写小组编《滇池水利志》（云南人民出版社，1996，第59页）和昆明市委办公厅等编《昆明辉煌的五十年》（云南科技出版社，1999，第22页）整理。

① 昆明市水利局水利志编写小组编《滇池水利志》，云南人民出版社，1996，第56页。

② 中国科学院南京地理与湖泊研究所等：《云南断陷湖泊环境与沉积》，科学出版社，1989，第11页。

2.4　小结

云南近代工业文明不是起始于鸦片战争，而是深受中法战争的影响。直到中法战争，云南才开始了近代社会结构的变迁。虽然云南近代化的开端一般被认为是从中法战争后蒙自、思茅和腾越等地的开埠通商，但工业文明的显现是在滇越铁路开通之后。1910 年以后源源不断的西方工业技术、设备和产品从世界各地输入昆明，进而扩展到西南及其他内陆区域。

随着工业文明的兴起，洋务运动主张的“中体西用”的新文化观念和技术理念在近代中国掀起了学习和引进西方先进技术的社会思潮，不仅影响到东南沿海地区，到了 19 世纪七八十年代也逐渐通过通商口岸影响到地处边疆的云南。洋务派在云南创办的近代企业也为云南人学习和引进西方的先进技术和设备开了先河，尤其是洋务运动的“中体西用”思想对儒家思想和西方工业文明的先进技术进行文化整合，为中国第一座水电站的自办提供了可鉴范式。

除了洋务运动和中体西用思想的影响，辛亥革命和天下为公思想在云南近代工业化进程中也起着举足轻重的作用。1908 年孙中山派黄兴在云南发动河口起义，云南是在全国较早响应辛亥革命的地方之一，云南陆军讲武堂是较早传播革命思想的阵地，蔡锷领导的以讲武堂师生为主力的云南辛亥起义军为了救亡图存，用浴血奋战书践行孙中山的“天下为公”的思想。蔡锷将在推翻清朝在云南的封建统治后、在民主革命政权中实行的社会改革付诸实践，他在云南对“天下为公”思想的道路探索，重新塑造了近代云南人的人格和重建了他们的道德世界，这也是为什么中国第一座水电站没有建在发达的东南沿海而建设在偏远的云南的思想源头。从地理历史来看滇池养育了早期的云南先民，他们建立起了多元的民族文化，两千多年前的青铜器已证明了滇池流域在很早以前就有较发达的物质文明。本书从人类学的视角将滇池孕育的多元民族文化称为“滇池文明”，从新石器时期以来一直到中法战争，源远流长的滇池文明一直是在“以农为本”的范围内；虽然在与中原、南亚、东亚和东南亚的商贸往来中触碰到过工业文明的火种，但也只是在边缘徘徊，一直到中法战争后，滇池文明才开始转向工业文明。但工业文明真正到了滇越铁路开通后才真正启动，中国第一座水电站的建设就可以看作这种工业文明的显现。

在工业文明的进程中，传统文化在适应文化变迁的同时也在影响着工业文明的进程。正如人类学家张光直在考察中国古代青铜文明的基础上比较中国式文明进程和西方式文明进程时所指出的：“前者的一个重要特征是连续性的，就是从野蛮社会到文明社会，许多文化、社会成分延续下来，其中主要延续下来的内容就是人与世界的关系、人与自然的关系。而后者即西方式的是一个突破式的，就是在人与自然的环境的关系上，经过技术、贸易等新因素的产生而造成对自然生态系统束缚的突破。”[①] 杜维明也认为中国的文明进程具有延续性的特点，他说：“促使中国人将自然看成是‘各种非人格化的宇宙功能的包罗万象的和谐’的，是他们对存有连续性的信奉，而不是由于他们缺乏创世神话。”[②] 在石龙坝的水电实践中，可以看出中国传统农耕文明在向工业文明的转型中，并不是完全与传统断裂，恰恰是保持了一种文化的延续性。

---

① 〔美〕张光直：《考古学专题六讲》，文物出版社，1986，第13页。

② 〔美〕杜维明：《儒家思想——以创造转化为自我认同》，东大图书公司，1997，第35页。

第 3 章　实业救国与文化自觉

3.1　义利天下与自觉办电

3.1.1　义利天下与实业救国

前文已经提到 1885 年中法战争结束之后，法国和清政府签订了《中法新约》《中法续订界务专条》《中法滇越通商章程》《中法滇越铁路章程》等一系列不平等条约，法国在云南相继开辟蒙自、河口、思茅、腾越等口岸，派驻领事、大规模开采锡矿、修建滇越铁路。这些按照不平等条约开设的商埠被称为“约开商埠”。虽然昆明不是约开商埠，法国、英国却借机在昆明设立领事馆的派出机构，图谋将通商口岸开到昆明。1901 年滇越铁路开工修建，同庆丰票号总理王炽和云南的士绅罗瑞图、吴永安等人担心滇越铁路开通后法国在昆明开设通商口岸。

前文提到过同庆丰是清朝云南最大的票号，王炽于同治十一年（1872 年）在昆明设立，同庆丰与当时的山西票号齐名，北有山西平遥的百川通票号，南有云南的同庆丰票号。① 清末同庆丰票号设在昆明三牌坊邱家巷，省内在大理、保山、思茅、蒙自、个旧、昭通等设分庄或办事处，省外在重庆（最早设立）、北京、上

① 中国人民政治协商会议云南省委员会文史资料研究委员会编《云南文史资料选辑》第 28 辑，云南人民出版社，1986，第 163 页。

海、南京、常州、汉口、贵阳等地都设立分号，在香港和越南的海防也设办事处；本地的票号被称为“同庆丰”，外地的票号被称为“天顺祥”，王炽任票号总理。他虽富甲一方，人称“钱王”，但不唯利是图，重德重义，德以经商，义利为天下，实业救国。王炽曾在中法战争中用同庆丰的60多万两白银慷慨支援清军和云南人民抗击法军[①]，同庆丰票号被当时的云贵总督岑毓英授“急公好义”的匾额，被参加抗法战争的清朝提督鲍超授匾额“义重指国”。

为了实业救国和保护地方矿业不被英法染指，王炽冒险夺标与官府一同开发云南锡矿、铜矿业。1887年云南巡抚唐炯被清政府派来在滇设立矿务局，组建矿务公司，唐炯派王炽任矿务公司总办，当时的滇政府财库亏空，矿务公司开建不久后就难以为继。为了发展地方资源，明明知道矿业是无底洞，王炽还是全力以赴，先后垫款数十万两白银，“当时乡党有谏阻者，以免将来受累。兴斋（王炽）以发展地方资源为重，明知事属棘手，困难大，问题多，但决心全力以赴，不为所动，任劳任怨，毫不诿卸”[②]，开发了东川的铜矿和个旧锡矿，促进了云南近代矿业经济和资源开发。除此之外，清末陕西和山西大旱，王炽除了赈济灾民外，还让同庆丰捐出数百万银两给清政府的工部兴修黄河水利工程；当他听说四川泸州木桥被水冲塌后，便捐资在当地修了一座坚固耐久的跨江铁索桥。

为了发展云南地方实业和教育文化，同庆丰票号总理王炽又与云南士绅罗瑞图、万征衡、吴永安等人于1893年创办了“兴文

① 1903年（光绪二十九年）王炽去世，同庆丰票号由王炽的长子王鸿图（字筱斋）掌管，继续经营。

② 中国人民政治协商会议云南省委员会文史资料研究委员会编《云南文史资料选辑》第28辑，云南人民出版社，1986，第157页。

当”，其中同庆丰捐纹银一千五百两，“兴文当”就设在同庆丰隔壁。“兴文当”成为当时云南最大的典当行，“兴文当”与当时云南的其他典当行不同的是：兴文当是一家完全公益性质的典当行，“是为了振兴地方教育文化及解决办理地方公益事业筹款的困难”[①]，将收入所得用于援助云南的贫困学子，发展云南教育和文化事业。从 1893 年到民国初年兴文当先后资助云南各地学生数百人，前面提到的云南的第一个状元袁嘉谷（也是后来中国第一座水电站的推动者）就在 1898 年到北京参加京试时得到过兴文当的资助。很多从云南到北京、武昌等地读书的学生都得到兴文当和同庆丰的资助，有的学生后来成为辛亥革命云南起义的骨干，《云南文史资料选辑》第 28 辑中记载：

> 兴斋（王炽）对办理地方公益，不遗余力，凡有所求，不论多寡，慷慨无吝啬。在乡里入捐资重建虹溪书院、虹溪试馆，设义仓，兴私塾、造盘江铁索桥；在省城入设兴文当、牛痘局，施药饵，并捐万树千金置房产入卷金会，以其租息作三迤举贡赴京资斧……山陕灾民甚众，报效数千金赈济之……其他善举甚多，不能一一列举。兴斋（王炽）虽富有，然肯为人民为地方做好事，尚属难能可贵，较诸一般巨商大贾，富而不仁，拔一毛而利天下不为也之辈，不可以道里计也。[②]

同庆丰的王炽义利天下的思想和实业救国以及急公好义的行动体现了中国传统文化中的天下为公的思想：“大道之行也，天下

---

① 中国人民政治协商会议云南省委员会文史资料研究委员会编《云南文史资料选辑》第 28 辑，云南人民出版社，1986，第 157～158 页。

② 中国人民政治协商会议云南省委员会文史资料研究委员会编《云南文史资料选辑》第 28 辑，云南人民出版社，1986，第 157～162 页。

为公，选贤与能，讲信修睦。故人不独亲其亲，不独子其子，使老有所终，壮有所用，幼有所长，矜寡孤独废疾者皆有所养。”[①]

1903年王炽积劳成疾去世，同庆丰由其长子王鸿图（字筱斋）继承，王鸿图在才干和魄力方面虽远不如他父亲，“但对地方公益事业，尚能热心尽力而为”[②]。1905年，也就是光绪三十一年，滇越铁路正在修建，作为同庆丰总理的王鸿图联合云南士绅罗瑞图、陈荣昌以及四川补用道解秉和等人联合起草了请求昆明自开商埠的禀帖呈交给云贵总督丁振铎。禀帖中说：“省城南门外得胜桥地方，乃官商往来孔道，货物骈集，市廛栉比，且车栈附近，应照山东、湖南等省成案章程，就该处开作商埠，以便通商而扩利源。”[③] 丁振铎采纳了他们的建策，立即向清政府上奏折曰，“云南地处极边，外来商贾本属无多。比年以来，蒙自、思茅、腾越先后开关，中外通商贸易渐臻繁盛，滇越铁路转瞬畅行，省会要区商货尤为辐辏，自不得不开商埠，以保主权”[④]，奏折得到清政府的允准，1905年昆明开辟为商埠。1907年9月，在昆明东门外设立了云南商埠清查局，1908年清政府划拨海关附捐作为经费，设立云南省商务局，地址在昆明福照街。1909年清政府将云南省商务局改组为云南商务总会。商会是由云南各商业行帮组成，其总理由商会会员选举产生，首任总理为马尚斋，之后同庆丰的总理王鸿图被选举为第二任云南省商务总会总理[⑤]。1909年滇越铁路即将通车到昆明，滇越铁路南起越南海防，北到云南昆明。当时新

① 《礼记·礼运》，崔高维校注，辽宁教育出版社，1997，第63页。

② 中国人民政治协商会议云南省委员会文史资料研究委员会编《云南文史资料选辑》第28辑，云南人民出版社，1986，第162页。

③ 云南通志馆：《新纂云南通志外交略草稿》，民国二十年至民国二十三年钞本。

④ 中国社会科学院近代史研究所近代史资料编辑部编《近代史资料总85号》，中国社会科学出版社，1994。

⑤ 中国人民政治协商会议云南省委员会文史资料研究委员会编《云南文史资料选辑》第9辑，云南人民出版社，1989，第149～150页。

任的云贵总督预计到滇越铁路开通将会促进昆明商业经济的繁荣，便将商埠清查局扩大为商埠总局，并且拟订《云南省城商埠总章》上奏清政府后获得批准，另外还有《办事权限专章》十六条作为《总章》补充实施。《总章》的宗旨明确："本埠系自行开放，与因条约所开各埠不同，埠内一切事权，均由中国自主。"《总章》中要求外国人在昆明商埠内居住要事先在商埠总局申请登记，必须遵守《总章》规定的八条，兴办各种商业须获中国政府批准。值得一提的是，昆明自开商埠与约开商埠不同，它保持了土地所有权、行政管理权、警察司法权、税收权等权利的完整。昆明自开商埠是近代史上云南第一次主动地对外开放通商。

昆明自开商埠是云南近代史上以同庆丰总理王鸿图为代表的士绅和晚清云南地方政府联合发动的一场具有政治、经济和文化意义的自救行动。这场自救行动是一种民族意识的自觉，也是一种自主的制度创新，抵制了英法等国在昆明的经济文化扩张，同时，也为云南近代城市的发展和近代工业的兴起提供了制度条件。自此以后，以滇越铁路为线，以昆明、蒙自、开远、河口为点，云南形成了一条国际经济文化的通道，为中国第一座水电站引进外国机器设备和技术创造了条件。

3.1.2　水电利权与文化自觉

昆明自辟商埠后，法国人看到昆明的商业繁荣，又想将昆明作为约开商埠，法国公使照会清政府要求将昆明改为约开商埠，清政府拒绝了法国的要求。法国人看一招不成，又出一招。1908 年以前法国人通过勘察地形发现滇池出海口螳螂川的水力资源可以利用，1908 年滇越铁路即将通车前，法国人以滇越铁路修建急需电灯为由，要求清政府准其利用昆明滇池出海口螳螂川的流水，在螳螂川开办水力发电站。法国人预谋以帮助云南开发水力资源为名，夺取在云南办水电的利权，消息传出，云南百姓和许多士绅纷纷抗议，因为滇越铁路的“路权”和云南七府的“矿权”已经都被英法两国夺取，云南人民要求“求富强，保利权”“实业救国”，在国内人民的反对声中，清政府“以利权所在”予以拒绝，并批由云南劝业道办理。昆明自开商埠后，商号和洋行林立，工商业发展很快，但和当时的上海、北京、广州等城市相比，还是有所差距，当时这些城市已经有了火力发电机，大都由英美等国创办，却还没有水力发电机。可是当时昆明的富商和官府也只能点蜡烛和松油灯，市民们听说用水可以点灯，而且长明不灭，一时竞相传闻，无不心向往之。云南的一些士绅在和英法等国通商的过程中就已经知道世界上发明了电灯的消息①，所以也早就筹划着云南也能办电业和点电灯。因此他们一听说法国人要在昆明办电，担心办电权被其夺去，于是极力主张自办。云南省劝业道②道台刘永祚（字芩舫）顺应百姓呼声，为保护主权而加以拒绝，并向云贵总督李经羲③请准由本省官商合办。1908 年年底同庆丰和劝业道联合在昆明街头贴出告示：

各商号市民均请注意：

今有法人企于我滇池出口之螳螂川办电，为吾国吾民之利权所在，为壮我民族之实业，经与云贵总督府初议，拟由本省官商合资自办。兹鉴政府财力所限，如愿意入股集资者，不分卑贱多寡，望即与劝业道索函取章，共促办电早成。④

---

① 1879 年，美国人爱迪生发明了电灯。1882 年 7 月，英国人在上海创办了中国第一个电灯厂。1889 年由中国人自办了用油发电的西苑电灯公所。

② 清末官制，相当于主管一省工商业的厅、局机构，由农工商局、矿务调查局合并而成。

③ 清朝大臣李鸿章的侄子。

④ 云南省档案馆：《续修昆明县志》卷二，云南人民出版社，1983，第 375 页。

告示贴出后半年多的时间里，老百姓和商户很少有人响应。前文我们提到云南当时是辛亥革命重要的根据地，1908年孙中山派黄兴以滇越铁路河口车站为中心发动河口起义，同时云南的同盟会员创办的进步刊物《滇报》《星期报》等积极宣传推翻腐朽封建统治和建立民主共和国的思想，云南人民较早地受到革命思想的启蒙，对如受蠹之木的清末王朝已经失去信任，所以半年多来没有人愿意参股拿钱与官府合资办电站。刘永祚在一筹莫展的情况下忽然想到了和他交往较好的同庆丰票号总理也就是云南商务总会会长王鸿图，就亲自到王府与其磋商集资办电事宜。王鸿图对法国人来滇办电之事早有耳闻，已经有不少同庆丰票号的店员和云南商务总会的会员多次找他商议办水电的事情。而且，昆明自开商埠后，王鸿图在和欧美商人及领事交往中，了解到西方国家已经点上了电灯，在中国上海、广州、北京等地有许多电厂或电灯公司，除了少部分是中国民族资本经营外，大都是外国人办的，但是这些电厂或电灯公司都是火力发电，当时的中国还没有水力发电。所以王鸿图听了刘永祚说的情况后，为了不让办水电的利权落入法国人手中，更为了利用水资源发展电力，促进云南现代化的发展，实现父亲王炽实业救国的愿望，决定以商办的方式建水电站，由同庆丰垫本，又因为同庆丰力量有限，以云南商会名义招募商股。王鸿图和刘永祚经过多次商讨，最后决定为了实现实业救国和光耀中华的理想，决定将公司命名为“耀龙”，全名为“云南商办耀龙电灯股份有限公司”①，希望通过商办水电实现“耀龙”即救国和兴国之志。

云南人自办中国水电这不是简单的“冲击－反应”的过程，而是一个复杂的文化自觉的历史过程，它离不开外来工业文化与

① 中国人民政治协商会议云南省委员会文史资料研究委员会编《云南文史资料选辑》第9辑，云南人民出版社，1989，第150页。

中国传统农耕文化的碰撞和互动，也离不开作为文化主体的行动者的内在精神自觉。费孝通曾指出文化自觉的意义在于，“生活在一定文化中的人对其文化有‘自知之明’，明白它的来历，形成的过程，所具有的特色和它的发展的趋向……自知之明是为了加强对文化转型的自主能力，取得决定适应新环境、新时代文化选择的自主地位”①，后他又将文化自觉归结为16个字：“各美其美，美人之美，美美与共，天下大同。”② 费孝通给文化自觉提出了时间和空间上的方位：时间上即从历史的实践过程中来观照当下和展望未来，空间上即从天下的视野定位自我的文化身份和其存在的意义。云南人自办中国第一座水电站，而且希望它能“光耀中华”，这是对费孝通的“文化自觉”理论在时间和空间上的实践过程演绎，这个过程，不仅是石龙坝人作为文化主体自身的心智洗礼和心性历练过程，更是在借鉴和学习西方文化的同时对中华民族传统文化的自我觉醒、自我保卫以及自我创新，文化自觉的直接动力源自中西文化的互动场域中的交流和冲突。这种文化自觉也是中国第一座水电站没建在最早对西方开放的中国东南沿海，而是建在中国西南边疆的文化动力。

3.2 商会组织与股份办电

3.2.1 商会募股与状元支持

前文已经提到云南商务总会（以下简称“云南商会”）成立于1908年，是由云南各商业行帮组成，“这一时期的商务总会，在官

① 费孝通：《反思·对话·文化自觉》，《北京大学学报》（哲学社会科学版）1997年第3期。

② 费孝通：《反思·对话·文化自觉》，《北京大学学报》（哲学社会科学版）1997年第3期。

商或公私之间，内外合华洋之间，起着一些桥梁作用”。同庆丰是当时云南商会里最大的商帮，王鸿图被选举为第二任商会总理。商会在清末云南工商业的发展中起着组织和团结各商业行帮的作用。1909 年 10 月王鸿图以云南商会名义发起集股办电事宜。

同庆丰的王鸿图愿出面领衔集股办电的消息不胫而走，云南商会中的很多商号头目闻风而动，都愿意为中国人自办水电出力，于是掀起了一股集资入股办电的热潮。消息传到远在异乡的浙江提学使兼布政使的袁嘉谷耳里，他欣喜无比。前文提到过袁嘉谷是云南石屏县人，曾受过同庆丰和兴文当的帮助到北京参加京试，于清光绪二十九年（1903 年）考中经济特科一等第一名，是云南省自元朝建省以来 600 多年间科举名列全国魁首的先人。袁嘉谷中了状元后，兴文当拿出一笔卷金费（相当于今天的奖学金），“将此款以一半送袁（袁嘉谷），一半盖状元楼（在昆明拓东路），楼上有匾题‘大魁天下’四字”[①]，以昭告天下，激励学子。袁嘉谷有“求富强，保利权”的思想[②]，早在 1898 年赴京应试时，就曾参加康有为和梁启超的“戊戌维新”运动，当袁嘉谷听到王鸿图以云南商会名义招募商股的消息时很是兴奋。他远离故乡，鞭长莫及，便将其满腔的热情和满腹的设想书于纸上寄语云南同乡，并愿意以“状元”之名义同云南的富商和有识之士一道联名向官府禀报办电的策划。

状元袁嘉谷支持办电的消息传来后，云南商会各行业商帮也很受鼓励，更坚定了他们同心办水电的决心，很快踊跃入股。民国的《昆明市志》上记载：

---

① “大魁天下”四字由当时的两湖总督张之洞题写。

② 中国人民政治协商会议云南省委员会文史资料研究委员会编《云南文史资料选辑》第 28 辑，云南人民出版社，1986，第 158～159 页。

> 商办耀龙电灯公司，系股份有限组织，发电厂在昆阳属之石龙坝，距省八十五里，办事处在省城升平坡。清宣统二年（1910年）一月成立，股本总额二十五万六千九百九十元，官股七万六千五百八十元，商股一十八万零四百一十元，商股股东二百五十一户。[①]

在商股中，同庆丰股本五万余元，因为商股还不到当初预计的二十五万元，所以又招募了官股，其中刘永祚的劝业道投入官股三百五十五股。云南商务总会的王筱斋、刘诚和、董润章、袁嘉谷、施焕明、吴清源、李瀚、曹济川、左曰礼（左益轩）、吕兴周、杨钧、王廉、熊灿文、裴长清、付谦等十九位云南各行业商帮的知名商绅组成了董事会，推举王鸿图任公司总董事长。虽然公司在资金缺乏的情况下招募了官股，但王鸿图还是坚持商办性质，他说，“因有鉴于前清之季，凡属实业带有官办性质者，每每难收效果。乃坚持商办宗旨之力争，非此商会不能接办，争论多日，始定官家只认维持保护之责，办事概归商家主持”[②]，董事会将要成立云南耀龙电灯股份有限公司一事向云南劝业道禀呈：

> 禀为集股创办云南耀龙电灯股份有限公司。酌拟章程，呈请查核赏准立案，详情咨部注册领照开办并祈。[③]

劝业道台刘芩舫收到案卷后转呈给了云贵总督李经羲。李经羲批复（见图3－1）：

① 张维翰：《昆明市志》，台湾学生书局，1968，第258页。

② 云南省档案馆：《续修昆明县志》卷二，云南人民出版社，1983，第386页。

③ 昆明工商联存：《云南商务总会开办电灯公司卷宗》。

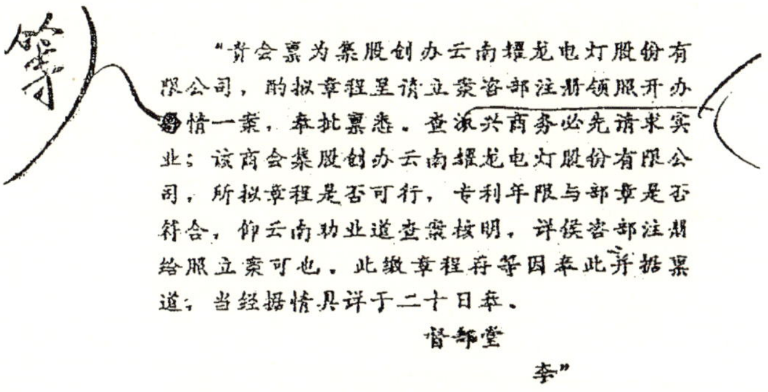

“贵会禀为集股创办云南耀龙电灯股份有限公司，酌拟章程呈请立案咨部注册领照开办缘情一案，奉批禀悉。查派兴商务必先请求实业；该商会集股创办云南耀龙电灯股份有限公司，所拟章程是否可行，专利年限与部章是否符合，仰云南劝业道查案核明，详候咨部注册给照立案可也。此缴章程存等因奉此并据禀道；当经据情具详于二十日奉。

督部堂

李”

图 3－1　云贵总督李经羲批文①

很快，根据总督批示，劝业道刘永祚审核完，再次呈报云贵总督李经羲。李经羲于宣统二年（1910 年）农历正月二十日批复云南商务总会，批准云南耀龙电灯股份有限公司成立，李经羲还在批复中写道：“从今起，二十五年内不许外人来滇办电！”自此，耀龙电灯公司获得 25 年的独立经营权利。

3.2.2　耀龙股份与公司章程

清宣统二年农历正月（1910 年 2 月），“云南商办耀龙电灯股份有限公司”在昆明翠湖升平坡的王鸿图的公馆挂牌成立，挂牌这一天鞭炮阵阵，锣鼓喧天，这是云南省民间资本以股份制形式组成的第一家民族工业企业。随后，“云南商办耀龙电灯股份有限公司”的股东代表大会在云南召开商会，参会的有陈柄熙、董润章、施云卿、施焕明、李瀚、吴清源、曹济川、丁绍文等各个股东，刘永祚也参加了这次会议，经会议讨论，劝业道初步确定了股份公司的章程，章程如下：

> 本公司禀准咨部立案，系归商办，共集股本银 25 万元，

① 档案图片由石龙坝发电厂政工部提供。

除由劝业道刘苓舫认招股交付机器头二两批约银11万余元，其余13万余千元均归商会总理王筱斋，代理总协理陈柄熙、施云卿，电灯公司总协理丁绍文、施云卿，并商会各股东担认，按期付款。

本公司股东，无论官绅商庶，凡入股者均一律以股东看待，不分畛域。

本公司按照商律，设立董事局，应按认股数目分名次先后，今公举王君筱斋，董君少恒，徐君宝臣，黄君梅修，某君某某共五人，现因王君筱斋奉派南洋赛会，即以陈君柄熙为代表，均尽义务不支薪水。

前订章程内设总董二人，今既议设董事局，应将总董一条删除，总董二条删除，更正咨送。

本公司暂附设商务总会，待机器运到即迁入升平坡新公馆租住。

各董事、总协理及各股东均须守定本公司规则办理。

董事局以每星期会议一次为常经，如有急要之件随时开会，速议以期无误。

董事局即附设公司，局内不另择地，以免分歧而期就便。

此外，如有未尽事宜，随时会商增修改定，以期完备。

云南商会各股东推选王鸿图为董事长，筹划建厂发电的一切事务。计划在滇池的出海口螳螂川上勘测电站的最佳地址，架设高压电线连接到昆明，并将在昆明设变电站，然后将电输出。

1910年4月1日，滇越铁路通车，云南陆军讲武堂的全体学生在总办（校长）李根源的带领下到昆明城外盘龙江东岸的云南府站（昆明站）看滇越铁路通车，通车典礼开始，车头插着法国国旗的火车沿着米轨驶来，云南府站台上站着法国士兵，见此情景，讲武堂的全体师生当场痛哭，朱德也不由得哭起来。[①] 云南商办耀龙电灯股份有限公司的很多股东观看了通车典礼后内心很受刺激，他们更加坚定了齐心协力建好中国自己的水电的决心。

前文我们曾指出直到中法战争，滇池文明才开始转向工业文明，但工业文明是到了滇越铁路开通后才真正启动，中国第一座水电站的建设就可以看作这种工业文明的显现。滇越铁路不只是一条交通要道，而且也是一条文化通道，它以前所未有的力量和速度裹挟着西方工业文明驰入千年滇国之地，与中国传统文明不断冲撞、融合，不但改变了云南人的交通观和地理观，更改变了云南人的文明观。以同庆丰总理王鸿图为首的云南士绅正是预见到了滇越铁路开通将带来的便利的交通运输和工业化条件而决定自办水电，虽然表面看来这是在法国要夺中国水电权的高压下进行的，但其实之前他们在云南约开商埠和昆明自开商埠后见识和认知了外国的电灯之后就萌生了在云南办电的想法。因此，云南士绅自觉办电的行为不单单是以往历史学家所认为的在西方工业文明兵临城下的一种“冲击－反应”行为，而是一种“被动中的主动”意义上的“文化自觉”行为。

3.3　治水工程与生态水电

3.3.1　治水工程与龙的想象

耀龙电灯公司组织开展了滇池的出海口螳螂川周围的勘察工作。前文我们提到法国人在修筑滇越铁路前悄悄勘察云南地形，发现螳螂川上适合建设水电站，但滇池水域从昆明经安宁、昆阳再到富民这一带都是螳螂川，具体选择哪里最适合建水电站呢？

① 马继孔等：《云南陆军讲武堂史》，云南民族出版社，1993，第 17～22 页。

耀龙电灯公司的人在螳螂川流域逐一进行甄别，最后认定最佳的发电地址是位于安宁到昆阳之间的石龙坝。水力发电必须要有水位落差，滇池水流到石龙坝的水位落差是34米，适合水力发电。选定发电站地址后，耀龙电灯公司聘请的德国电气工程师麦华德和水机工程师毛士地亚骑着马在总理左曰礼的陪同下到石龙坝实地勘察，一到石龙坝看到险峻的地势和天然的30多米的落差，麦华德和毛士地亚感觉耀龙电灯公司选的水电站地址非常科学，他们在石龙坝仔细勘定好大坝、河渠、电站机房的位置，设计好施工图，为水电工程的开工做了大量准备。虽然有天助，但是王鸿图他们将要在石龙坝进行的水电工程的艰巨性不亚于元代以来帝国在石龙坝附近修建过的滇池水利工程。

前文已经说过滇池之名是因古时有“滇”部落居住或因水似倒流，故称“滇池”，“滇也，颠也”。滇池是云贵高原上的高原湖泊，是中国第六大淡水湖，西南第一大湖，源出昆明西北梁王山的黄龙潭地下河，在山谷间穿行，沿途有盘龙江、明通河、金汁河、银汁河、海源河、白沙河、宝象河、马料河、捞鱼河、落龙河、梁王河、盘龙河、大坝河等二十多条河流注入滇池，再流经滇池的出海口螳螂川，由螳螂川经平地哨、滚龙坝、石龙坝，向北注入普渡河，到巧家县汇入金沙江，再经下游的长江汇入东海。方国瑜在《滇池水域的变迁》一文中提到滇池“承受上游各河流域二八六六平方公里的来水，汇为巨浸，起着来水和泄水的调节作用；环湖农田和湖里水产以及湖面航运，自古以来被人们利用”①。

螳螂川是滇池的唯一出海口，滇池水从出海口至平地哨一带，水流平缓，从滚龙坝到石龙坝这一流域坡陡流急。明代的徐霞客

① 方国瑜：《滇池水域的变迁》，载方国瑜、林超民主编《方国瑜文集》第3辑，云南教育出版社，2003，第121页。

徒步考察过石龙坝，他在《徐霞客游记》中的《滇游日记四》中记载：

> 二十六日鸡再鸣，饭而出店，即北向循西山行……流为所扼，稍东逊之，遂破峡北西向，坠级争趋，所谓石龙坝也。此山名为九子山，实海口下流当关之键，平定哨在其南，大营庄在其东，石龙坝在其北……螳川之水，自九子母山之东破峡北出，转而西，绕山北而坠峡，峡中石又横岨而层阂之，水横冲直捣，或跨石之顶，或窜石之胁，涌过一层，复腾跃一层，半里之间，连坠五六级，此石龙坝也。①

徐霞客在《滇游日记四》中描绘到滇池水到了九子母山下的石龙坝这一地段，水流跌宕起伏，由东南高处向西奔流。石龙坝区和滇池其他的平坝区相比，地势更加陡峻。前文我们已经讲到在滇池汇水出水往复循环的过程中，上游流来的大量泥沙会淤积在唯一的出海口，遇到雨季，滇池水就会泛滥淹没石龙坝到昆明一带的农田。为此，从元代以来到清末，帝国一直在滇池兴修水利，尤其重视在石龙坝附近的海口兴修水利，所以民间说："故筹水利，莫急于滇；而筹滇之水利，莫急于滇池之海口。"② 滇池的水利工程主要是雨季时的疏挖泄水工程，旱季时候的灌溉水利工程。元代是第一次疏挖海口，兴修水利，我们前文提到的元代第一任云南行省长官赛典赤在海口筑水库、挖河道、灌溉农田、修坝闸，石龙坝的老工人王大爹给我讲了一个有关赛典赤和石龙坝的传说。

---

① （明）徐霞客：《徐霞客游记》，上海古籍出版社，1980，第 85 页。

② （明）刘文征：《滇志》，古永继点校，云南教育出版社，1991，第 69 页。

元朝时忽必烈攻入云南，建立了云南省，派赛典赤来治理云南。赛典赤是下西洋的那个郑和的祖先，据说是元朝色目人，赛典赤到云南上任后，了解民情，大刀阔斧进行改革，改革行政体制，设置府、州、县等。他还施行了民族团结政策。那时，滇池一到雨季洪水就会淹没周围的农田，赛典赤就在滇池兴修水利，建水库、开垦田地、下闸蓄水和灌溉农田，松华坝水库就是他修的。

赛典赤派他的三儿子胡辛和他的手下劝农使张立道带兵治理滇池，滇池周围的各族的百姓也加入了修水利的队伍，苦战三年，官兵和各族百姓一起修建水渠和筑水洞，疏挖螳螂川，泄滇池的水入螳螂川，滇池水位降低，环湖露出万亩良田。泄水那天，先祭拜龙王，祭拜后一开水闸，海口河涌出万注水流争先恐后地冲入山涧，一路咆哮，在河谷中腾跃，忽然间从天上降下两道闪闪的光，与奔腾的水交汇在一起，“二龙在水中翻腾”的情景把人们看呆了，于是那个地方得名“滚龙坝”。腾跃了一会儿，水流卷挟着泥石，又冲出滚龙坝，在山涧中一会儿跌宕一会儿弯曲，远看像一条石龙在河坝玩耍游乐，舞首弄尾地奔入螳螂川，又欢腾着飞向金沙江，人们认为是龙王显灵了，“石龙坝”由此得名。没有那时的赛典赤治水利，就没有今天的石龙坝。赛典赤为云南解决了水患，建立了水利工程，促进了昆明经济的发展，他统治云南时期政通人和，深受百姓爱戴，他死后，百姓哀鸿遍野，忽必烈赐封他为“咸阳王”。①

以上传说中，当地人关于水和龙的想象，说明当地非正式

① 笔者根据 2011 年 3 月 26 日的访谈录音整理。

的价值系统认为龙王是掌管水权的神灵。在中国民间传统中，水的神格化就是龙，以上传说中提到的祭拜龙的仪式不仅仅是一种图腾崇拜，也是在官方和民间共同的祭拜中联结人和水、水和土、人和龙，以及官和民、不同民族人民之间关系的一种文化媒介。

我问王大爹现在是否还拜龙王，他说以前跟着他的师傅拜过，新中国成立后破除封建迷信，就没有工人拜了，有的工人不相信，也有的悄悄赶庙会的时候顺便拜一下，尤其是这几年滇池干旱少雨，石龙坝发不了电，就又有老工人悄悄求龙王保佑降雨在石龙坝。由此可以看出这种工人对龙的信仰是随着社会变迁和工厂的变迁而变化的。

传说中的赛典赤治理滇池的政绩可以在史料中得到印证：《赛平章德政碑》曰："昆明池口塞，水及城市，大田废弃，正途奎底，公赛典赤命大理等处巡行，劝农使张立道，付二千役而决之，三年有成。"① 一方面说明从元朝开始，帝国加强了对云南的统治，赛典赤在云南大胆改革，兴利除弊，重点解决滇池流域人民的水患问题，修建灌溉和泄水的水利工程，发展农业生产，促进昆明经济发展，以获得云南地方人民对帝国统治的认同；另一方面，我们可以在传说中看到官方兴修水利的过程中也有民间力量的参与，正是因为兴修水利过程中的官民互动，帝国的社会秩序和社会控制体系才从滇池这个水利场域延伸到其他场域。水利工程带来的不仅是物质文明，滇池流域各民族在治水过程中的合作也在一定程度上促进了各民族文化相互融合，使得滇池文明更具有包容性，这种包容性体现在石龙坝水电站建设过程中。

---

① （元）赵子元：《赛平章德政碑》，载于《新纂云南通志》卷九二《金石考》。

滇池水利和昆明城市发展是一种相互依存的关系，滇池孕育和发展了滇池文明，也孕育了昆明的城市文化。前文我们提到云南的地形主要以高原、山地、坝子为主，坝子也就是盆地，这些坝子与河流、湖泊相依，水利便利，土地肥沃，经过长期的水利开发和土地开垦，成为云南城市和人口密集的区域，是云南经济、政治和文化的中心。其中较大的坝子是昆明坝子和大理坝子，大理坝子依着洱海，昆明坝子依着滇池。从隋唐到明末，大理坝子的南诏、大理两国一直是云南的经济和文化中心；从元代开始，由于滇池大规模兴修水利工程，开垦了大面积的良田发展生产，昆明坝子上的城市迅速发展起来，昆明逐渐成为云南经济和文化中心。由于洱海没能像滇池那样为坝子上的城市文化发展提供广阔的土地和物质基础，所以元明清以来在云南兴建的水利工程促使云南经济和文化中心由大理转移到昆明。同时，元代以来的治水工程也为石龙坝的生态水电工程提供了特别有利的条件。

3.3.2 生态水电与天人合一

水电是一种清洁能源，水力发电是利用水位落差，也就是水的位能，通过水的位能推动水轮机转动，将水能转变为机械能，水轮机推动发电机转动就将机械能转换为电能，发出电来。[①] 石龙坝的水电是一种生态水电，主要体现在三个方面，第一个方面是滇池水流到了石龙坝的水位天然落差是34米，优越的水能资源适合发电；第二个方面是从元代到清末的治水工程，使得石龙坝水电工程不需要移民和淹没土地；第三个方面是滇池作为天然水库发挥其调节作用，元代以来兴修的海口川字闸和屡丰闸为调节水闸，不需要再建水库（见图3－2）。

---

① 国家能源局：《中国水电100年》，中国电力出版社，2010，第17页。

图 3－2　滇池流域卫星地图及石龙坝位置

资料来源：百度地图：http://map.baidu.com/? newmap = 1&ie = utf－8&s = s%26wd%3D%E7%9F%B3%E9%BE%99%E5%9D%9D%E5%8F%91%E7%94%B5%E5%8E%82。

元代以前，滇池一年一度洪水泛滥，滇池流域的百姓深受水患之苦，《晋宁州志》卷五《水利志》说："滇池之水，唐宋以前不惟沿池数万亩膏肤之壤，尽没于洪波巨浪之中，即城郭人民俱有荡析之患。"[①] 从元朝开始，云南行省首任平章政事赛典赤派劝农使张立道在滇池治理水患，兴修水利工程。张立道采用大禹治水的"疏导"方法，挖开海口河，"得壤地万余顷，皆为良田"[②]，将海口河到石龙坝这一带沉积在水底的泥沙清除，把海口河开凿成长 10 公里、宽 20 余米的河道，并向下挖，使得滇池水位降低，开垦良田万亩，修建了川字闸，当滇池遇到洪水，可以通过川字闸泄洪，流入螳螂川，再一路流入金沙江进入长江。川字闸是古

① （清）杜绍先：《晋宁州志》卷五《水利志》，凤凰出版社，2009。

② （元）赵子元：《赛平章德政碑》，载于《新纂云南通志》卷九二《金石考》。

代有名的滇池泄洪和蓄水的水利工程。到了明代，因为出现大量的军屯、民屯和商屯，大量人口进入了滇池流域，滇池流域不仅成了多民族混居地区，而且由于人口增多，大量土地开垦，洪水季节，环湖农田水患增加，所以明代数次疏浚海口河。明朝弘治十四年，巡抚陈金到滇池治水，陈金带领兵民一起治理滇池，采取“分段截流”的办法，分段挖开河道，拦截洪水，疏挖河道，使水流顺畅流入金沙江。因为深挖中心河道，所以两个石滩从海口河中露出水面，这两个石滩就是现在的小中滩和大中滩。明代的徐霞客在《滇游日记》中记载：“海口龙王庙中碑，额多皆成化弘治以后，抚按相度水利，开浚海口，免于汇滥，以成滨海诸良田者，故巡方者，以此为首务也。”[①] 到了清代，清政府曾八次进行滇池治水工程。从元代到清道光以前，滇池治水都是采用修筑拦水坝的方法以泄水，不能及时地控制和调节滇池水位，不仅浪费人力和物力，而且难以调洪抗旱。在总结前人治水经验的基础上，清道光十六年（1836年），云贵总督伊里布主持滇池治水，“在海口中滩建立石闸三座，共廿一孔，全长109米，名曰‘屡丰闸’”[②]，以闸代坝控制滇池水位，屡丰闸的修建免除了每年筑坝、挖坝和疏挖河道的麻烦，并且还能蓄水。自清代道光后的170多年，滇池水位基本稳定在1887米左右。到了清末民初，商办耀龙电灯公司在滇池出海口的螳螂川上游的石龙坝修筑水电站已经有了良好的水利基础（见图3-3）。

从元代到清末，建筑拦水坝、疏挖河道、建水闸的治水工程，使得石龙坝水电工程不需要移民和淹没土地。一般都认为水电工程必然伴随着移民和淹没土地。例如，罗用频在《南盘江的故事——巴结水电移民的民族学研究》一文中指出“只要有水电开

① （明）徐霞客：《徐霞客游记》，上海古籍出版社，1980，第84页。

② （清）杜绍先：《晋宁州志》卷五《水利志》，凤凰出版社，2009。

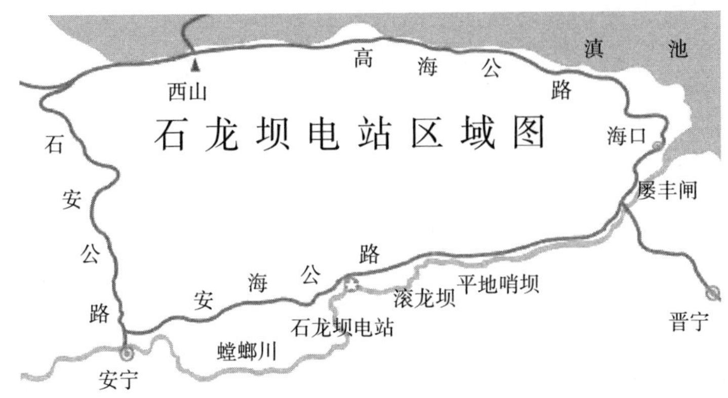

图3-3　石龙坝电站位置区域

资料来源：云南石龙坝发电厂提供。

发项目就会有水电移民"①；潘家铮在"联合国水电与可持续发展研讨会"上提出"开发水电需付出淹地和移民的代价，这是许多人反对修水电的主要理由之一"②；朱东恺在《水利水电工程移民制度研究》一文中认为"水利水电工程移民是水利水电工程建设的重要组成部分，它涉及人口、资源、环境和政治、经济、社会、文化、工程技术等诸多领域"③，以上这些学者都认为水电工程必然要有移民，其实不然。作为中国第一座水电站的石龙坝就是例外，因为石龙坝水电站以滇池出海口天然的34米落差作为水的位能，以滇池作为天然水库，以元代以来兴修的海口川字闸和屡丰闸为调节水闸，因此不需要再建水库。而且元代到清末民初的水利工程已经疏挖过海口河，淹没过村庄，垦殖出田地，所以后来只是买了海口河沿河农民多余的农用土地。因为当时滇池流域土地肥沃，所以农民除了将一部分土地卖给耀龙电灯公司以外，还

① 罗用频：《南盘江的故事——巴结水电移民的民族学研究》，硕士学位论文，中央民族大学，2005，第28页。
② 潘家铮：《水电与中国》，《水力发电》2004年第12期。
③ 朱东恺：《水利水电工程移民制度研究》，博士学位论文，河海大学，2005。

留有土地耕种，石龙坝水电站不需要移民和淹没土地。因此，耀龙电灯公司的石龙坝水电工程是真正的生态水电工程，体现了中国传统文化中的“天人合一”思想。

3.4 小结

中国第一座水电站的自建并不是以往一些学者所认为的在西方工业文明兵临城下时的一种“冲击－反应”行为，而是一种“被动中的主动”，是滇池文明本身具有的兼容并蓄的特点使得云南人能较早地学习和利用外来文化。

王铭铭在《逝去的繁荣》一书中指出：“然而，艾尔文没有注意到，在接受来自殖民主义势力范围的文化冲击过程中，中国人所表现出来的态度向来是比较消极被动的，相比之下，移居海外的华侨比居住在中华帝国境内的人们，更早地接触和接受西方文化的许多因素。”[①] 王铭铭的分析值得借鉴，同时也值得我们探讨，云南人居住在中国西南边疆，原有文化符号体系虽然比中原弱，但是比王铭铭所说的海外华侨的强，云南人在面对西方工业文化冲击时，表现的不是“消极被动”，而是“被动中的主动”。

中国第一座水电站的创办人王鸿图一方面自办水电，防止法国人夺取水电的利权；另一方面还主动和法国人交往，积极学习他们的先进技术和文化，因为和外国人交往频繁还遭到国人的不满。[②] 在学习西方的技术和文化的同时，他坚持中国人的利权；在筹建水电的过程中，虽然引进德国设备和技术，但还是坚持中国人自办，表现出了“中体西用”思想基础上的文化自觉。

① 王铭铭：《逝去的繁荣》，浙江人民出版社，1999，第176页。

② 中国人民政治协商会议云南省委员会文史资料研究委员会编《云南文史资料选辑》第28辑，云南人民出版社，1986，第162～164页。

云南地处中国与南亚、东亚和东南亚交往的文化走廊。自西汉以来就开始与南亚的身毒国（今天的印度）[①]进行经贸往来和文化交流，元朝的时候开通了云南到缅甸的通道[②]；明代拓宽了兴起于唐朝时期的茶马古道的路线，使得茶马古道达到鼎盛；到了清末，云南的约开商埠和自开商埠也使得云南的文化走廊延伸到欧美大陆。特殊地理历史的形成和发展使得滇池流域成为多民族和多国家文化交融和汇合的地方，因此滇池文明具有兼容并蓄的特点。这也是为什么地处中国边疆的云南能较早地兴办洋务矿业，在全国较早地响应辛亥革命，先后发动云南辛亥腾越起义和重九起义、护国运动、护法运动等影响了中国近现代文化进程的运动的原因。这个过程不是简单的“冲击－反应”，而是一个复杂的文化自觉的历史过程，它离不开外来工业文化与中国传统农耕文化的碰撞和互动，离不开作为文化主体的行动者的内在精神自觉。这也是中国第一座水电站没建在最早对外开放的东南沿海，而是建在西南边疆的文化动力。

文化自觉还具体体现在石龙坝的办电实践中，人们除了主动学习和借鉴西方工业文化，还坚持中国传统文化的“天人合一”的理念建设水电。石龙坝在中国最早地利用水能这种清洁能源，不建设水库，不需要移民，不淹没土地，不破坏生态，保持人和自然的生态和谐，利用滇池出海口的天然落差和滇池这座天然水库。因此它是真正的生态水电，体现了中国传统文化中“天人合一”的思想。

这项工程使得中国从美国历史学家魏特夫所说的“治水社会”[③]

---

① 司马迁：《史记·西南夷列传》卷五十六，中华书局，1959 年点校本。

② 陆韧：《云南对外交通史》，云南民族出版社，1997，第 302 页。

③ 〔美〕卡尔·A. 魏特夫：《东方专制主义》，徐式谷等译，中国社会科学出版社，1989，第 22 页。

向利用水能的“水电社会”转变。魏特夫认为中国古代的极权主义来源于统治者对治水权的垄断[①]，将水利与国家政治紧密联系。但是极权未必源自治水，治水未必依靠极权；蓝克利、董晓萍等对陕西、山西水利与民间社会关系的调查[②]，行龙对山西水利社会史的研究[③]，石峰对关中水利系统的历史与文化关系的研究[④]都提到了民间组织对地方水利的参与和水权的争夺；王铭铭认为从“治水社会”转向“水利社会”，使区域社会史比较研究找到了一个新的切入点，为我们开拓了历史研究的新视野。[⑤] 以上学者对水利与国家、社会的关系史的论述值得借鉴，但是这些学者都将视角投向通过疏浚蓄泄和灌溉农田而组织起来的农耕社会，而没有将研究的视角延伸到通过利用水能资源发电而组织起来的工业社会。

这种水电组织起来的工业社会在水电筹办时期的理念是一种中国传统中的“生生不息”的文化理念，《易传》上曰“生生之谓易”[⑥]。石龙坝的开创者将电灯公司命名为“耀龙”，龙是中华民族的图腾和象征，在某种意义上是民族生命存在和延续的方式。《周易·易经》曰：“乾为天。象曰：天行健，君子以自强不息。潜龙勿用，阳在下也。见龙再田，德施普也。终日乾乾，反复道也……坤为地。象曰：地势坤，君子以厚德载物”[⑦]，“耀龙”作为水电站的开创者们的一种志向，一种水电站的象征符号，体现的正是这种自强不息和世世相传的文化理念。

---

① 〔美〕卡尔·A. 魏特夫：《东方专制主义》，徐式谷等译，中国社会科学出版社，1989，第22～24页。

② 董晓萍、〔法〕蓝克利：《陕山地区水资源与民间社会调查资料集（第四集）：不灌而治——山西四社五村水利文献与民俗》，中华书局，2003。

③ 行龙：《以水为中心的晋水流域》，山西人民出版社，2007。

④ 石峰：《非宗族乡村：关中“水利社会”的人类学考察》，中国社会科学出版社，2009。

⑤ 王铭铭：《“水利社会”的类型》，《读书》2004年第11期。

⑥ 高亨：《周易大传今注》，齐鲁书社，1998，第62页。

⑦ 高亨：《周易大传今注》，齐鲁书社，1998，第21页。

第4章　石刻与水电

4.1　全球招标与全国招聘（清末民初）

4.1.1　资本观望与全球招标

清末民初云南人创建中国第一座水电站的过程，实际也是他们将西方工业文化和中国传统文化融合的文化实践过程。1910年，云南商办耀龙电灯股份有限公司在石龙坝选好修建电站的地址后就开始着手水电站的开工，股东大会推选左曰礼任公司总经理负责电站的筹备和建设。集资认股25万银圆后，等到要开工时，当时很多人一方面担心时局不稳，另一方面担心投资的资本最后落空，所以到了交款日期，很多认股人在观望，有的不肯来，有的交的比认购的少。因为当时的云南人看到清政府洋务派主办的矿业都失败了，王鸿图的父亲王炽垫付了数十万金，全力以赴办矿，最后还是无力回天，矿权被英国人和法国人夺去。何况这次办的水电是个从未见过的新鲜事物，谁也没把握，况且完全是商办性质。

当时集资的困难在云南省图书馆保存的《商办耀龙电灯公司股东宣言董事答辩书合刊》上有记载："工程浩繁，款项拮据。人皆虑其事之难成，深恐有所带累。是以欲认股者皆相戒勿认，已认股者皆观望不交。”[①] 实际收到的股金离水电站建设需要的50万银圆有很大差距，1910年3月公司董事长王鸿图和副总经理陈德谦出面担保，向正在筹办的滇蜀腾越铁路公司（腾冲—昆明—四川）借款40余万银圆，为水电站开工做好资金准备。耀龙电灯公司为了保证工程质量，股东大会还决定向全球招标，按严格的国际招标程序引进西方最好的机器设备和技术建造电站。

昆明自开商埠后，外国的洋行、学校、医院、学校、教堂等机构都争先恐后地在昆明设立办事机构。当时世界上生产水力发电机的国家主要有美、英、法、德、日等国，这些国家在昆明开设的洋行主要有美国的“慎昌”洋行、英国的“其昌”洋行、法国的“安兴”洋行、德国的“礼和”洋行、日本的“保田”洋行等。[②] 它们的主要业务是代理销售本国的食品、百货五金、洋酒、机器设备等。这些国家得知了云南耀龙电灯公司全球招标的信息，美、英、德、法、日等国公司纷纷派它们本国在昆明的洋行代理商到耀龙电灯公司办事处投标，希望能采用本国的机器设备和技术。为此，董事会在王鸿图去南洋之前召开紧急会议商讨和斟酌。因为英法自晚清以来对云南的经济掠夺日益加深，一开始法国人就想夺取办电权，如果买了法国的机器就会让其阴谋得逞，董事会经过慎重讨论决定不用法国和英国的水力发电机，最后经过一套严格的国际招标程序，选择引进德国福伊特西门子水电公司生产的两台240千瓦的水轮发电机组，并聘请两名德国工程技术人员协助，于是云南耀龙电灯股份有限公司和德国西门子公司在昆明的代理商德国礼和洋行签订了正式的购买合同。《云南省志》卷三

---

① 参见云南省图书馆存《商办耀龙电灯公司股东宣言董事答辩书合刊》。

② 参见昆明市志编纂委员会编《昆明市志长编》卷十一，云南人民出版社，1983，第382页。

十七《电力工业志》上说，起初，德国礼和洋行提出它们全部承包设备、技术和工程建设，耀龙电灯公司认为只能引进设备和技术，由中国人自己建设，“否则大量资金外流，成为‘洋商包办’，何与外人进行商战”。最后，合同规定承包商负责引进设备、勘测、设计、安装以及管理的技术，并供应发送变电和在市区安装 7000 盏电灯所需的全部设备；而电站的输、配、变电工程则在德国专家的指导下，由中国人自建。

4.1.2　全国招聘与人力资本

清末民初时期边远的云南人就开始在全球招标，这是一种“中体西用”的文化实践。这种文化实践还体现在全国的招聘方式上，耀龙电灯公司在招标购买机器设备后，为了建立高质量的中国第一座水电站，决定向全国招聘技术巧匠，于是向全国发布了招收工匠的告示。很快，天津、江西、江苏、浙江、广东、广西、贵州、四川和云南通海、昭通、玉溪、昆阳等地的能工巧匠纷纷到昆明的耀龙电灯公司应聘，经过考试和面试，聘用了水电工程各个项目的技术负责工头（见表 4－1）。

表 4－1　1910 年云南商办耀龙电灯股份有限公司招聘的技术工头

职务	主要人物	来源
石工头	史少昌、司宗志、郭兴五等 18 人	河南、云南、四川等
木工头	李应隆、范西明	云南、天津
纸工头	高大伦、黄生、李清任	广东
泥工头	孙永庆	
劳工头	郑荣珍、唐学茂、王耀明等 25 人	广东、安徽、云南、江苏、浙江等
炸石工头	刘玉清	东川
车工头	毕兴科、鲁正兴	昆阳
买木料工头	张正法、苏玉清	昆阳
买石灰工头	段文清	昭通

续表

职务	主要人物	来源
买砖瓦工头	邱玉兴	四川
买土基工头	毕有寿、余嘉福	昆明
司事	吴耀山、周明山、吴松林、马辅臣等 28 人	云南、广西、贵州、四川等

资料来源：笔者根据昆明市工商联存《云南商务总会开办电灯公司卷宗》的资料绘制。

耀龙电灯公司面向全国招聘来的工人，在石龙坝水电站的初建过程中发挥了不可替代的作用，“各项工人踊跃从命，年余来不避雪雨风霜，亦不计年节星期，一鼓作气锐意前驱，只期兼程以并进，不辞险阻之艰难”[①]。这些专业工匠被聘入石龙坝，形成了云南最早的民族产业工人，而且是具有专业知识和技术的工人。亚当·斯密最早将人的技术才能看作资本：“这些才能，对于他个人自然是财产的一部分，对于他所属的社会，也是财产的一部分。”[②]舒尔茨在《论人力资本投资》一书中提出人力资本的概念，“人力资本，即知识和技能”[③]，他这样解释人力资本：“我们之所以称这种资本为人力的，是由于它已经成为人的一个部分，又因为它可以带来的满足或收入，所以将其称为资本。”[④] 因此，耀龙电灯公司在全国招聘的能工巧匠是石龙坝水电站建设引入的人力资本，他们是中国较早的工业文化的实践者。

① 摘录于石龙坝的百年石碑之一“永垂不朽”的碑刻内容。

② 〔英〕亚当·斯密：《国民财富的性质和原因的研究》上卷，郭大力、王亚南译，商务印书馆，1997，第 258 页。

③ 〔美〕西奥多·W. 舒尔茨：《论人力资本投资》，北京经济学院出版社，1992，第 43 页。

④ 〔美〕西奥多·W. 舒尔茨：《论人力资本投资》，北京经济学院出版社，1992，第 92 页。

4.2　合力造电与灿亿万年

4.2.1　农民舍田与艰难造电

耀龙电灯公司开工之前，还需要为建设水电站到石龙坝购置农民的田地。当时的石龙坝属于云南府安宁州小海口村。1910 年 4 月耀龙电灯公司派职员李炘和李鸿图到小海口村向农民购买地，小海口村土地肥沃，民风淳朴。他们向农民说明要建水电站所以买地，小海口村的农民当时大都点着松油灯，个别富裕的人家在昆明买的是洋蜡（蜡烛），他们没见过水电是什么样子，所以刚开始不愿意卖地。李炘和李鸿图二人不得已去找村里的乡绅李得，李得在村里很有威望，读过私塾，当他听说建设石龙坝水电站是为了防止办电权落在法国人手里，中国人自己集资办水电时，觉得舍田地建水电是光宗耀祖的事，于是深明大义，带头卖田地，并说服村里的人为了中国人自己办水电而卖土地。到田里丈量过土地后，耀龙电灯公司的李炘和李鸿图立了卖地契约。

永远存照

立永远杜卖水民田，丈契人李得，系昆阳州平定乡小海口住人。为因征用，情愿将自忘祖遗水田壹连二丘，计三工，坐落后碧脚东至新沟止，南至西至北，至李仲春田止，又一丘[①]，计一工；坐落望景东至新沟止，南至李仲春田止，西至小沟止，北至杨标田止，四至，开明同当村中老幼人等说明，杜卖与耀龙电灯公司名下为业，实接受杜价银大龙图拾贰元，

① 《汉典》中丘是量词，指用田塍隔开的水田，1 ~ 10 亩大的小田，一亩约等于 666.67 平方米，一丘就是 666.67 ~ 6666.67 平方米。

共接获龙银元肆拾捌元，照市公平，给发入手，应用亲领。自杜之后，任凭耀龙电灯公司投官印税，挖土种树一切等件俱听其便。世守为业，李姓老幼人不得异言，倘有村中内外人等声言，惟李得一力承担。

恐口无凭，特立永远杜卖水氏田丈契存照

再者每田一工，给粮一升六合，共计田肆工，应纳秋粮六升四合，言明白卖之后主拨公司上纳，不与卖主干涉，再照住粮本户。

宣统二年4月18日立，永远杜卖水民田，丈契人李得、李丈清（族内）

中人：李炘（各押一份）

代字：李鸿图[①]

在李得的带动下，小海口村的村民相继将自己的一部分土地卖给耀龙电灯公司，共出让给耀龙电灯公司土地235.57亩。

在石龙坝购置好土地，一切准备好后，耀龙电力公司按照中国传统的风俗，选择吉日开业。公司总经理左曰礼选择了宣统二年的农历七月十七日（1910年8月21日）正式鸣炮开工。开工后，面临的最大困难是将水轮机组从德国运到昆明。石龙坝那时属于云南府（今天的昆明市）安宁州，虽然石龙坝离昆明只有42公里，但当时昆明没有公路，从昆明到石龙坝连土路都没有。石龙坝人要想到昆明很困难，他们只有天不亮就走，天黑到昆明，即使骑马也得十几个小时才能到昆明，运输机器更是难上加难。

滇越铁路通车后，两台发电机组以及所有的发电附属设备便

① 参见昆明市工商联存《云南商务总会开办电灯公司卷宗》。

从德国经水路被运到越南首都河内，从河内再上滇越铁路运抵云南府站（昆明站）。当时机器运输采用了水路和陆路、大件和小件分开运的方式，大件走水路，小件走陆路。水轮机、发电机等大件从德胜桥装船经盘龙江入滇池往海口，水路经白鱼口、昆阳到海口。水运遇桥一定要卸货，船过桥后再装上货继续走，水轮机组乘船从海口入螳螂川继续往下，可到了平地哨村就无法下行了，平地哨村河床近三十米之阔，像个漏斗一般，突然陡降、渐窄，无法通船。平地哨到石龙坝还有 7 公里的路程，此时根本没有路可走了，于是人们便从山上砍来一些比较直的树木作铺垫，现修路，见坡挖坡，见沟填沟，机器放在滚木上，两人负责一根垫木，前头用绳子拴好牛马，指挥号令一响，负责抽牛的抽牛，打马的打马，撬棍的撬棍，一步一步地历经数月才挪到石龙坝；小件则走陆路，陆路山道崎岖，靠人背马驮，那时候一颗小小螺丝钉都是从德国运来的。这些小件经小西门、马街子，再从碧鸡关运到石龙坝。《云南省志》卷三十七《电力工业志》上记载："施工工具仅有石工的大锤、炮杆、钻子和木工的斧、锯。起吊、搬运、安装全凭人力。""从海口到工地（石龙坝）的运输，历时 7 个月才运完。"①

工人白天搬运，晚上搭棚在路边夜宿。公司总经理左曰礼亲临工地指挥督促，在施工中，他"严定规则，所有各办事人及各项工人，每夜均系四钟开饭，天明出工，日入方息"。工程建设在水工工程师毛士地亚和电机工程师麦华德两位德国人的指导下，共有 1000 多名中国工人参加，包括全国招聘来的江、浙、粤、桂、川、湘、赣等省和天津的能工巧匠及省内玉溪、昭通、昆明、通海的汉、回、白、彝各族土、木、石工等。工人们"不避雪雨风

---

① 参见云南省地方志编纂委员会编《云南省志》卷三十七《电力工业志》，云南人民出版社，1994，第 39～40 页。

霜，亦不计年节星期，一鼓作气，锐意前驱”“崩山炸石，不顾危险，分段赶做，猛力进行”。①

工程进行到一半时，辛亥革命爆发。1910 年 10 月 27 日云南很快响应辛亥革命，同盟会员张文光率众发动腾越起义，建立了云南第一个资产阶级政权——滇西军都督府；1911 年农历九月初九（10 月 30 日），蔡锷率领以云南陆军讲武堂师生为主力的云南新军在昆明的巫家坝兵营发动了辛亥昆明重九起义，推翻了清朝在云南的统治，蔡锷将云贵总督李经羲礼送出云南。② 清朝云贵总督府退出历史舞台，1911 年 11 月 1 日建立起了“大中华国云南军都督府”（也为“大汉云南军政府”），蔡锷被推选为都督。辛亥云南起义反帝爱国，德国工程师毛士地亚和麦华德因担心革命军对外国人进行杀戮，在恐慌中退回越南，以避战乱，工程因此停顿下来。时局陡变，封建王朝被推翻，云南商绅对新生的资产阶级性质的云南军都督府都持观望态度。工商业萧条，耀龙电灯公司的很多股东也担心水电工程会夭折，有的股东想撤股，在这个时候，王鸿图和左曰礼为稳定人心，以同庆丰为担保筹措工程不足的款项，使得水电工程得以继续。

经过艰苦卓绝的建设，民国元年农历四月（1912 年 5 月），云南耀龙电灯公司石龙坝电站工程完成，这是中国的第一座水电站。电站引水渠长 1478 米，落差 15 米，引用流量 4 立方米/秒，安装两台德国西门子公司生产的 240 千瓦发电机和水轮机（见图 4-1），并机运行；架设由石龙坝至昆明小西门的输电线路 32 公里，立有木质电杆九百余根，输电线是德国生产的钢心铜线，不是现代的铝

---

① 详见云南石龙坝发电厂现存民国三年五月所立“功建名垂”碑文。

② 云贵总督李经羲是清朝李鸿章的侄子，曾做过蔡锷的老师，他于 1911 年请蔡锷到云南新军任协统，曾支持实业救国，所以蔡锷在重九起义后将其礼送出云南。

胶线，钢心铜线耐拉耐用。公司在小西门城脚建降压所一座，23千伏电压输电线路经 34 公里输电线（杆塔采用木杆），向昆明市区送电。至小西门水塘子变电站降为 3300 伏，通过分送市区的变压器再降为 110 伏供用户照明，送变电设备也由德国西门子公司供应。石龙坝至昆明的 23 千伏、34 公里高压输电线路是我国当时电压最高的输电线路，中国水电事业从此起步。

图 4－1　装机于昆明石龙坝的中国第一台水轮发电机

资料来源：笔者拍摄于石龙坝水电站。

4.2.2　发电仪式与灿亿万年

工程完工后，耀龙电灯公司遴选了民国元年农历四月十二日卯时（1912 年 5 月 28 日 5 点到 7 点）作为石龙坝电站落成和耀龙公司发电仪式的吉日。耀龙电灯公司敲锣打鼓，环绕昆明街巷鸣告市民，鼓励大家自觉观灯。到了农历四月十二日，在庆贺开灯的地点翠湖海心亭，金马碧鸡坊、三牌坊也同时悬挂起了数十只500 瓦的白炽灯，四处披红挂彩，盛况空前。昆明城内外，很多城乡百姓天不亮就聚集于各悬灯之处，云南各界人士向翠湖海心亭汇拢来观看耀龙电灯公司发电仪式。

云南近代工业的奠基人之一、著名的金融家也是后来的耀龙电灯公司的董事长缪云台在他撰写的《关于云南的经济财政金融和工农商业概况》一文中回忆了他看到的耀龙电灯公司发电仪式那天的情景。

> 如象耀龙公司水电站，这个公司的石龙坝水电站，恐怕是中国的第一个水电站（也有人说东北已先有一个）[①]，完全是商办，是云南的大商号同庆丰、天顺祥的老板王家（王炽）办起来的。大概是在宣统三年[②]投产发电的。记得那晚我和同学去经正书院，发电那天全城灯亮了，大家都挤在书院前面桥上来看，人很挤，我也挤在桥上看，桥上的石栏被挤垮了，好多人都掉在池里，好在水不深，掉下去的人都站在池里被水淹了半截。[③]

发电仪式后，电站股东大会将其命名为“耀龙电灯公司石龙坝发电厂”。耀龙电灯公司的创办者之一袁嘉谷，也就是前文提到的清末经济特科状元，为中国的第一座水电站题词“机本天然生

① 对于石龙坝是不是中国第一座水电站，还曾出现过争议，1902年汉口“既济”水电厂建成，1906年又建成了武昌水电厂，1908年，也就是石龙坝发电厂开始创议筹建时上海又建成了上海闸北水电厂，因此，有的人认为石龙坝不是中国修建最早的水电站。实际上，这是把水电站同自来水、电灯厂混为一谈了。上面所列举的三个水电厂都不是水力发电的水电站，而是自来水厂或火电厂。我国早期的电力主要供电灯照明，把火电厂、自来水厂都视为城市公用事业，而且往往把火电厂与自来水厂建在一起，称为水电公司。详见翁长溥《我国修建的最早的石龙坝水电站考》，《水力发电》1983年第11期。东北丰满水电站是我国最早建设的大型水电站，建于1937年日本侵占东北期间，比石龙坝晚。

② 宣统三年为1911年，这里缪云台只写了石龙坝水电站大概的投产发电时间，石龙坝水电站是1911年投产，1912年发电。

③ 中国人民政治协商会议云南省委员会文史资料研究委员会编《云南文史资料选辑》第28辑，云南人民出版社，1986，第127页。

运动，器凭水以见精奇”，楣联为“皓月之光”①。这副楹联当时被书写在了石龙坝电厂的厂门上（见图 4－2），这是当时云南的士绅和乡绅对电带来的工业文明的认识。1926 年，第二级水电站即第二车间建成时，袁嘉谷又为石龙坝题词：“石龙地，彩云天，灿霓电，亿万年”②，耀龙电灯公司将其铭刻在第二车间的楼梯的青石栏上（见图 4－3）。

图 4－2　第一车间建成时刻的“皓月之光”石刻楹联

资料来源：笔者拍摄于石龙坝水电站。

石龙坝水电站的开灯仪式不但为云南送来了现代的光明，而且它本身就是一种工业文化的传播实践，将水电代表的工业文化

① 这副楹联现在还刻在石龙坝发电站第一车间也就是原电站一厂的大门上。

② 石龙坝发电厂的老工人告诉我袁嘉谷的题词在“文化大革命”期间被毁坏，所以只能看清图中的“龙”字，其他都被毁坏，这块石栏也见证了石龙坝的磨难。

图 4－3　第二车间落成时的“灿霓电，亿万年”石刻

资料来源：笔者拍摄于石龙坝水电站。

展示和传递给观者，具有一种社会化的效应，人们通过发电仪式活动，将观看到的电灯与历史和现实生活所使用的油灯进行历史关联，从而建构有关水电的想象或者观念。“日常生活中的某些符号或价值通过仪式活动的‘程序公正’被提升到一种认知的高度，久而久之，那些特殊符号的认知价值逐渐凝固下来而演变成人们的观念和习俗”①，水电虽然对中国人来说是新生事物，但随着电灯的增多和开灯仪式的重演，电灯会逐渐地进入人们的认知体系和价值观念之中，并改变社会生活。

4.3　石刻记忆与流芳后世

4.3.1　铭石为记与制造意义

1914 年耀龙电灯公司发电以后，根据中国文化中“功绩铭乎金石”的传统，“纪其大略勒诸石上以志不朽云”，以碑文作为历史的见证，将耀龙电灯公司兴建水电工程的过程、主要人员和资金使用事宜刻在三块石碑上以作铭记，昭示众人，更传给后人。

① 彭兆荣：《人类学仪式的理论与实践》，民族出版社，2007，第 79 页。

时间过去百年，现在这三块满是斑驳的石碑，还伫立在石龙坝水电博物馆里面，碑文还依稀可辨。勒石为记，石，坚固而恒久，刻录在石上的记忆，承载了记录者的历史心性，其实这是一种意义制造，这种勒在石头上的记录是第一代水电工业创业者的集体记忆，会随着世代更迭而传承。哈布瓦赫认为这些集体记忆会建立代际的认同感："我们保存着对自己生活的各个时期的记忆，这些记忆不停地再现；通过它们，就像是通过一种连续的关系，我们的认同感得以终生长存。"[①] 在哈布瓦赫看来，集体记忆与时代精神紧密联系，他说："集体框架恰恰就是一些工具，集体记忆可用以重建关于过去的意象……在每一个时代，这个意象都是与社会的主导思想相一致的"[②]，也就是说记录者所在的社会的时代精神或文化规范形塑了集体记忆的框架。三块石碑承载的集体记忆不仅是哈布瓦赫所言的文化框架，它还是一种意义制造，第一代水电工业的开创者在国家和世界历史的背景中去定位集体和个体的历史和文化身份，并将这种意义通过石碑传递给后代。

第一块碑题为"用实核明"（见图 4 -4 左）。铭记的是石龙坝水电工程建设工地基建开支，即"在石龙坝开河建房、打坝安设机器、采办电杆以及筑路造桥开井等项工程所支各工料银两逐款"[③]，也即"永垂不朽"碑文中所指的"坝中各项工程，约计共用款九万余金"的具体使用情况。碑文如下：

用实核明

今将电灯公司在石龙坝开河建房、打坝安设机器、采办电

① 〔法〕哈布瓦赫：《论集体记忆》，毕然等译，上海人民出版社，2002，第 82 页。

② 〔法〕哈布瓦赫：《论集体记忆》，毕然等译，上海人民出版社，2002，第 71 页。

③ 耀龙电灯公司"用实核明"碑文文字。

杆以及筑路造桥开井等项工程所支各工料银两逐款分列于后

计　　开

工程项下

木工支银叁仟柒佰贰拾捌两捌钱

铁工支银贰佰捌拾陆两玖钱正捌分

小工支银贰万叁仟陆佰贰拾贰两贰钱肆厘

石工支银陆仟壹佰叁拾捌两正

泥工支银贰仟伍佰肆拾柒两捌钱肆分陆厘捌毫

打坝支银玖佰陆拾壹两柒钱肆厘陆毫

造桥修路支银叁佰零捌两玖分叁厘肆毫

购买各种料及田地电杆项下

木料支银贰仟玖佰肆拾捌两柒钱叁分壹厘肆毫

石料支银壹万伍仟玖佰叁拾贰两玖钱贰分柒厘

小石子支银贰仟捌佰贰拾肆两捌钱陆分七厘叁毫

河沙支银壹仟陆佰捌拾叁两肆钱玖分柒厘肆毫

砖瓦支银壹仟肆佰捌拾肆两陆钱柒分陆厘

土基支银贰佰柒拾肆两壹钱捌分壹厘陆毫

石灰支银贰仟叁佰陆拾玖两陆分陆厘

铁器支银贰拾玖两陆钱贰分

火药引线支银壹仟壹佰捌拾叁两伍钱陆分壹厘

添配机器料件支银玖佰叁拾伍两陆钱贰分壹厘

购买电杆支银壹仟陆佰捌拾两陆钱玖分陆厘

购配杆上应用材支银伍拾肆两肆钱柒分贰厘

购石龙坝田地支银玖佰肆拾伍两

购买服装支银壹佰陆拾玖两捌钱捌分贰厘

制备用品器具支银壹仟肆佰肆拾肆两叁钱伍分捌厘肆毫

文具杂品支银叁拾两叁钱壹分贰厘

开除项下

司事警差兵役新工学生津贴支银伍仟叁佰壹拾柒两零贰分伍厘

伙食支银肆仟贰佰捌拾捌两柒钱陆分玖厘叁毫

安电杆工资支银叁佰伍拾伍两肆钱玖分贰厘

电杆杂费支银叁佰贰拾两贰钱伍分贰厘贰毫

防守电线费支银陆佰壹拾两零叁分壹厘

马夫差盘支银柒佰零捌两玖钱贰分柒厘捌毫

消耗杂费支银壹仟柒佰零叁两壹钱陆分壹厘

三日鱼房租支银叁拾壹两伍钱陆分捌厘

开办经费支银壹佰壹拾肆两捌钱玖分壹厘

运脚支银捌仟贰佰叁拾陆两壹钱柒分捌厘玖毫

赔偿费支银壹佰贰拾壹两壹钱零玖厘

以上共三项计叁拾肆目共合支银玖万叁仟叁佰玖拾贰两伍钱零贰厘陆毫自前清宣统贰年陆月起至民国贰年阴历七月底止

总理及工程师翻译薪水及红毛泥银系由省公司支付合并声明

中华民国一年岁次甲寅仲夏月　吉立①

“用实核明”碑中事无巨细的财务支付列支不仅表明了水电站初建时期财务管理制度的透明化，而且反映了建设者“经得起历史的考验”的心性。用股份制的标准化和责任制来组织和管理水电站的建设工程，一厘一毫精确列支，分毫不差。1910 年成立的商办云南耀龙电灯公司是一个真正的股份制公司，由于办水电是新事物又耗资巨大，公司屡为筹集资金所困，刚开始运行时亏损

① 笔者将“用实核明”碑文全文用简体字录入。

较严重。但是在这种建设资金短缺的情况下，建设者严格按照股份制“用实核明”，股份制的基本特点就是公司管理者作为股东的代理人必须为股东的利益负责任。从碑文中可以看出，各种资金支出列得相当详细，分别列出“工程项下”的7个小项、“购买各种料及田地电杆项下”的16个小项、“开除项下”的11个小项，诸如购买火药、木料和机器配料等材料和购买土地的费用，支付工钱、房租、文具、运输等的用费以及赔偿费用等等，事无巨细列得清清楚楚，碑上所列9万多银两资金使用情况精确到了“两”“钱”“厘”“毫”，这是一份非常严谨的财务报表。碑文中最后一句还特别声明：总经理、工程师、翻译的工资等由公司另行支付。这不仅仅是对股东的一种负责的交代，敢于勒于石上留存更表现出经得起股东审查和历史考校的自信。用实核明，不滥花一分钱，分分有出处，这是百年前石龙坝人的历史心性。

第二块石碑题为“永垂不朽”（见图4-4中）。内容为“商办云南耀龙电灯公司石龙坝工程纪略”[①]，碑中记述了石龙坝电站从筹划到修建的整个过程。全文七百余字，记载了公司开办的由来，主要的发起人和创办的方式以及整个建设过程中的艰辛和坚持。碑文不仅是对开创水电文明的工人群体“筚路蓝缕，以启山林”事迹和精神的表述，也是一种“流芳后世”的宇宙图式。其碑文如下：

永垂不朽

商办云南耀龙电灯公司石龙坝工程记略

公司之开办创议于前清，劝业道刘岑舫[②]先生初拟官商合办，因集股无多复挠他故。刘君乃于前清宣统元年巳酉冬十

① 石碑所刻内容。

② 岑舫为刘永祚的字。

月，决计与商会总理王筱斋君迭次磋商，改归商办，故定名为商办耀龙电灯公司。旋由商会开议，公举□王君为总董。庚戌春三月□王君有南京赛会之役，启行在即，遂重托□陈柄熙君代表担任，□陈君爰于五月复由商会开会组织办法，公举□左曰礼君为总理，□施云卿君为协理，众议以□左君驻石龙坝担任坝中一切工程事件。而□左君对于实业公益之事素主热心，以此事为地方利权所关，遂不惮烦难慨然允许，务求达于成立之目的。乃亟亟于六月初二日偕同德国工程师□毛士地亚君到坝踏勘河建机房各地点，勘定之后，即由□左君派人分头鸠工庀材迅速赶办，遂于七月兴工。盖此事□左君意在速成，以为早开灯一日，公司早获权利一日，故其招集泥、木、石大小各类工人日约千余名，崩山炸石不顾危险，分段赶作猛力进行，其最要者严计亲则。所有各办事人及各项工人，每夜均系四钟开饭，天明出工日入方息，自开工以来，赖□左君督率有方鼓励有术，故各项工人踊跃从命，年余来不避雪雨风霜，亦不计年节星期，一鼓□作气锐意前驱，只期兼□程以并进，不辞险阻之艰难。以故长千四百七十八密达之河，高数丈之石机房，以及滚龙坝泻水河，正河大石坝封面迎送水，公司住房暨造桥、筑路、开井、运机器等项工程，未几即次第落成。自宣统二年七月兴工至民国元年壬子四月开灯，全功告竣通计一年有九月。中间除因涨水不能工作暨铁路断坏红毛泥载运不到，以及光复时洋工程师往河内避乱，共耽延四月有余，具实只一年有五月即行告厥成功。噫，惨淡经营烦费苦心，向使非□左君之不辞劳怨、办事认真及诸同人之协力襄助，焉能有如是告峻之速耶？坝中各项工程约计共享款九万余金，其细目均另碑登载，兹因工程浩大，创办匪易，□左君及各执事人之勋劳，实不容忘用□，特纪其大略，勒诸石上以志不朽云。

中华民国三年岁次甲寅仲夏月　吉立[①]

碑文中除提到劝业道刘永祚、原董事长王筱斋和接任董事长陈柄熙等外，电灯公司的这份工程记略中反复提到的人就是总理左曰礼（左益轩），他身先士卒“驻石龙坝担任坝中一切工程事件”[②]。左益轩是一个热心社会公益事务的人，“对于实业公益之事素主热心，以此事为地方利权所关，遂不惮烦难慨然允许，务求达于成立之目的”[③]。他办事干练，雷厉风行，不畏艰难，领命总理职务不久就带“德国工程师毛士地亚君到坝踏勘河建机房各地点”[④]，开工之后对于工程质量和速度都密切关注，常常身先士卒，“其最要者严计亲则”[⑤]。他也是一个善于管理者，管理有方，“鼓励有术，故各项工人踊跃从命”[⑥]，不论风霜雨雪，都没有休息。在他的带领下，1000余名工人经过一年零九个月的时间，中间还克服了原材料供应断供、山洪暴发问题和社会巨变的影响，最终，于1912年5月，石龙坝电站以不朽之身屹立于中国大地，不仅见证了第一代水电工人的观念、理想和智慧，也成了永垂不朽精神的历史标本。

“永垂不朽”碑，作为电灯股份公司以公司名义勒刻而立的纪略，记述的主要是左益轩，同时，碑中除叙述了左益轩的不辞劳

---

① 笔者将“永垂不朽”碑的碑文全文以简体字录入。原文无标点，“□”为碑中空置约一个字的情况。主要字词释义：总理为当今的总经理，协理指副总经理；密达为长度单位metre（米）的旧译名称；红毛泥指水泥；光复指1911年10月30日（农历九月初九日）滇军将领蔡锷、唐继尧领导的云南重九起义。

② 石碑所刻内容。

③ 石碑所刻内容。

④ 石碑所刻内容。

⑤ 石碑所刻内容。

⑥ 石碑所刻内容。

苦和真正努力外，还提到了同人的协力相助，因为在当时这样大的工程能够在不到两年的时间里顺利完成，确实是难以想象的。“惨淡经营烦费苦心，向使非左君之不辞劳怨、办事认真及诸同人之协力襄助，焉能有如是告峻之速耶?”[①] 因此，碑中所述，其实就是当时所有石龙坝人的“筚路蓝缕，以启山林”精神的写照。

第三块石碑题为“功建名垂”（见图 4－4 右）。铭记的是“开办石龙坝电灯公司工程各人员及工匠头人姓名”。碑文不仅是水电创办者们的人名、事迹、功业的表征，也是他们“建功立业，名垂青史”的世界观和人生志向的透射。碑文中共记载了 115[②] 个人的名字，它与我们今天看到的许多大型工程竣工纪念碑不一样的是，当今的纪念竣工碑记载的都是出资方、设计方和建设方，且都是以相应的组织具名的，而凡有个人姓名的皆会注明出资人的资金总额多少，但这块纪念碑中作为工程发起人的云南政界、商界要员和投资者的股东姓名均没有被列在碑上。这块功建名垂的石碑更像是一份对工程建设者的功勋奖励，是庆功碑和励志碑。从“功建名垂”碑中我们可以看出，尽管这份详尽的石龙坝工程建设者名册只有两个要点，一是建设者的职务，二是建设者的籍贯，但其透露给我们的信息不仅仅这么简单，从中我们可以看出石龙坝创业者和建设者的组织文化特点。

首先，对技术人员的重视。从事石龙坝发电工程建设的所有工程人员仅 1000 多人[③]，但刻石表彰的人数将近 10%。建设者的名字数量之多，尤其是其中还有“小工头”的名字，这说明工程的建设者对劳动者，特别是对技术人才是非常重视的，如今他们

---

① 石碑所刻内容。

② 因为岁月磨蚀，“功建名垂”碑上有 8 个人的名字已经看不出来。经查证石龙坝碑文档案，补充上 8 个人的名字，其中包括“售卖石灰”的工头。经笔者反复、仔细核对“功建名垂”碑文档案，碑文中共记载了 115 个人的名字。

③ 石龙坝“永垂不朽”碑记“召集各类工人日约千余名”。

已经与百年石龙坝一样名垂青史。

其次，工程管理有条不紊，分工合作。仅仅从碑中不同工头的分工情况看就达18种之多，虽然这在当时是一项浩瀚的工程，但建设者的组织是非常有规划的，除水电工程师外，各项工作都设置了相应的工头，从开山炸石到打石工头，从木工头到铁工头……为了能够尽快做好这项史无前例的大工程，仅仅做饭的队伍就有近30个人带队（司事）。今天我们可以想象100多年前的石龙坝工程，上千人的施工队伍奋战在大山上、河谷边，而那些为保证这支施工队伍吃饭到处采买食物的司事们也是不易的：没有出售食材的市场，全凭人背马驮搬运。

再次，建设管理有突出的市场意识。石龙坝水电工程的施工，最终是把水轮机和发电机正确地安装到位，但最艰难的、最费时且工程量最大的是修筑引水渠和围筑堤坝。通过开山炸石，加工石材一方面获得了工程建设的石料；另一方面又产生了大量的碎石，从碑中工头的配置看，处理碎石的工头不仅仅有为工程配套的，还有专门“售卖小石头”和“售卖石灰”的工头。石龙坝水电工程的建设者在100多年前就有了今天我们说的绿色生产和显著的市场意识。尽管物尽其用是中国人的传统美德，但其市场意识应该说与其是商办公司有关。

最后，是国内外技术人员的合力制造。农业社会的中国人有安土重迁的习惯，况且百年之前的昆明，尽管已经有了中国第一条通向国外的铁路，但是从内地到昆明如果不走通过越南海防的国际通道会需要半年之久，而走那条国际通道的费用是非普通人所能企及的。尽管碑文中有大量工头没有被标明籍贯来源，但仍然有18人之多是从云南省外来的。广聚天下能人建设高质量电站是石龙坝建设者始终的宗旨，石龙坝也确实聚集了当时的许多能工巧匠。因此，这份名册实际上向天下和后世昭示了石龙坝电站水电建设工程是国际合作的成果，也是全体参与工程建设的中国人齐心协力的结果。

从历史心性和价值追求来看，百年前的石龙坝人要做的是千古流芳的水电工程，做的是要让子孙后代认可的福祉工程，他们用了天下最好的技术、一丝不苟的工作态度、先进的管理制度等等，所有这些都应该让后人记住他们以及他们创下的大业，“功建名垂”碑将这一历史心性昭示和流传给后人（见表4－2）。

图4－4　“用实核明”“永垂不朽”“功建名垂”三块百年老碑

资料来源：笔者拍摄于石龙坝水电站。

表4－2　石龙坝电灯公司工程各项人员及工匠头人基本信息

姓名	职务	籍贯	备注	
左益轩	总理	昆明		
毛士地亚	水机工程师	德国	非昆明籍贯	非云南籍

续表

姓名	职务	籍贯	备注	
麦华德	电气工程师	德国	非昆明籍贯	非云南籍
黄景康	翻译	江川	非昆明籍贯	
梁耀卿	翻译	广东	非昆明籍贯	非云南籍
吴耀山	司事	昆明		
瞿云卿	司事	昆明		
戴锡候	司事	昆明		
周明山	司事	广西县	非昆明籍贯	非云南籍
李映仙	司事	湖南	非昆明籍贯	非云南籍
陈国卿	司事	昆明		
李绍周	司事			
杨少峰	司事			
王少堂	司事			
杜竹卿	司事	昆明		
吴松林	司事	贵州	非昆明籍贯	非云南籍
谭仲先	司事			
王受益	司事	昆明		
杨幼峰	司事			
吴成名	司事			
杨灿奎	司事			
张国藩	司事	曲靖	非昆明籍贯	
陈兴逸	司事	昆明		
杨松年	司事	昆明		
张岱云	司事			
周直夫	司事			
唐玉清	司事	昆明		
王小泉	司事	广西县	非昆明籍贯	非云南籍
周梦林	司事			
周德初	司事	广西县	非昆明籍贯	非云南籍
张兆卿	司事	昆明		
马辅臣	司事	四川	非昆明籍贯	非云南籍
段宪武	司事			

续表

姓名	职务	籍贯	备注	
史少昌	石工头	河南	非昆明籍贯	非云南籍
司宗志	石工头			
鲁嘉福	石工头			
唐广运	石工头			
李自福	石工头			
沐动臣	石工头			
罗应珍	石工头			
黄汝忠	石工头			
余义兴	石工头			
丁云山	石工头			
鲁成定	石工头			
陈玉和	石工头			
普昭凯	石工头	河西	非昆明籍贯	
白春专	石工头	兴新	非昆明籍贯	
刘自清	石工头	通海	非昆明籍贯	
郭兴五	石工头	昆阳	非昆明籍贯	
申文有	石工头			
李士能	石工头			
李应隆	木工头	剑川	非昆明籍贯	
范西明	木工头	天津	非昆明籍贯	非云南籍
孙永庆	泥工头			
高大伦	铁工头	广东	非昆明籍贯	非云南籍
黄生	铁工头	广东	非昆明籍贯	非云南籍
李清	铁工头			
郑荣珍	工头	广东	非昆明籍贯	非云南籍
唐学义	小工头	安宁	非昆明籍贯	
王耀明	小工头	兴新	非昆明籍贯	
鲁少连	小工头	昆阳	非昆明籍贯	
林正荣	小工头	兴新	非昆明籍贯	
洪家学	小工头	昆阳	非昆明籍贯	
马兴能	小工头	兴新	非昆明籍贯	

续表

姓名	职务	籍贯	备注	
傅开泰	小工头	东川	非昆明籍贯	
杨汉之	小工头	昆阳	非昆明籍贯	
董树清	小工头	安宁	非昆明籍贯	
高庭亮	小工头	东川	非昆明籍贯	
李发之	小工头	昆阳	非昆明籍贯	
毕尚文	小工头			
李兆科	小工头	昆阳	非昆明籍贯	
何庭有	小工头			
李水清	小工头	安宁	非昆明籍贯	
彭少章	小工头	四川	非昆明籍贯	非云南籍
张必明	小工头	昆阳	非昆明籍贯	
李家和	小工头	昆阳	非昆明籍贯	
毕清	小工头	昆阳	非昆明籍贯	
尹成元	小工头	昆阳	非昆明籍贯	
吴云仙	小工头	昆阳	非昆明籍贯	
马成龙	小工头	兴新	非昆明籍贯	
李铭	小工头	昆阳	非昆明籍贯	
李钧	小工头			
周国柱	小工头	昆阳	非昆明籍贯	
刘玉清	炸石工头	东川	非昆明籍贯	
毕兴科	车工头	昆阳	非昆明籍贯	
鲁正兴	车工头			
邱玉兴	售卖砖瓦	四川	非昆明籍贯	非云南籍
杨玉清	售卖砖瓦	安宁	非昆明籍贯	
杨清泉	售卖砖瓦			
张正发	售卖木料	昆阳	非昆明籍贯	
苏玉清	售卖木料			
谢成	售卖木料	安宁	非昆明籍贯	
杨静轩	售卖木料			
李美	售卖石灰	昆阳	非昆明籍贯	
林朝贵	售卖石灰	兴新	非昆明籍贯	

续表

姓名	职务	籍贯	备注	
段文清	售卖石灰	昭通	非昆明籍贯	
毕有寿	售卖土基	昆阳	非昆明籍贯	
余嘉福	售卖土基			
纳崇善	运机器车工头	兴新	非昆明籍贯	
段文清	运机器车工头	昭通	非昆明籍贯	
张顺	清运河砂	昆阳	非昆明籍贯	
张发	清运河砂			
何文兴	卖运小石头	昆阳	非昆明籍贯	
陈金顺	卖运小石头			
陶再鸿	卖运小石头			
陶富有	卖运小石头	昆阳	非昆明籍贯	
王清	量石头人	昭通	非昆明籍贯	
蔡德三	量石头人	四川	非昆明籍贯	非云南籍
彭有三	量石头人			
周歧山	量石头人	昆明		
杨兴堂	催电杆	东川	非昆明籍贯	
杨彪	催电杆	江西	非昆明籍贯	非云南籍
李福	抬电杆			
杨志成	抬电杆			
何玉清	收砂	安宁	非昆明籍贯	
毕庆	打草坝			

资料来源：笔者依“功建名垂”碑碑文内容制作。

4.3.2　文化传统与不朽思想

铭石以志不朽，三块石碑所承载和表达的是中国第一座水电站开创者的心态和信仰。从碑文中可以感受到当年中国与西方列强在利益的争斗博弈过程中，中国人团结一心建设水电工程的历史心性。官方与商家合作共谋民族功业，工程建设者不畏艰苦、争分夺秒和一心同功。任何社会行为的整体表现都有着深远的历史文化背景，文化历史的惯性是支持人类不同文化群体从过去走向未来的重要动力之一。

大凡一种文化系统，通常由两大部分构成，一是以基本价值观或信仰为核心的部分；二是主要由社会政治与经济状况所决定的部分。前一部分主要涉及社会群体的核心生命体验和身份认同，具有较强的稳定性。由于中国在近代以前长期是农业社会，在此基础上形成并完善起来的文化系统应该就是以农耕文化为基本特征的，与此相应的就是具有悠久历史的天地崇拜与祖先崇拜。中国古人出于对天地、祖先的敬畏和感恩，使之转变为基本价值观和信仰，即便是今日的中国人，其骨子深处仍然浸透着这种文化价值观和信仰。在中国文化中，对人影响最大的莫过于儒家传统的“三不朽”思想，正是这种儒家的理想人生追求促成了无数中国历史上的人上对得起天地，下对得起子孙，在中国漫长的历史过程中建立了不朽的丰功伟绩。

“三不朽”的说法源于春秋时代晋国的当政者范宣子与鲁国大夫叔孙豹的一次谈话，针对范宣子骄傲地称自己属于尊贵的“陶唐氏”家族，叔孙豹回答：“太上有立德，其次有立功，其次有立言，虽久不废，此之谓不朽。”[①] 唐代孔颖达对叔孙豹所述的解释是：“立德，谓创制垂法，博施济众；立功，谓拯厄除难，功济于时；立言，谓言得其要，理足可传。”[②] 按孔颖达的说法，立德、立功和立言，是人要在为人处世方面自己树立道德风范并且感染其他人；要于危难时为救国家民族赴汤蹈火；再把这种事迹、功名和价值追求写成书流传下去。

---

① 陈成国：《四书五经校注本》第3册，岳麓书社，2006，第2282页。

② 唐朝的儒学大师，为了科举考试的需要，主持编写了《五经正义》，作为举子们考试的用书。

尽管后人对立德立功立言的“三不朽”思想各有所解，但“三不朽”这一思想被孔子、孟子和后来的儒家学者继承和发展，逐渐成为儒家的理想人生追求，也成了中华民族关于人生价值的基本核心观念。立德、立功和立言被看作人生的最高境界，凡想成就一番事业的人无不在为此努力，这也渐渐成了中国人普遍认可的世界观和人生观。

叔孙豹之不朽观，其核心是精神上的不朽，亦即作为个体的人通过建立功名从而超越个体的生命本身而使之在群体的层面上得到延续。“三不朽”思想是互相联系的，“立德”“立功”“立言”既各有侧重又有机统一。人生在世如果能够“立德”“立功”“立言”，就可以实现个体生命价值的超越。“三不朽”人生价值理想的提出，对后世产生了极其深远的影响。然而，精神的不朽毕竟需要以物的形式加以承载才能达到其目的，铭石为记就是中国古人普遍采用的基本方式。石碑，作为纪事颂德的纪念性标记物，从两千多年前秦始皇于泰山树碑立传开始，就成了中国人承载不朽的基本方式之一。应该说，百年前的石龙坝人与两千余年前的中国古人在精神方面的追求是一致的，然而他们对碑的认识则应该是更高一筹的。

百年石龙坝石碑所承载的正是百年前石龙坝人立德、立功、立言的精神。石龙坝电站在百年之前能够屹立于滇池之滨，如果考察当时建设者的内在精神动力，可以说这正是中华民族的不朽的文化价值系统所促成的。石龙坝采用了当时最先进的水轮机等电力技术，接受了大清帝国《公司法》所议定的新型公司组织方式，即股份制作为基本管理方式等，这些是具有工具理性特点的文化制度，然而激励他们的最深层次的文化动因还是中华民族的传统文化价值和世界观。

中国第一座水电站的缘起深受中法战争、洋务运动和辛亥革命的影响，中法战争促进了云南近代社会结构变迁的进程，而洋务运动作为一场内容广泛、影响深远的中国近代史上第一次大规模的社会改革运动，其“中体西用”的思想深深表现出中国人的图强自新。辛亥革命倡导“民主共和精神”并实践“天下为公”“为四万万国民争人格”的精神，这更是一种民族自觉的奋争。

19 世纪 60 年代到 90 年代清朝统治集团中开明的官僚推行了洋务运动，其文化观念和技术理念是“中学为体，西学为用”，“中体西用”思想符合了当时社会的需要，促进了工业文明在中国的传播，加速了近代中国社会的转型，这种兼顾中西的思想其实体现了中国传统文化中“兼容并蓄”的精神。19 世纪 70 年代洋务派创办了作为云南近代机器工业开端的云南机器局，推进了云南走向现代工业社会的进程。昆明自开商埠是近代史上云南第一次主动地对外开放通商，是以王鸿图为代表的士绅和晚清云南地方政府联合发动的一场具有政治、经济和文化意义的自救行动，这场自救行动是一种民族意识的自觉，也是一种自主的制度创新，抵制了英法等国在云南的经济文化扩张，同时也为云南近代城市的发展和近代工业的兴起提供了制度条件。

1908 年滇越铁路云南河口站正在建设，当年 4 月黄兴领导同盟会员以河口车站为中心发动河口起义，起义的主力主要是修建滇越铁路的工人，云南商人则从经费上支援河口起义。蔡锷拥护和实践着孙中山的天下为公的思想，他领导的辛亥重九起义、在云南实行的改革、发起的护国运动，重新塑造了近代云南人的精神和心性。

滇越铁路开工修建，路权为法国人所有。王炽为国家保矿权功亏一篑，云南七府的“矿权”最终都被英、法两国夺取。滇越铁路即将修通，法国人又窥视着云南的“水电权”。云南省劝业道道台刘永祚（字芩舫）顺应百姓呼声，为保护主权而加以拒绝，并向云贵总督李经羲请准由本省官商合办。子承父志的王鸿图为了不让办水电的权利落入法国人手中，更为了利用水资源发展电力，推动云南现代化的发展，实现父亲王炽实业救国的愿望，决定以商办的方式建水电站，王鸿图和刘永祚多次商讨，希望通过商办水电实现救国兴国之志，实现实业救国和光耀中华的理想，最终将公司取名为“耀龙”，全名为“云南商办耀龙电灯股份有限公司”。云南士绅自觉办电的行为是一种“被动中的主动”，是一种“文化自觉”行为。我们仅上溯到 100 多年前的历史就可以看出，在中国近代史上无论是官吏商贾，还是军人百姓，当国家处于紧急关头时总是舍己利求大义，这无不与他们始终抱有一种中国传统文化中的“三不朽”精神有关。

在成就石龙坝水电站这一中国第一座水电站的壮举中，百年前的他们以不朽的精神仍然屹立在今天。石碑之上，劝业道道台刘永祚忧国忧民，商会会长王筱斋深明大义，总经理左益轩注重责任，工程师毛士地亚和麦华德精益求精，石工、铁工、木工、泥工、车工、搬运工工头等各司其职。这 115 人作为石龙坝水电工程建设中的各级骨干带领着 1000 多名建设者奋力筑就不朽工程的场景仍然历历在目。尽管年代久远，大量的人只能作为一个群体被后人知晓；但这一切，都被百年前的石龙坝人以勒石以志之方式让他们活到了今天。在这些不朽者中要数刘芩舫、王筱斋和左益轩三人最为突出。

刘永祚时任云南劝业道道台，基本职责是鼓励国人办实业，通过振兴实业救国。在官府财政无力办电的情况下坚持水电权不能旁落法国人之手，他奔走于官府和商家之间，最终促成石龙坝水电站的修建。为了民族利益，他丢官而无憾。

云南商会会长也是同庆丰票号总理的王鸿图本来就热心社会

公益事务，明知风险极大，但办电站事关民族利益，他还是振臂联络云南各大商家，以自己的资产作为基本股资，发起成立耀龙商办电灯股份有限公司并被推选为董事长，开始紧锣密鼓地筹资、规划、购置机器设备，并一一落实。直到要去参加南京博览会前才把职务委托他人代理。

左益轩是电灯公司总经理也是石龙坝电站建设的指挥长，他是临时受命的，但“以此事为地方利权所关，遂不惮烦难，慨然允许，务求达于成立之目的”。他性格刚毅，处事果断，思想开明，敏于求新，乐于助人。在石龙坝电站建设的整个过程中，他一直坚守在工地，管理工程上的一切事务。他是一个执着认真并愿意献身的人，在以最小的成本建成石龙坝电站，并在该电站运行几年后，麦德华工程师病逝，他又毅然承担起运行工程师职责一年。后遭人陷害，身陷囹圄，于狱中病故（见图4－5）。

图4－5　耀龙公司第一任总理左益轩

资料来源：石龙坝发电厂提供。

4.3.3　三立实践与精神传承

百年之前，云南官绅商庶为外争主权和内争民权奋力自强的壮举，是他们当年立德、立功和立言“三不朽”思想的践行，理当名垂青史。从他们为民族利益不惜个人名利的所作所为中我们可以感受到他们所具有的崇高品德、高风亮节、奋力自强的精神境界；从他们努力克服一切困难，身体力行，最终建成屹立于天地之间、滇池之滨的石龙坝电站中，我们可以看到他们亲力亲为的践行之功；而他们所铭刻的三块石碑中所蕴含的历史心性不仅昭示天下，而且流芳后世。石龙坝中仍在运转着的百年发电机组就是这种三立实践和精神传承的时空见证。

今天的人们都在津津乐道 1910 年从德国引进的西门子水轮机和发电机还在石龙坝发电，西门子公司引以为豪的是他们生产的设备 100 年后还能够正常地发电。石龙坝原厂长张君乔和我说，在 20 世纪 90 年代西门子公司的人曾来石龙坝提出愿意花大价钱回购石龙坝这套设备，但石龙坝人坚决拒绝了西门子的要求。为什么呢？因为这是凝聚着多少代石龙坝人的心血才留下来的遗产啊，是刘永祚、王筱斋、左益轩，也是后来在石龙坝奉献青春和生命的石龙坝人生命的延续。在我的调查中，许多老工人不无骄傲地讲道，他们像对待自己的孩子一样对待他们的机器，水轮发电机陪伴他们走过了青年、中年和老年，直到自己老死之后，这些机器还会守望着他们的下一代和再下一代。实际上，今天仍在运转的百年发电设备只是一个精神的载体，其承载的是中国人千年文化中的不朽精神：为人做事要对得起天地、对得起祖宗。其实西门子在 1910 年生产的水轮机和发电机何止只有今天仍在石龙坝运转的这个机组？我们没有查询到有关 1910 年西门子发电设备的生产数量，但西门子公司的人到石龙坝后说百年前生产的发电设备至今仍能运转的在世界上只有石龙坝人拥有的这一套。这套设备至今仍能运转的关键不仅在于石龙坝人对机器的责任心，更在于他们通过机器来承载和表达他们对“三不朽”精神和流传后世的追求。访谈中他们多次谈到维护机器的故事，反复强调的是：“不能让机器毁坏在我们手里，机器是工人安身立命的家伙，要一代一代地传下去。”可以这样说，从石龙坝第一代水电工业的创业者开始，延续了一代又一代工人，他们以自己的方式在实践着“立德、立功、立言”的“三不朽”的思想，如果没有工人们对机器的用心维护，西门子百年发电机组仍在发电只能是个神话，而让这一神话演变成现实的是石龙坝人代代相传的对机器像生命一样爱护的信仰和精神。百年石龙坝人的旷世之作不是德国西门子发电设备仍然能够发电，而是中国石龙坝人使得百年石龙坝仍然能够让西门子制造的百年发电设备发电。这才是石龙坝人立德、立功和立言的根本所在。

4.4 小结

清末民初云南人创建中国第一座水电站的过程，实际也是他们将西方工业文化和中国传统文化融合的文化实践过程。他们通过全球招标和全国招聘这种“西器中体”的方式为水电站引进技术和人力资本，虽然引进了外国先进的设备和技术工程师，但是他们从一开始就以中国传统文化中的“不朽思想”为指导建设电站，经过工人们艰苦卓绝的建设，终于建成了中国第一座水电站。石龙坝水电站的发电仪式不但为云南送来了现代的光明，而且它本身就是一种工业文化的传播实践，将水电代表的工业文化展示和传递给观者，这种展示和传递具有一种社会化的效应，人们通过发电仪式活动，将观看到的电灯与历史和现实生活所使用的油灯进行历史关联，从而建构有关水电的想象或者观念。

“日常生活中的某些符号或价值通过仪式活动的‘程序公正’被提升到一种认知的高度，久而久之，那些特殊符号的认知价值逐渐凝固下来而演变成人们的观念和习俗”①，水电虽然对中国人来说是新生事物，但随着电灯的增多和开灯仪式的重演，电灯逐渐地进入人们的认知体系和价值观念之中，并改变社会生活。电站落成后勒石为记，在水电站第一车间的石门上刻上“机本天然生运动，器凭水以见精奇”，楣联为“皓月之光”，后来又在落成的第二车间的护栏上刻上“石龙地，彩云天，灿霓电，亿万年”，这不仅是民国初期人对机器和水电的理解，“皓月之光”和“灿霓电，亿万年”也体现了他们希望石龙坝水电站和月光一样永远长存的不朽思想。

这种不朽思想一直贯穿在电站建设的始终，它是儒家的理想人生追求，也促成了百年石龙坝人上对得起天地、下对得起子孙的精神。在发电仪式后，根据中国文化里“ 功绩铭乎金石”的传统，“纪其大略勒诸石上以志不朽云”，以碑文作为历史的见证，将耀龙电灯公司兴建水电工程的过程、主要人员和资金使用事宜刻在“用实核明”“永垂不朽”“功建名垂”三块石碑上，以作铭记，昭示众人，更传给后人。《左传》里言：“太上有立德，其次有立功，其次有立言，虽久不废，此之谓不朽”②，立德、立功、立言被后世称为“三不朽”思想，唐代孔颖达对“三不朽”思想做的进一步的解释是：“立德，谓创制垂法，博施济众；立功，谓拯厄除难，功济于时；立言，谓言得其要，理足可传。”后来“三不朽”思想逐渐成了中华民族关于人生价值的基本核心观念，其核心是精神的不朽，然而，精神的不朽毕竟需要以物的形式加以承载才能达到，勒石为记就是中国古人普遍采用的基本方式。刻录在石上的集体记忆，承载了记录者的历史心性，哈布瓦赫认为这种集体记忆具有延续性的特点：“我们保存着对自己生活的各个时期的记忆，这些记忆不停地再现；通过它们，就像是通过一种

① 彭兆荣：《人类学仪式的理论与实践》，民族出版社，2007，第 79 页。
② 陈成国：《四书五经校注本》第 3 册，岳麓书社，2006，第 2282 页。

连续的关系，我们的认同感得以终生长存。”① 这种石刻记忆不仅具有延续性，而且是一种意义制造，第一代水电工业的开创者在国家和世界历史的背景中去定位集体和个体的历史和文化身份，并将这种意义通过石碑传递给后代，这种石刻的集体记忆，会随着世代更迭得以历史传承，这种石刻记忆其实是一种超越时空的信仰和实践。

① 〔法〕哈布瓦赫：《论集体记忆》，毕然等译，上海人民出版社，2002，第82页。

第 5 章　油灯与电灯

5.1　民间惯习与电灯认知

5.1.1　油灯惯习与鬼火传说

在石龙坝水电站建成以前，清朝昆明城市和乡村普通老百姓照明用的大都是松油灯、菜油灯，晚清的袁文揆曾对石龙坝所在的云南府（昆明市）安宁州的点油灯的情景有所描绘："柳市村村接，松灯点点明，家家倾蚁酒，夜夜烩鱼羹。"① 昆明自开商埠后，市民除了点松油灯和菜油灯（见图 5-1），有钱的人还点洋油灯（煤油灯）、洋蜡（蜡烛）（见图 5-2）。

图 5-1　清朝时期的油灯

资料来源：笔者翻拍的石龙坝老工人家的旧照片。

---

① （民国）徐世昌编选《清诗汇》卷五十，北京出版社，1996，影印本。

图 5－2　百年前有钱人用的油灯

资料来源：笔者拍摄于石龙坝水电站。

从清朝到民国初年昆明的街灯为松油灯或煤油灯（见图 5－3），这种街灯需要烧油，于是清朝云南府向市民每户每月征收十文银，以作油资点亮街灯。一些昆明的开明士绅和商绅看到昆明夜晚亮起来了，于是在家里也装上了电灯，认为电灯是“天火”；一些封建守旧的人打着“破坏风水”和“祖宗之法”的幌子，阻挠和拒绝安装电灯。还有的人因为没有见过电灯，认为那电灯是“鬼火”，是为阴间的鬼魂点的长明灯，是不吉利的象征，甚至说看一眼，会伤害眼睛。有的人在街上只要见到哪家有灯光透出，就认为是遇到鬼火了，赶快逃避。多种传说例如“洋灯会冲撞夜游神”“洋灯是妖魔”“点电灯会被鬼火烧身”“电灯是外国人来迷魂中国人的”等在昆明市民和附近乡村的村民当中开始传播。

图 5 - 3　昆明五华坊巷的清代（清道光二十七年，1847 年）路灯盘①

资料来源：笔者翻拍的石龙坝老工人家的旧照片。

5.1.2　电灯点烟与耀龙负债

当时百姓中间不光流传着各种关于电灯的传说，还有“电灯点烟”的笑话。下面是云南大学一位退休的 84 岁的王老师给我讲的一个他们家经历的电灯故事。

> 这是我们家真实的事，民国初年的时候，我大哥那时候已经 6 岁，我还没出生，那时父亲在昆明的小西门武成路（现在的昆明人民中路）那里开着杂货铺，生意很好。耀龙电灯公司发电不久，电灯公司就在小西门水塘子设有变电站，当时小西门只有少数几家商铺装了电灯。刚开始我父亲对这

① 清代路灯盘立于昆明盘龙区五华坊巷内的重点文物保护单位，盘龙区人民政府于 1986 年 7 月公布。

洋玩意还有点排斥，毕竟祖祖辈辈点的是油灯，祖宗传下来的东西一下废弃不用，父亲还接受不了；再说当时电灯比我家点的煤油灯贵多了，他当时管电灯叫“洋灯”，还听人说洋灯是“鬼火”，半夜会伤人，有的洋灯还会烧房子，我父亲就没有安装。可是看着有“洋灯”的铺子天黑了还是亮堂堂地在卖货，他就坐不住了，他生性要强，没多久就找来耀龙电灯公司的师傅给安装了电灯。安了电灯后，生意比以前多了起来，也吸引了很多亲戚朋友来我家铺子里参观，都想看看洋玩意是个啥样。那时候我外婆家在离昆明100多里的昆阳州（现在的昆明市晋宁县）的一个山村里，山上有很多松树，外婆家点的是松油灯，其实也不是什么灯，就是将一枝或几枝有松油的松枝插在墙上的洞里点亮就是松油灯，外婆和外公很少出远门，在我家铺子里帮忙的四舅回去和外公说了我家安电灯的事，已经72岁的外公让四舅捎话给父亲：要在有生之年到昆明看看电灯。

那时滇池上乘木船可以从昆明到昆阳，可是到了昆阳还得爬山路才能到外婆村里，于是父亲坐着马车到昆阳将外公接来。全家吃完晚饭，天已经黑下来，父亲拉亮了电灯，因为铺子上人多，母亲陪同外公到后面的卧房里看电灯，外公看到灯泡发出的红黄色的光，不禁说：“这就是鬼火？不冒火星啊！”母亲教外公如何拉亮灯，外公说：“这洋灯很好啊，一拉绳就亮，不需要人砍松枝和捻油灯了。”看了一会儿，因为母亲还得到前面的铺面上帮父亲忙生意，让外公在卧房里好好观电灯，外公绕着电灯转着，反反复复地看着，心想这电灯比油灯亮多了，也应像油灯那样能点烟吧？外公一边想着一边往烟锅里填烟叶。晚上八点多，铺面上没啥顾客了，父亲和母亲回卧房去看外公，看到了一个让人忍俊不禁的情景：我的外公正站在凳子上将烟袋戳在灯泡下面，使劲地吧嗒吧嗒烟嘴，灯泡被戳得左右摇摆，外公一边吧嗒一边还喃喃自语："这么亮的一团火怎么点不着烟呢?"外公从凳子上下来对父亲和母亲说："这洋玩意一点都不如油灯方便，点不着烟，还不能拿着灯到处走"，逗得父母亲哈哈大笑。现在云南遥远的山村点电灯是很平常的事了，可是民国初年那会儿电灯对普通人来说是新鲜玩意。多少年以后，我们一家在过节的时候聚在灯下，父亲和母亲常回忆起外公对着电灯点烟的情景，还是难以忘怀。①

从以上的回忆中可以看出，当时社会风气锢蔽，观念固守，认为油灯是老祖宗的东西，电灯是洋货，很多民间百姓怕破坏了祖宗之法，用电者甚少。从 1912 年 5 月开始发电到 1913 年 3 月，因为用电的用户很少，耀龙公司连续亏损（见表 5－1）。

表 5－1　1913～1915 年耀龙商办电灯股份有限公司收支对照

单位：元,%

年份 项目	1913	1915
年股金收入	134080	135560
年负债	366272	460636
年股本负债率	2.73	3.39

资料来源：根据云南省图书馆存《耀龙电灯公司历年营业报告汇刊》上的年股金收入和年负债数据绘制而成。表中的单位为民国云南发行的滇币单位。

5.2　市场促销与政府推广

5.2.1　免费促销与宣传广告

发电之初，公司经理左曰礼组织耀龙电灯公司员工先在昆明

① 笔者根据 2010 年 12 月 31 日访谈录音整理。

街道上贴告示，然后他亲自率领公司员工敲锣打鼓上街卖电。耀龙电灯公司在昆明大街小巷宣传卖电，同时进行了示范操作，现场人山人海，有看热闹的，也有真想安电灯的。除宣传用电的好处外，他们还采取了现代人常用的免费试用营销方式，“由公司免费供给灯胆（灯泡）、灯头、花线，点灯试用一月，如意之后再按常灯计费”。每灯每月收费一元。当时贴的告示内容如下。

> 此种灯光移动极便，与常用灯无异，点熄亦与寻常灯相同，且可不用灯罩，故比火油灯方便，亦无煤烟，其灯芯亦不用修剪，无论何处均堪适用。①
>
> 此种灯光不须有人照管，若装在房中只需一钉一铁线，若装在道路则多用一木杆，或在房间，或在外间，或有风雨，其光亮皆不改变。②

民国初年，耀龙电灯公司所贴的宣传告示已经具有了今天市场经济中广告的性质。但是，告示贴出去以后，没有多少人响应。在这种情况下，公司又组织员工敲锣打鼓沿街叫卖，可是大多数昆明市民还是不相信水可以发电，因为祖祖辈辈传下来的都是油点灯。而且电不仅看不见，而且无法触摸，耀龙公司员工叫卖好久，几乎无人问津。最后公司先给位于小西门附近武成路上的几户市民和商户免费安装电灯，向周围观看热闹的人演示电如何点灯，将灯绳一拉，灯亮了，漆黑的夜立即亮如白昼，再一拉灯绳，灯灭了，瞬时人又身处黑暗之中，观看的人不仅啧啧称奇，说看来真是电点灯，不需添油，不用嘴吹，还不熏眼睛，比油灯亮多了。石龙坝人编写的《石龙坝故事》中讲述了当时的趣闻。

---

① 昆明市档案馆存：《云南商务总会开办电灯公司卷宗》。

② 当时耀龙公司从云南嵩明、杨林一带购买的电杆都是木杆。

一位老翁听了公司职员一通讲解后似懂非懂，他看到开关一开，灯泡就亮了，再一拉又熄了，感到真的很神奇。他仔细再往下看，看到两根线、一只灯泡、灯头什么的，再就是两股线拉出来接上一个开关，好像也没什么神奇的地方。于是，他就买了一只灯泡、一个灯头和一个开关，带回家后就安装起电灯来。两股花线就用麻绳代替，开关线同样用麻绳代替，也不懂灯泡需要电源、电源线路和导电的原理。结果安装好以后，反复试验多次灯泡始终都不亮，扳开关手指头都扳疼了，电灯还是不亮。

过了几天他又去观看那些宣传卖电的，想看个究竟。听到卖电的公司职员在讲解接灯线，他就说："你们的把戏是骗人的，我试过了，一点都不灵。"公司职员问他是如何接的，老人就把用麻绳代替灯线和开关线的经过讲了一遍，引起围观人群哄堂大笑。[①]

电是现代工业文明的产物，但是它对当时的昆明人来说是混沌不清的事物，远离于他们的宇宙图式和生活世界，而且由于电没有生动的画面、具体可感的形象，无法让人切身地直观体验。其实，这仅仅是电在当时难以进入百姓的生活世界的原因之一，更深层的原因是，油灯对于人们来说不仅是生活用品，还是有关家和邻里乡亲的记忆。居住在昆明安宁的 79 岁的唐大爷这样回忆他的父亲讲给他的电灯和油灯的故事：

我爹和我说，民国初期耀龙电灯公司免费给我家安装了电灯，但是电费要自己出，比油灯贵多了，所以几乎很少用，

① 参见石龙坝电厂石龙坝故事委员会编《石龙坝故事》，第 14 页。

只是来了客人显摆一下。那时老百姓叫电灯为“洋电灯”。当时除了达官、有钱人、政府衙门和学校等地方的少数人用，很多人不愿接受这种洋玩意。主要是电灯不像油灯有种独特的灯味和传统的神韵，电灯一拉就亮，不像油灯让人在拨弄、修剪灯芯或者加注灯油时有种说不出的感觉。油灯寿命长，一盏灯传了一代又一代，那时放着祖上传下来的油灯不用却点洋电灯总觉得离经叛道。我家点的油灯是爷爷的爷爷传下来的铜制油灯，油盘里添些煤油，燃火将灯芯点燃，霎时屋子里就亮起来了，油灯可以手提着随处放。当时家里生活条件很艰苦，一家六口人，我爹当时在上小学，我爹说他盼着天黑了点油灯。因为每天当他起来时就早已不见了爷爷的身影，爷爷已经出去干活去了。当天黑了，爷爷收工回家，家里就点起油灯，一家人就围坐在油灯下，爷爷一边算账，一边唠唠白天干活的趣闻。奶奶一边和爷爷说着话，一边给孩子们缝补着衣服或纳着鞋底，而我爹和哥哥、姐姐们就围在灯前写作业，爷爷奶奶时常也会给他们讲为人处世的道理，有时小孩也会加入大人们的谈话，有时候全家人笑作一团。我爹说还有一次深夜隔壁婶娘突然急性阑尾炎发作，是我爹和几个家的大人拿着煤油灯将婶娘送到最近的卫生院，救了婶娘的命。那时邻里乡亲互相之间借煤油点灯更是常有的事。油灯成了我爹不变的回忆，那是一种温馨的家的感觉，也是一种邻里乡亲互相帮衬的情谊。①

唐大爷家至今还小心地保存着这盏祖传的铜质油灯，他说已经传给了儿子，等孙子结婚时再传给孙子。油灯到唐大爷这一代

① 笔者根据2011年4月18日访谈录音整理。

还用过，到了儿子这一代就是在祭祖或一些特殊的节日才会点亮。每当看到这盏油灯，唐大爷儿时的许多记忆就会被勾起，许多个油灯下的宁静夜晚，父亲给他讲祖上的故事和做人的道理。后来他也将父亲讲述的电灯和油灯的故事说给儿子以及孙子听。他说要把这盏铜制油灯当作传家宝，一代一代传下去。从上面的故事我们可以看出，民国初年无论耀龙电灯公司采用多么精妙的免费促销和宣传策略，电灯还是难以为大多数人“吐故纳新”。因为油灯在中国人的宇宙图式和生活世界中有着特殊的地位，它不仅折射出时代和社会场域的文化传统，还勾连着历史、宗教信仰和观念心态。点油灯的情景已经被人们整合进有关祖宗、家和邻里乡亲的记忆中，它是最生动形象的有关人与传统、乡土、祖上、父辈和后世之间延续的象征符号。

5.2.2　蔡锷护电与唐继尧装灯

电灯能够打开市场，除了和耀龙电灯公司的市场宣传策略有关，还有一个原因是民国云南省政府对电灯极力推广。我们前文提到云南辛亥重九起义后，建立了以蔡锷为首的“大中华国云南军都督府”，作为封建王朝结束后的新地方政体，蔡锷大胆实行民主改革，移风易俗和除旧布新，尤其是云南军都督府大都是从日本、美国留学回来的同盟会员或新派知识分子，所以蔡锷都督府下令将昆明的街灯一律由油灯改为电灯。1912年耀龙电灯公司正式发电前，耀龙电灯公司的电线被盗窃300多米，于是致函云南省都督府要求保护电线，都督府命令巡警总局在昆明、昆阳、安宁三州县进行线路巡护直到电站开工，为了保护耀龙电灯公司的输电线路，都督府军政部下令保护耀龙电灯公司的输出电线，告示如下：

照得电灯杆线，事关实业公益
经过村庄里堡，均应保护周密
乃有无知盗匪，胆敢黑夜偷窃
为此出示晓喻，挨堡挨村知悉
团甲乡约里长，一体梭巡严缉
此等惯贼匪盗，实属可恶已极
拿获捆送政府，斩首定按军律[①]

以蔡锷为首的云南军都督府极力保护像耀龙电灯公司这样的民族实业，1911 年年底，耀龙电灯公司因资金非常困难，水电工程面临夭折，于是向蔡锷军政府呈送报告曰：

工程首尾将竣未竣之际，正千钧一发之时，九仞之功，仅亏一篑。所难者，处借款已巨，势难再借，公司难报，其坚忍至此，已力尽筋疲，无法筹措矣。[②]

1912 年云南军都督府“筹资五百万元创办富滇银行，并发行纸币一百多万元；后来又创办造币厂，自铸银币”[③]，富滇银行借款给耀龙电灯公司四万多元[④]，化解了耀龙电灯公司的资金危机。云南地方政府对耀龙电灯公司的支持并没有因为领导人的更迭和时局的变动而变化。1913 年 10 月袁世凯调蔡锷到北京，蔡锷推荐唐继尧任云南都督，1914 年袁世凯恢复封建帝制，肆意攻击民主

① 民国云南行政纪实编纂委员会编《云南行政纪实/交通》，云南省档案馆藏，民国 32 年版。

② 民国云南行政纪实编纂委员会编《云南行政纪实/交通》，云南省档案馆藏，民国 32 年版。

③ 朱汇森：《中华民国史事纪要》，国史馆出版，1986，第 162 页。

④ 中国人民政治协商会议云南省委员会文史资料研究委员会编《云南文史资料选辑》第 28 辑，云南人民出版社，1986，第 178 页。

共和制，1915 年 12 月 25 日，蔡锷、唐继尧、李烈钧宣布护国讨袁，云南独立，通电全国，率先举起护国的旗帜。护国军以云南陆军讲武堂的师生为主力，对于云南的军事和行政，护国军事会议接受了蔡锷的要求，由他率军出征，由唐继尧留守云南，并决定“出征者为司令，留守者为都督。公事彼此均为咨文”。护国运动开始前，蔡锷发表演说鼓舞军心，他说：“我们以一隅抗全局，明知不能取胜，但我们所争的是四万万同胞的人格，我们与其屈膝而生，毋宁断头而死！”[①] 他向世界宣告了中国人民坚持民主共和制的决心，梁启超为此评价曰：“云南以一隅而抗天下，开数千年历史之创局；不计利害为天下先，拯国命于垂亡，当为全民感谢。”[②] 云南的护国运动得到全国各地的响应，1916 年袁世凯在一片讨袁声中死去，护国运动胜利结束。云南军都督府由“大中华国云南军都督府”（也为“大汉云南军政府”）改立为“中华民国云南军都督府”，蔡锷坚决不当都督，推让唐继尧任云南军都督府都督。

作为同盟会员的唐继尧担任云南都督后，继续鼓励兴办民族实业，支持民办耀龙电灯公司的发展。在耀龙公司负债率很高的状况下，唐继尧命令云南各州官府为电灯公司招股，并由政府办的富滇银行贷款给耀龙公司，贷款到期后，耀龙公司无力还债，都督府出面与银行等商议延长。民国 3 年（1914 年）11 月，耀龙电灯公司将军政府警察厅不按公司章程交足电费的情况申报都督府，唐继尧亲自批复“警灯与民灯同等收费”[③]，因此，耀龙电灯公司的警灯费收入从 1913 年的 3524.70 元提高到 1914 年的 7379.71 元。[④] 除了政策上的支持，唐继尧还带头安装电灯，1916 年他派人

① 谢本书、冯祖贻等编著《护国运动史》，贵州人民出版社，1984，第 147 页。

② 梁启超：《饮冰室合集》文集之三十九《护国之役回顾谈》，中华书局，1989，第 94 ~ 95 页。

③ 参见云南省图书馆存《耀龙电灯公司历年营业报告汇刊》。

④ 参见云南省图书馆存《耀龙电灯公司历年营业报告汇刊》。

在昆明的金碧公园建了护国纪念塔，十多米的塔上挂上无数电灯泡，照亮了昆明的夜空。挂了一段时间后，昆明很多老百姓看到云南军政府挂的街灯和塔灯都没有招来传说中的灾祸，更感受到照明给社会生活带来的方便，再加上耀龙电灯公司的市场宣传，昆明的商铺、学校、政府部门和不少市民家都用上了电灯。每盏电灯相当于15根蜡烛那么亮，到1918年全城大约安装了3000多盏。随着用电户的不断增加，耀龙电灯公司逐渐偿还了欠债，发放股息，因为水电给昆明送来了光明，电灯公司所在的独口巷也被改名为利昆巷（意为：利益昆明）。

石龙坝电站建成发电，电灯使昆明的城市面貌焕然一新，昆明成为全国最早使用水电的城市。随着用户的不断增加，耀龙电灯公司供电远远不能满足市场需求，由于“公司灯光不亮，物议沸腾，遂有乘机煽惑发起第二电灯公司者”①。耀龙电灯公司于1923年筹建第二级水电站即石龙坝发电厂第二车间，从一级电站把水引至新机房后的山坡顶端，经大型钢管至坡脚水机进口处落差16米，公司再次引进德国西门子水轮发电机组，1926年3月建成发电；以后随着生活和工业用电量的增加，1930年石龙坝电站又第二次扩建，因电力供应不足，将第一车间原有的2台德国西门子240千瓦水轮机组拆除，换装为1台720千瓦机组；1935年电站第三次扩建，建中滩抽水站，这个抽水站是中国抽水蓄能发电的雏形；1936年第四次扩建，增加安全性设置，电线由木杆置换为水泥杆，总容量达到2440千瓦；1937年第一车间第二台720瓦发电机组发电，耀龙电灯公司在第一车间西墙面立碑“耀龙电厂”；进入抗日战争时期后，石龙坝不仅提供民用电，而且成为抗日军事基地的电力供应地。

① 参见云南省图书馆存《耀龙电灯公司历年营业报告汇刊》。

因为有了电力作为动力，1917 年云南第一座自来水厂建成，随之灌溉业、造币厂、五金加工厂、电机加工业等新兴产业发展起来，很多商户、学校、银行等都用上了电灯。石龙坝培养了云南第一批电力产业工人，先后为云南水电事业和中国的水电事业输送了大批技术人才和管理人才。

5.3　制度管理与神仙管理

5.3.1　现代企业与长远计议

前文我们提到耀龙电灯公司从一开始就采用了西方股份制这种现代企业组织和管理形式，公司在管理上已经初具现代企业制度的特征。

第一是从 1909 年年初办时开始向社会发行股票（见图 5－4）。耀龙电灯公司以每股 10 元（大清的银圆）向社会招股，招募股本总额 265990 元；“民国十二年（1923 年）招集新股，拟建石龙坝第二机房，以五万六千之美金订购三四五‘千伏安’水力发电机二部”“以目下美金计算，每美金 1 元，约合滇币 40 余元”[①]，到 1938 年官商合办时股本总额国币 100 万元（国民政府发行的货币）。公司的股票可以转让，但是不可以转让给外国人，“……唯不得售与非中国人，倘有违背，本公司概不承认，并即将股票注销作废”[②]，股份公司章程确定了中国人独立自办的原则。

第二是建立严格的组织制度。从开办之初耀龙公司就建立了董事会、股东会和董事局，制定股份公司章程，召开股东代表大会，聘请总经理，引进西方的先进技术和管理制度。以现代开放

---

① 《耀龙电力股份有限公司缘起及筹办经过》，《云南全省经济委员会设计处报告》电字第一号，云南南方电网公司档案室存。

② 《云南商务总会开办电灯公司卷宗》，昆明市档案馆存。

图 5－4 耀龙公司发行的股票

资料来源：笔者拍摄于石龙坝水电博物馆。

的管理理念，以契约精神组织和管理企业。公司不仅引进德国西门子的水轮机组，耀龙公司经理左曰礼还重金从德国聘请了水工工程师毛士地亚、电气工程师麦华德担任技术指导，后任的总经理施云卿聘请了法国工程师作为技术指导等。

第三是建立较完备的管理制度。耀龙公司制定了公司营业章程、业务部办事细则、人事股办事细则、工人管理规则等，还有职工住宿问题办法、薪章工章饷章、公司职工医药抚恤规则，员工来源及训练方法、员工考绩办法、员工福利事项、员工管理方法、员工档案管理、职工子弟学校等规章制度，从 1940 年开始还派遣职工到国外学习技术。耀龙公司还建立了电表保证金制、接户线及配电线路贴费办法、用户供电办法、售电用户记录、抄表及收费办法、电价计算法、资产明细表、借贷对照表、负债明细表、设计工作制度和研究工作制度等（见图 5－5 与图 5－6）。①

① 《耀龙电力股份有限公司缘起及筹办经过》，《云南全省经济委员会设计处报告》电字第一号，云南南方电网公司档案室存。

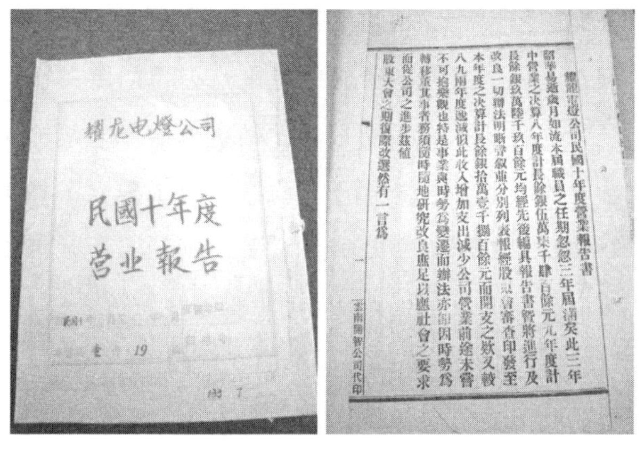

耀龙电燈公司

民國十年度

营业報告

耀龍電燈公司民國十年度營業報告書

竊準易過歲月如流本屆職員之任期忽忽三年屆滿矣此三年中營業之決算八年度計長餘銀伍萬柒千肆百餘元九年度計長餘銀玖萬陸千玖百餘元均經先後編具報告書暨將進行及改良一切辦法明晰聲敘並分別列表報經股東會審查印發至本年度之決算計長餘銀拾萬壹千捌百餘元而開支之欵又較八九兩年度遞減假此收入增加支出減少公司營業前途未嘗不可抱樂觀也特是事業與時勢為變遷而辦法亦須因時勢為轉移董其事者務須隨時隨地研究改良庶足以應社會之要求而促公司之進步茲値

股東大會之期復際改選然有一言爲

雲南開智公司代印

图 5－5　耀龙公司年度报表封面及首页

资料来源：笔者拍摄于石龙坝水电博物馆。

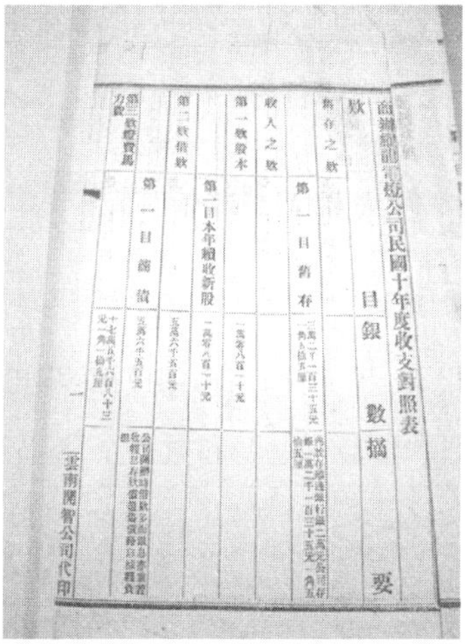

图 5－6　耀龙公司收支对照表

资料来源：笔者拍摄于云南南方电网公司档案室。

公司的经营管理从一开始就重在“长远计议”，注重“商业信用”。“此项公司初办不图厚利，注重推广，畅行日久，公司必能兴旺……将此原因宣布股东，方不致于狃于近利，致有觖望转损，日后商业之信用。”①

① 参见云南省档案馆《续修昆明县志》卷二，云南人民出版社，1983，第 287 页。

我在云南省档案馆、市档案馆还有云南南方电网公司档案室查找石龙坝水电站档案时，看到耀龙电灯公司的每一次股东大会都有专人记录，每一次为发售股票、销售机器、电站扩建所召开的股东大会上都有记录。公司还为每一个员工建立了档案，因为云南省档案馆、市档案馆等档案管理部门的档案不允许复制，只能摘抄，所以我只能简略写上公司的组织和管理制度。

这种按照现代企业制度建立起来的规章，在公司实际运行中带有浓厚的传统色彩。公司的管理主要涉及三个方面，经济、生产、人事。人事与经济方面的管理相对要容易些。在经济方面，每有重大支出都要经董事会研究决定，并且每笔进出都有专人登记和保管。在人事方面，每进一个职员都需要有人推荐和担保，而重要人物则要经董事会开会决定，这样就保证了耀龙电灯公司的正常运行。

5.3.2 师徒拜神与象征性管理

在生产方面，管理经常会陷入无据可循的困境。1878 年法国建成世界第一座水电站。① 1912 年中国石龙坝电站建成，中间只隔了 34 年。世界上对于电能的应用和电力的管理还在摸索和实践中，还没形成完善的理论体系，也没有成形的管理制度可供参考。因此在这种条件下，石龙坝电站的生产管理带有很大的不确定性，因为无章可依，尽管人们不时遇到发电或者用电系统的风险，却无法解释风险现象的性质和原因。所以机器常会出现不稳定和失灵的情况，对此工人们却束手无策，在这种情况下只能完全依靠老工人师傅的个人经验了。《石龙坝故事》中记录了当时具有传统神秘色彩的管理办法。

---

① 参见百度百科：http://baike. baidu. com/link? url = y8t2IjXrZujOOF5vuqFFWW3HylY6rdOz2VTf - T4CgBla - SqHqhkFvvq7_ jOxvfpf8_ WmxaWCnK6erYU8hc2jWnxseTtOG0oPDMtNAbmqn7u，最后访问日期：2012 年 5 月 12 日。

无论发电系统还是用电系统，都会有许多无法解释清楚的现象。对发电机组的保护，简单而原始，灵敏度、可靠性都令人十分失望，尤其是在雷雨季节，有线路遭遇雷击时，机器会发出沉重的嗡鸣声，人们形容它像老牛叫，这时的情况会使灯光暗淡。因为机组将要送出大量短路电流，电压很低，沉重的怪叫声会使人心烦意乱，要是瞬间短路，会自行消失，要是永久性短路，保护装置不可靠，开关不能自行切断，将导致发电机过热烧毁绝缘材料，对发电厂来说击穿绝缘材料烧毁电机可就是天大的事故了。

为了不致使发电机损坏，除了保护以外还另加现在看来有点好笑的规定：从发生故障信号后，踱步二十，如果故障仍没自行消失，可手动解除开关，让发电机适时脱离故障点，这也算是对发电机的双重保护吧。公司不能随便将用户的电停了，好不容易打开的用电局面，尤其是重要用户会不满意。用户对发电谈不上知识，谈不上了解，他们只知道你停了他的电，就会有意见，如果经常停电便会产生社会效应，当然又不能为了用户们的呼声而断送了水电机，这就得靠值班人员的经验与灵敏。这种以踱步为计的方法十分原始，差异较大，性急的人走得快数得快，性子慢的人，走得慢数得慢，处理得当没什么，处理错了就会受到制度惩罚，重者开除，轻者扣薪。这步有大小，快慢有别，看来也只有听天由命了，时间一长值班人员一是凭经验，二就是靠神仙保佑了。接班时对着机器默默念叨，祈求管机器的神灵保佑，起先是暗地里，后来都这么做也就成了公开的秘密了，持续了二十多年。①

① 参见石龙坝电厂石龙坝故事委员会编《石龙坝故事》，第 16 ~ 17 页。

第一代老工人文化水平普遍不高，又听不懂公司聘请的洋工程师的语言，每次发电机出现问题，请来洋工程师查看和解决问题，老工人师傅只能在旁边眼看心记洋工程师的检查和操作方法和步骤，机器修好了洋工程师就走了。老工人师傅凭着眼看心记的东西再结合自己长时间的实践摸索出机器操作和处理故障的方法，但这些实践中摸索出来的方法毕竟不成体系，不足以应对机器出现的各种故障情况。老工人师傅们将他们对佛、神仙的信仰移植到对水轮发电机的管理制度之中，而且这成了他们日常生产和生活中必不可少的仪式。曾在耀龙电灯公司工作过的80多岁的黄师傅这样讲述他师傅那一代人的故事：

> 师傅他们是石龙坝第一代工人，穿的是长衫，很多抽大烟，外面的人把石龙坝叫作“烟龙坝”。当时电厂刚建起来，厂里的职工不到20个，对于水轮发电机的操作原理和程序都处在摸索阶段，负责值班的师傅压力都很大，生怕在水轮发电机的操作过程中出了差错造成大的事故，尤其是雷雨天气电闪雷鸣，机器发出巨大的轰鸣声，让人更是恐慌。那时的中国人都对天地鬼神有敬畏之心，为了保平安，师傅带徒弟拜神和拜佛，上班时面向机器作揖，祈祷神仙和佛菩萨保佑不要出事故。也有的师傅和徒弟上班之前在家里先拜佛或拜神仙保佑水轮发电机组运转正常，一天工作平平安安。如果机器一天正常运转，下班时师傅还要带着徒弟面对机器鞠三躬表示感谢保佑，下班回到家里再在设在家里的佛坛或神坛前叩拜三次表示感谢佛或神的保佑。
>
> 那时候的生产管理制度就是沿用传统的师傅带徒弟。新人进入电厂，厂里就会安排一位老师傅进行传帮带。要很快学会发电机的操作不是一件容易的事，尤其是那些安装在配

电板上的许多个电表，那些错综复杂的交叉线路看着就让人害怕。老师傅都是看洋工程师麦德华现场操作示范的开停机程序，死记在心里，再结合自己的实践，摸索出一套操作技艺来。徒弟如果没师傅带，无论人多聪明，干起活根本无从下手，遇到故障更不知道如何排除。所以要真正掌握发电机的操作技术还要靠师傅手把手地教，有时候做师傅的也要留几手，防止徒弟会了不把师傅放在眼里。徒弟要对师傅恭敬和孝敬，对师傅的打骂也要任劳任怨，师傅家里有个啥事，做徒弟的要跑前跑后地效力。师傅不仅要传授徒弟发电机的操作技艺，也要教育如何为人处世，徒弟也要好好学，要给师傅长脸。石龙坝就是靠着这种师徒一代又一代的传承，走过了一百多年。①

从上面的讲述可以看出，石龙坝水电站在初建时建立的现代企业制度并没有将中国传统的师徒传承关系消解，相反，这种师徒相授的管理和象征性管理体系融合在一起，并与现代企业管理制度并行不悖。这种双重管理是石龙坝人的组织文化的实践，也是近代以来中国许多商办企业所具有的组织文化形式，这种双重管理方式也保证了工业技艺和工业文化的传承。

5.4　小结

民国初期，水电对于中国人来说是新的物质文化现象，是从西方来的移植物，所以一时还难以嵌入人们的日常生活观念。点油灯的文化惯习使得人们对电灯产生排斥，甚至还将它神秘化，

① 笔者根据 2011 年 11 月 6 日访谈录音整理。

将它与中国传统五行中的火联系，少数接受它的人称其为“天火”，多数恐惧它的人称其为“鬼火”，并以破坏风水和祖宗之法为由将它区隔。惯习在这里具有一种特殊的权威和权力，它可以将外来事物封闭在人们的观念体系之外。布迪厄认为：“惯习是历史沉淀成的生存心态，内在化于特定阶段的人群和个人意识内部，构成个人或群体的思维或行动模式。”① 惯习是历史的沉淀，并内化于个人或群体的观念内部，调动和指挥个人或群体的行为，并赋予他们生活的世界以意义。“……是在场域中的社会位置上获得的，是在个人和群体的历史经验中沉积下来和内在化成为心态结构的持久秉性系统。其形式为知觉、评判和行动的各种身心图式。”② 正是因为惯习具有历史性和持久性，它不仅是指导文化实践者行动的观念和方法，而且为他们的行动提供意义诠释，电灯对于民国初期的云南人来说是突然闯入他们身心图式的陌生的外物，所以会受到他们的拒斥。但是，惯习并不是固定不变的，它又具有生成性和创造性，它可以在新的历史条件下不断地更新。③ 耀龙电灯公司的市场促销和政府推广正是为了改变人们点油灯的文化惯习而采取的实践策略，这种实践策略取得了效果，人们逐渐地接受电灯这种新事物，它逐渐进入人们的身心图式中。

耀龙电灯公司在工业文化实践中，除了运用实践策略改变人们的传统惯习外，还采用了西方股份制这种现代企业组织和管理形式，公司在管理上已经初具现代企业制度的结构，建立了严格的组织制度和管理制度。从开办之初耀龙公司就建立了董事会、股东会和董事局，制定股份公司章程，召开股东代表大会，聘请

① P. Bourdier, *Outlineofa Theory of Practice*（Cambridge: Cambridge University Press, 1977), p. 72.

② P. Bourdier, *Outlineofa Theory of Practice*（Cambridge: Cambridge University Press, 1977), p. 78.

③ 杨善华主编《当代西方社会学理论》，北京大学出版社，1999，第280页。

总经理，引进西方的先进技术和管理制度对公司进行管理。以现代开放的管理理念，以契约精神组织和管理企业，公司的经营管理从一开始就重在“长远计议”，注重“商业信用”，但是这种按照现代企业制度建立起来的规章，在公司实际运行中带有很多传统文化的色彩。公司的管理主要涉及三大块，经济、生产、人事。经济与人事方面的管理相对要容易些，生产上的管理非常具体因而困难重重。电站建起来的时候，对于世界水电技术的运用还在探索与发展中，为了保证生产安全和正常进行，师傅带徒弟拜神和拜佛，上班时面向机器作揖，祈祷神仙和佛还有菩萨保佑不要出事故，这是一种公开默认的象征性管理方式。工人们的观念世界里认为有专门管机器运行的神仙、佛与菩萨，所以认为神、佛、菩萨的象征性管理在他们的工业文化实践中发挥了重要的作用。并且，石龙坝水电站在初建时建立的现代企业制度并没有将中国传统的师徒传承关系消解，相反，这种师徒相授的方式和象征性管理体系融合在一起，并与现代企业管理制度并行不悖。这种双重管理是石龙坝人的组织文化的实践，也是近代以来中国许多商办企业所具有的组织文化形式，这种双重管理方式也保证了工业技艺和文化理念的传承。

第 6 章　国家命运与工人身份

6.1　抗战西迁和水电支援

6.1.1　抗战西迁与电力基地

1937 年 7 月 7 日，抗日战争在中国全面爆发。由于沿海、沿江的城市和工业区迅速陷落，为了保障抗战的军需和民用物资，国民政府决定组织工厂和企业向西南内迁。从 1937 年 7 月开始，大量的工厂、学校、银行和行政机关等向西南迁移，其中一大批迁入云南。国民政府的政治中心也由南京迁移到重庆。抗战时期沿海地区重要工厂的内迁是中国近代工业史上的一次壮举。美国记者白修德和贾安娜在《中国的惊雷》一书中这样评价他们当时见到的中国抗战时内迁的情景，称其为“在民族的有机体继续发生作用之时，造成的一桩很大的工程”①。由于抗战时期的大规模“西南迁徙”，“云南成了抗战的大后方，平、津、宁、沪的许多高等院校和沿海各地的工商企业纷纷迁往昆明，几十万沦陷区的同胞逃到云南来，其中有许多工商业资本家挟巨资来昆明办工厂和商店。昆明一时百业俱兴，空前繁荣起来”②。

---

① 参见白修德、贾安娜《中国的惊雷》，新华出版社，1988，第 60 ~ 66 页。

② 昆明市地方志编纂委员会编《昆明市志》，人民出版社，2002，第 302 ~ 303 页。

清华大学、北京大学、南开大学的学生于 1938 年通过步行、公路和海路转滇越铁路西迁到昆明，组建国立西南联合大学。西南联大师生将“五四”精神“爱国、民主、科学”带到云南，“千秋耻，终当雪；中兴业，须人杰。便一成三户，壮怀难折。多难殷忧新国运，动心忍性希前哲。待驱除仇寇，复神京，还燕碣”[①]，文化迁徙为云南人民的抗日输入了精神血液。

1937 年以蒋介石为首的国民政府宣布抗战，云南省政府主席龙云派遣滇军奔赴抗日前线，这支军队被编为陆军第六十军，英勇抗战。1938 年云南省主席龙云发表讲话：“（要）将全滇一千三百万民众的爱国热忱，及全部精神物质力量，贡献中央准备为祖国而牺牲。”[②] 1938 年 1 月，为了抗战军需物资的运输，云南省龙云政府紧急成立了滇缅公路总工程处，在云南人民的艰苦抢修下，1939 年滇缅公路通车。抗日战争时期云南人民先后修通了中印公路、叙昆铁路、滇桂公路等交通路线[③]，云南成为抗战时期与其他省份和国际联系的最重要的交通通道，外援物资通过云南进入抗日战场。除了为抗日进行交通建设外，云南还加强了抗日战争时期的电力建设，随着西迁的企业、学校、人口等的不断增加，抗日战争时期用电量的需求日益增加，在龙云政府的建议下，1938 年 6 月耀龙电灯股份有限公司召开股东大会，对公司进行改组。耀龙电灯公司与由云南省经济委员会主任缪云台创办的玉皇阁发电厂（火电厂）合并，改名“昆明市、县官商合办耀龙电力股份有限公司”，简称“耀龙电力公司”，选举金龙章为总经理兼总工程

① 西南联合大学北京校友会编《国立西南联合大学校史》，北京大学出版社，2006，第 10 页。

② 云南近代史编写组编《云南近代史》，云南人民出版社，1993，第 461 页。

③ 滇缅公路：昆明市至下关市段，1924 年开始筹建，1935 年 12 月建成通车；下关市至畹町镇，龙云政府于 1937 年开始兴建，1938 年底通车；缅甸境内木姐至腊戍段，缅甸政府于 1938 年 1 月开工，1942 年完工。

师，推举缪云台、陆崇仁任常务董事，郭克悌、刘光棣分别担任石龙坝发电厂和玉皇阁电厂厂务主任；龙云任命卢汉兼任公司董事长。自此，耀龙电灯公司由民办转变为官商合办，并结束了耀龙电灯公司聘用外国人的历史。[①] 为了保障抗战时期的电力供应，耀龙电力公司一方面向昆湖电厂购电转供市区用户，另一方面设法挖掘石龙坝电站潜力。抗日战争时期，耀龙电灯公司的石龙坝发电厂成为抗日战争的电力供应基地。

6.1.2 日军轰炸与保护厂房

日军为了破坏云南的电力供应，1939～1941 年，曾连续几次轰炸耀龙电灯公司石龙坝发电厂（见图6－1）。1938 年9 月28 日，9 架日本双引擎轰炸机从越南起飞，第一次对昆明城进行轰炸。9 架挂满炸弹的日本飞机自东向西而来，低飞盘旋，接连扔弹，昆明全城顿时成了一片火海，这次轰炸日军“在巫家坝机场投弹 80 余枚，市区小西门、潘家湾、凤翥街等地中弹 34 枚，共计炸死 119 人、伤 83 人，毁屋 65 间、震倒 130 间”[②]。为了防止石龙坝电站被破坏，云南省防空司令部立即下令装设昆明的防空预警，并命令耀龙电力公司，遇到空袭时，火电厂（玉皇阁电厂）全部停机，留石龙坝一台水电机组发电，供给昆明南城钟楼警报器。耀龙公司接到命令后，给石龙坝电站下命令，进行动员布置。石龙坝电站立即在厂房建筑上加涂伪装涂料和用树枝盖在厂房顶上，厂房机器搭起了木架子，同时，在厂房大门及大坝上堆积了大批沙袋。在石龙坝对面山头上设置了三挺高射机枪，云南省政府在这里派遣了滇军的高射机枪部队保卫石龙坝电厂。

---

① 参见云南省地方志编纂委员会编《云南省志》卷三十七《电力工业志》，云南人民出版社，1994，第 44 页。

② 昆明市地方志编纂委员会《昆明市志》，人民出版社，2002，第 312 页。

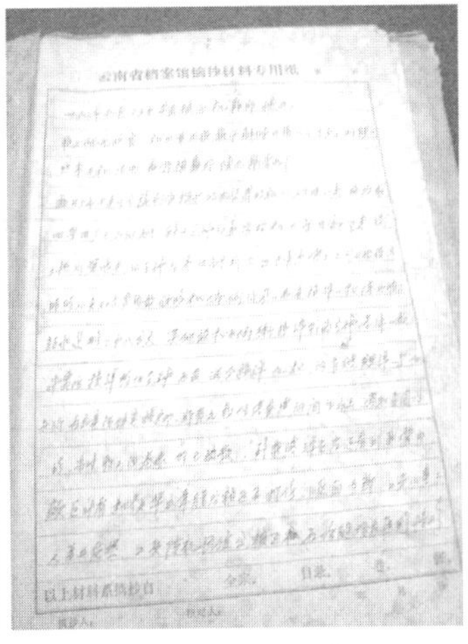

图 6－1　日本飞机轰炸石龙坝档案

资料来源：笔者拍摄于石龙坝水电博物馆。

1940 年 12 月 16 日，日军派飞机对石龙坝水电站进行狂轰滥炸。上午 10 点左右，滇池中滩抽水站石龙坝电厂的值班员看到空中有四架日军战机向石龙坝飞来，马上打电话给石龙坝电站厂务主任郭克悌报告："有四架飞机朝石龙坝电站方向飞来，日本飞机来了。"郭克悌接到电话后，赶紧命人拉响防空警报，石龙坝的工人们听到防空警报后，纷纷躲避到挖好的防空壕中。日军飞机向石龙坝的第一车间、引水渠、办公室和第二车间投下炸弹，由于石龙坝发电站所处地势较低，四周环山，加之正值冬季，雾气弥漫，所以敌机的重型炸弹（见图 6－2）全都落在了机房四周，虽没炸到厂房和机器，但是将第一机房的一道门炸开，第二机房的屋顶被打穿，办公室前面炸开了一个巨大的深坑，机务员华云章被破石片击中肩背吐血，工兵陈礼被飞石击伤左腿。驻扎在石龙坝对面山头的滇军高射机枪部队用三挺高射机枪对着空中的日机奋勇射击，打击了日军的气焰，日机掉头而去。郭克悌及时将情况上报，云南省档案馆存的《昆明市耀龙电力股份有限公司卷宗》记载如下：

职工既无伤害，机器亦无损毁，于解除警报以后，各员工均能照常开机发电，兹将被轰炸情况报告如下：

该日上午十点二十分，接中滩抽水站电话，谓敌机向石龙坝飞来，随即四架敌机由厂上方飞向安宁，约十分钟后，复有敌机七架由海口飞来，经厂上空转向碧鸡关，四分钟后复由安宁折回飞至青鱼塘上方，即开始投弹，时约10点50分，先由敌领队机俯冲衡向第一机房投弹一枚，落山坡上，距水道约二十八公尺，其他敌机亦俯冲衡向投弹，约每分钟落弹一枚。计先后投弹约10分钟飞去。此次投弹九枚，内有燃烧弹一枚，它专向办公室及住宅投掷，所有九枚均落田间及山上，落处另图注明。当时职工及家眷均已疏散，卧在落弹区近者则受震惊，机务员华云章腰后被飞石打伤，呕血少许，工员儿童二人受惊发热，工兵陈礼因值公被飞石伤小腿，伤势较轻。

机房所受损坏者计第一机房边门一道被石打倒，门窗玻璃打碎三十余块，第二机房房顶被落石打一小洞，墙壁略有震坏处修理甚多。事后拾得弹片甚多，大概敌人投弹恐在二百五十至二百公斤，重弹落处均成大壕，宽约三丈深，飞土四溅达500公尺以外，燃烧弹一半未爆发，内系粉硫黄状，并拾得铜弹帽一个，知其为（日本）昭和十五年三月造。

查敌机来袭似专为轰炸石龙坝电厂无疑，并分向两机房投重量炸弹，而向办公室及住宅投燃烧弹，其必须有厂区详细说明者，无疑或有中外奸细，为此报告，与以上理合将职，厂被炸情况呈报。

职郭克悌，民国二十九年十二月十六日

收到石龙坝电厂的汇报后，当天下午，卢汉董事长赶到耀龙电力公司，询问了石龙坝电站被炸的情况，并告诫驻电厂的高射机枪部队连长，责成他以后日机来袭时要猛力射击，保证电厂安全。卢汉又电话命令厂务主任郭克悌，杀猪犒赏高射机枪驻厂部队。后来，在三次日本飞机空袭石龙坝电站的过程中，由于电站有了比较充分的预防空袭准备和防空射击得力，电站损失较轻。

图 6－2 日本飞机轰炸石龙坝留下的炸弹壳

资料来源：笔者拍摄于石龙坝水电博物馆。

敌机轰炸之后，为了保证正常发电，支援抗战，石龙坝发电站一方面积极组织护厂队，开机发电；另一方面把职工和家属分别疏散到石龙坝附近的青鱼塘村、甸基村及安宁市的马料河村。抗日战争期间担任石龙坝发电厂领班的袁应标就将石龙坝职工和家属领到他家所在的马料河村。他的孙女回忆说：

马料河不仅环境优美，还是一个隐蔽敌机最好的地方。我老爹名叫袁应标，他于 1916 年到石龙坝发电站工作，技术

> 较高，担任过领班，同事们都亲切地叫他袁三老爹。老爹待人宽厚，为人热情。在日机轰炸石龙坝发电站时，厂里70%的职工和家属，都随他到马料河村家中吃住。他的亲属如袁加崇、袁加美、袁加明、袁全、袁清等家中留住石龙坝发电站职工的时间则更长。
>
> 小小的马料河村，一下子要容纳数十人的食宿是件难事。但村里的农民慷慨解囊，把积蓄多年的粮食，梁上挂的腊肉都捐献出来，供给疏散来村的人。由于小村子四周山水环绕，地势低洼，冬天雾气特大，要十点半钟才能照到太阳，显得异常寒冷。为了让职工家眷取暖，家家户户改变了节俭的习惯，家家火塘边，早晚柴火不断。工人们上班之余，帮助各家各户做些活计，教娃娃和年轻人读书识字，工人和农民相处得如兄弟姐妹一般。当防空警报解除后，工人及其家属搬回了工厂，然而马料河村与石龙坝发电站的亲密关系并未中断。①

石龙坝电站除了在抗战时期保护机器设备和厂房外，还进行电厂扩建以加强抗战时期的后方电力供应，石龙坝发电厂海口抽水站增装国产125千瓦抽水机一台，全厂共装抽水机三台。从1943年5月开始建设第三车间，由于战争时期无法引进新设备，只能利用废旧设备，通过维修加以利用，工程师陈更新、老工人杜竹卿带领车间工人将原来从第一车间拆下并且水轮机主轴已割断的两台240千瓦水轮发电机组修复，这两台240千瓦的水轮发电机组就是耀龙电灯公司刚成立时从德国引进的设备，经修复后重新安装在新建的第三车间。抗战时期，钢材缺乏，因此，“第三车

① 参见石龙坝电厂石龙坝故事委员会编《石龙坝故事》，第54页。

间引水管采用加箍木管（后来滇西天生桥、大理喜洲万花溪等小型水电站都推广采用了这种方法）”①，第三车间竣工后，耀龙电力公司在石龙坝电厂的第三车间门口立碑“建国必成”（见图 6－3 ~ 图 6－5）。

图 6－3　雕刻着石龙坝厂区的第三车间护栏

资料来源：笔者拍摄于石龙坝水电站。

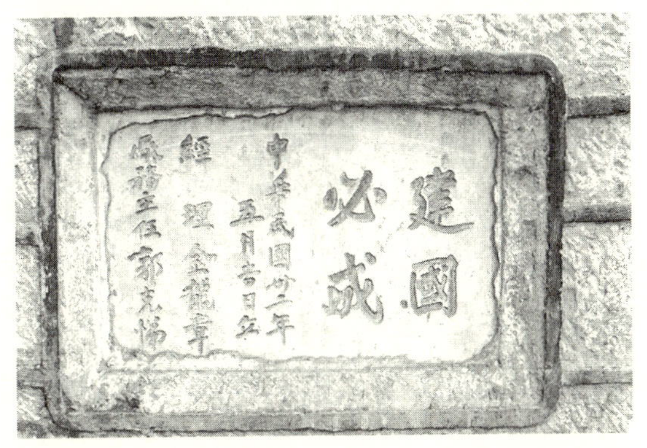

图 6－4　第三车间门口竖立的“建国必成”石碑

资料来源：笔者拍摄于石龙坝水电站。

① 参见云南省地方志编纂委员会编《云南省志》卷三十七《电力工业志》，云南人民出版社，1994，第 44 页。

图6－5　工人收藏的民国29年的钱币，正面是“抗战必胜”，背面是“建国必成”

资料来源：笔者翻拍的石龙坝者工人家的旧照片。

6.2　黄金时代与百年大计

6.2.1　领导阶级与机器为命

1949年10月1日中华人民共和国成立。1949年12月9日，卢汉起义，云南和平解放。1950年3月，云南省军事管制委员会实行军事接管，由军事总代表柴栖雁为总代表的军事接管小组进驻石龙坝水电站，并派一个连的部队保卫电厂，这一个连的保卫队员中，其中一部分在20世纪50年代转业到石龙坝发电厂，成为水电站的工人。云南军管会制定了《接管工作纲要》，根据纲要精神，原国民党统治时期的官僚资本企业被没收，归新民主主义国家所有；对民族资本进行赎买，按国家规定的6%付定息。据石龙坝电厂的一位老工人师傅回忆，付给民族资本家的定息实际要比国家规定的低很多，耀龙电灯公司有的股东因为嫌太少，就不再去领了，刚开始给股本的定息，过了几年被取消，所谓赎买实际就转变为没收了。[①] 1950年7月，云南军管会将昆湖电厂和耀龙电

① 笔者根据2011年4月9日访谈录音整理。

力公司合并改组为“云南省电力工业管理局”，石龙坝发电厂成了云南电管局中的一员，从此石龙坝发电厂由官商合办企业变为社会主义国营企业。

为了尽快赶超英美，实现工业化，从 20 世纪 50 年代开始，新中国在城市建立起单位制，将社会资源有效地动员起来，将社会生活有效地组织起来，投入现代化的建设中。在从农耕文明向工业文明转变的进程中，新中国选择了工人阶级作为推动文明进程的力量。毛泽东指出，“在发展工业的方向上，有些糊涂的同志认为主要地不是帮助国营企业的发展，而是帮助私营企业的发展；或者反过来，认为只要注意国营企业就够了，私营企业是无足轻重的了。我们必须批判这些糊涂思想。我们必须全心全意地依靠工人阶级”①。

我在石龙坝发电厂进行田野调查期间，老职工在谈到他们最辉煌、最开心的时期时，不约而同都认为是 20 世纪 50 年代。他们认为 50 年代也是机器和工人的黄金时代，工人是领导阶级，机器有着至尊的地位。曹师傅是这样回忆他们 50 年代的生活的。

> 我最难忘的就是 50 年代，那时候工人是领导阶级，国家宣传说工人是老大哥，我走到哪里都感觉自豪。50 年代石龙坝电厂生产热火朝天，将近 300 来人，还有许多建设四车间的民工，我到厂后由老师傅带着。当时石龙坝电厂是昆明市的主力电厂，担任着调频的任务。那个年代机器就是工人的生命，必须比对待孩子那样还要爱护。五六十年代机器要出问题，是要判刑的。厂子里生产是第一位，四车间建成 8 号新机发电时，心情相当的自豪，著名京剧演员关肃霜还到我厂慰

① 《毛泽东选集》第 4 卷，人民出版社，1991，第 1427 ~ 1428 页。

问演出。我们那一代人工作负责任，真的是无私奉献，心里只想着国家，不想小家，都诚实肯干，进车间后不能东张西望，不能交头接耳，一旦遇到问题就及时清除。在工作中是不能坐的，八小时站立着，随时观察机器的运转情况，不停地看机器仪表的变化，实地检查电器的连接头，机器缺不缺油，工作下来后脚都肿了。就这还不走，要将机器擦得干干净净没有灰尘了才迈着疼痛的双脚心满意足地回去。那时候，最怕的就是机器出问题。厂里规定了严格的值班制度和检修制度，一年一大修，半年一小修，七台机组轮流检修，平常八小时随时监控和维护好，有特殊情况就特殊修。那时候美帝国主义封锁我们国家，变压器油很难进口，所以只能用菜油，直到后来才换成变压器油。不能让机器毁坏在我们手里，机器是工人安身立命的家伙，要一代一代地传下去。

每次停机大检修都是厂里的大事，非常隆重，全体职工家属还有厂子弟学校的学生就自动组织起来给检修的人和外单位请来检修的人员打开水、打洗手水、洗衣服、送饭、擦洗机器零件等，挖沙、洗河底，都是自愿义务劳动。1954 年洪水下来，沟坂倒塌及滚龙坝倒坝，厂里一广播，全体家属都积极地参与抢修前池，打沙坝，不少家属在齐腰深的水里捞水草，如果大坝倒了机器就不能发电了，在全厂职工和家属的齐心协力下保证了机器的正常发电。

当检修机器的时候要特别地细心，检测的时候要处处小心，不要碰到机器，拿下零件要摆放好，保护好；修理过程中，污垢要清理得干干净净，不能留死角，拿汽油、棉纱把污垢擦得干干净净，安装时也要把零件擦干净再安装。先拆的后装，后拆的先装，已经清洗的设备，用高级木棉擦干净，用干净的绸子抹干，该上润滑油的加润滑油，凡是轴承部位都加上润滑油。每装一个部件，都要安装到位，每一个部件的螺丝都要上上去，上平衡，紧螺丝要紧好，上平衡，一颗颗铆合好；机器装起来后，周密地检查，细细地每一点都要检查到，哪一颗螺丝没上好，哪一颗忘了上，该上的要落平，要实在，全部检查完毕后没有问题，可以运转了，就放水开机了。一个大修完毕，试机要试 72 小时，检修工值班，72 小时内有问题，是检修工的责任，就得赶紧处理，72 小时后交给运行值班人员。我们擦机器的时候真的是像对待自己的孩子一样，心里是有感情的。机器其实也不是一块铁，它也有灵性，你要对它不好，它也会罢工。不过，再好的机器，没有人的精神，也保证不了。

那时候，水电技术还落后，遇到雷雨和洪水，发电机组容易出问题，有时候发电机会过热，有烧毁电机的危险，还有的情况是水轮机的轴承温度过高。我们厂里的很多人都是农村来的，我也是农村来的，遇到这些问题，就有一些老师傅对着机器默默祈祷天上的神灵保佑机器能恢复正常，我也跟着我师傅拜过，问过我师傅拜的是哪位神，他说在旧社会他以前的师傅就是这么领着他拜的，反正是管机器的菩萨了。拜了以后，机器还真的没出过大事，一些小问题经检查很快也修好了，没影响到发电。到了“文化大革命”时期，“破四旧”，就没有人敢在车间里拜了，这些都是封建迷信，只能是在心里默默向天祷告了。①

6.2.2　劳动光荣与百年大计

20 世纪五六十年代物质严重匮乏，但是石龙坝的老工人在集体回忆这个时代时都充满了情感，对那个时代的“劳动最光荣”

① 笔者根据 2011 年 6 月 25 日的访谈录音整理。

的精神很认同。几位老工人师傅和我说50年代是社会主义建设的高潮时期，国家实行计划经济，那时候粮食非常短缺，国家实行凭粮票供应。牛师傅还拿出保存的80多张50年代发行的全国粮票和云南粮票给我看，我没想到在那么困难的情况下，他还没用完国家分配给他的粮票。他说那时候人们普遍思想境界高，不追求物质，能吃上饭就行，没有牢骚和埋怨，精神上很充实，大家都投入火热的社会主义建设中，劳动最光荣。牛师傅回忆说：

> 五六十年代那个时候物质匮乏，但是我们满怀着革命信仰，跟着党走，听毛主席的话，希望早一天将社会主义建设好。脏活、累活工人们抢着干，而且干得开心，很多活我们都干过，车间搞运行、修理机器、前池捞草、种菜地等，哪里需要就到哪里，听党的话，无论到哪里都认真负责。那时工作比较紧张，但愉愉快快，那时候干部和工人平等，不像现在干部在天上，工人在地下。干部虽然工资高一些，但他们没有奖金，相反工人还有奖金。工人身上流多少汗，干部身上就流多少汗，工人能轮班，干部不能轮班。那时候实行八级工资制，蔡技师是工人里最高的，好像是八级工资，120块以上，厂长赵忠是95，书记李惠是97，工人拿83的有几个，很多拿的是50多块。干部的粮食定量是25斤，我们工人是42斤。那时除了工人无私奉献外，家属都无私参加义务劳动。家属挖沙，捞水草，引水河道补漏，翻修车间屋顶，修建篮球场等，1958年护路修路，厂区厂外一段1公里半的路都是家属队义务修理的。每次机器大检修都有家属服务队义务做后勤服务。家属队还将厂区闲置的土地开辟为菜地，种植玉米、苦菜、辣椒、韭菜、南瓜、四季豆、大葱等，她们种植的蔬菜除了满足本厂需要外，还部分支援给云南电力局、阳宗海电厂、马街电厂、喷水洞电厂等。

那时全厂职工劳动互助，谁家生小孩了就有其他的家属到他家帮着煮饭、洗尿布、洗屎布，葬礼和婚礼（时）职工和家属都相互帮忙。章兰仙、毕桂珍等几个家属还组织了花灯表演队，过年过节为职工表演。职工生病了也有人上门看望。那时人齐心，滇池水也多，我们干劲都大，常常超额完成发电任务，全厂职工都参加社会主义劳动竞赛，1957年在全局的职工代表大会上，我们厂还获得劳动竞赛第一名。那时人与人之间互相帮助，好像一个大家庭。①

20世纪五六十年代的人虽然物质生活很艰苦，但是他们很具有历史责任感，有时候自己还吃不饱，但是他们心里想的不光是自己这一代，他们的生产文化理念着眼于千秋万代和百年大计，在生产建设方面是高瞻远瞩和从长计议。石龙坝的老工人们回忆起那时候"百年大计，质量第一"的口号时都非常认同，而且对现在社会出现的很多质量有问题的工程，还有与人息息相关的食品安全问题表示出不满和愤慨。他们不理解当代的人怎么没有历史责任感，只是追求快速发展。回忆起那个时代的生产劳动，李师傅很自豪地说：

1957年9月到1958年7月，我参加了石龙坝3000千瓦水轮发电机组和配套设备、闸门、钢管的安装。那时候能参加发电机组的安装是很光荣的事情，我们都干劲很足，50多年过去了，回忆起来心里感觉还是很自豪的。我们那时不像现在，到处都是假冒伪劣产品。我们那个时代的口号就是"百年大计，质量第一"。我们安装的机器是新中国制造的第一台水轮发电机组，是由哈尔滨电机设备厂制造的，但是因为没

① 笔者根据2011年9月21日的访谈录音整理。

有生产经验，技术还不是很发达，所以发现存在一些技术缺陷，我们没有埋怨哈尔滨电机厂的代表，也不让他们赔偿。我们本着对国家对人民负责的态度，自己在工地（将机器）拆开后仔细地逐个地检查机器，对零件松动和安装不当的地方进行拆修，还自制了盘具，买来配件安装。那时候安装工程大多数靠人力，厂房除有吊车外，其他的安装工具大都没有，没有电动卷扬机，人推绞磨，设备靠人在地上托运。在安装过程中，我们每一道工序都很精细，不但处理了发电设备存在的缺陷，还严把质量关。我们安装的机器经过50多年了现在石龙坝还运行良好，要是在别的地方早淘汰了，虽然机器外表没有新机器好，但它50多年了，为人民是出了大力了。

当时参加3000千瓦水轮机组安装的人脑子里都是想着“百年大计，质量第一”，没有谁敢偷工减料，大家都是一心为国家和人民负责。当时石龙坝属于云南省电力局管，3000千瓦机组的工程石龙坝是建设单位，设计工作由北京设计院管，土建工程由省建三公司承担，机电安装工程由石龙坝安装队承担。参加工程建设的人员来自全国各地，但是大家都齐心协力，都有着共同的心愿希望完成任务，搞好质量，为社会主义建设贡献力量，那时的口号就是这样。大家都心往一处想，劲往一起使，有问题就想办法合力解决，工作效率很高，当时根本就不懂什么叫扯皮和拖延，谁要是稍微做了点对工程安装不利的事就会感觉心里内疚，工人们同心协力，一心想着将电站发电机组建好。

我们都以艰苦奋斗为荣，安装队的干部和工人都住在三车间的一所房子里，睡的简陋的方木钉的上下铺，白天和晚上都生活和工作在一起，互相谈心，互相帮助，对各自的家里都很了解，同志之间相处得像一家人。参加安装的人有100多人，管技术和管理的干部10多人，各司其职，而且一人兼任多职，

> 没有专门做政工的人，那时没有专门运机器的大卡车，更没有小汽车，就是一辆小货车运送机器设备。我们到昆明开会，要走路到安宁，再乘公共汽车到昆明，那时候不觉得苦。我们那时还很节约，就是少花钱和多办事而且要办好事。当时 3000 千瓦机组和配套设备预算要 25 万元，在我们的节约下，只用了 22 万元。我们那时候虽然生活上比现在艰苦，可是精神上很愉快，思想上总是觉得将厂里的工作做好就是为国家建设做贡献，没有谁有怨言，劳动最光荣，一天越是干得满身都是油污，越在人前感到自豪，觉得国家建设也有自己的一分力量。[①]

6.3　“文化大革命”场域与工人保机器

“文化大革命”期间，云南的人分成了 823 无产阶级派和毛泽东主义炮兵团，简称“八派”和“炮派”。[②] 石龙坝发电厂的工人告诉我“八派”是当时的革命造反派，“炮派”被云南省革委会称为“保皇派”。在“文化大革命”中，许多云南的干部工人因为倾向于“炮派”，而遭到“八派”的打击和迫害，很多人成了“冤假错案”的受害者。“文化大革命”期间，石龙坝发电厂造反派夺权，党组织“靠边站”，造反派也分为“八派”和“炮派”，组成两套班子，“炮派”管生产，“八派”管运动，后来厂内造反派分别加入了昆明地区的两大派群众组织。石龙坝发电厂的管理机构瘫痪，但是“炮派”的工人保护机器，克服困难，坚持生产。以

① 笔者根据 2011 年 9 月 21 日的访谈录音整理。

② 徐友渔：《“文化大革命”中的社会组织——各类“革命群众组织”概况》，http://xuyouyu 1930. blogchina. com/85066. html，最后访问日期：2012 年 4 月 18 日。

下是几位工人关于“文化大革命”的记忆。

> 邱师傅：“文化大革命”中石龙坝被“画线站队”，分为“八派”和“炮派”，“八派”叫工人纠察队，“炮派”叫823炮兵队，“八派”整人，“炮派”坚持生产，“文化大革命”我没整人，我平常是老好人，是人家要整我。“文化大革命”期间有历史问题和成分问题的职工连上家属先后有100多人被下放回原籍，那时候，整个厂子管理瘫痪，生产混乱。但职工们克服困难借粮借款坚持生产。系统几次瓦解，我们检修组的工人连续好多天奋战抢修好，检修组在“文化大革命”期间还获得了“先进集体”的称号。60年代国际政治气候突变，苏联从中国撤走了电力专家，哈尔滨自主制造出了中国第一台10千瓦的火力发电机，石龙坝发电厂革委会主任传达毛主席的指示：发电厂也要生产发电机。厂里安排由何世林负责，联合松花坝电厂，成立发电机制造组。工人们在设备落后、材料缺乏等困难条件下自力更生研制自己的水力发电机，1970年国庆节造出了第一台18千瓦的发电机；1970到1972年一共造出了11台发电机，不仅支援保山梁河、东川新村、昆明富明等地电力事业，还支援山东德州的农业生产。那时候物质生活虽苦了很多，但是人的精神没丢。当时周围农村的造反派要来石龙坝破坏机器，我们石龙坝的保卫班和职工誓死保卫电厂，将外村的造反派拦截在厂门外。当时电厂的技术负责人魏有正整天守在车间，连衣服都不脱，保护机器，监控发电机组的运行，保证了我国向东南亚广播电台的供电。[①]

① 笔者根据2011年9月16日的访谈录音整理。

赵师傅："文化大革命"时候，石龙坝分为"炮派"和"八派"，"炮派"大都是领导和技术人员，"八派"是对现实不满的造反派，当时的普坪村电厂负责着我国向东南亚广播电台也就是501电台的供电。普坪村电厂的"八派"和"炮派"发生冲突，使得501电台停电了，停电是个大事情啊，501电台辐射柬埔寨、越南、老挝、缅甸等国家，一停电，停了10多个小时，不能广播了，相当于国家的声音在世界上就不存在了。501电台压力非常大，电台的领导是一个男的，是"八派"，忽然想到了石龙坝，请石龙坝发电厂支援，"炮派"让一个工人去电台，同意供它（电），连续供了三天，他们很感动，送了锦旗来，等石龙坝的"八派"从昆明回来夺了权，"炮派"才知道电台的那个领导是"八派"，就起矛盾了。"文化大革命"时，你斗我，我斗你，一会儿你掌权，一会儿我掌权，反反复复，搞得很多电厂生产和管理都垮台了，石龙坝还一直抓生产。①

张师傅的女儿：当时高音喇叭里常放的那个革命歌曲里唱道："把我们百炼成钢。"我清楚地记得那天是八月十五晚上，我们家摆好了月饼就等我爸回来，可是他刚一回来，就被厂里的人带走了，走时他对我妈说："你放心，我是没问题的。"我妈妈眼睛都哭肿了。我那时候成天想着我爸上哪儿去了。我到处找我爸爸，有一天忽然在路上见到正在劳动改造的爸爸，他对我说："我经历过急风暴雨，经历过党的考验，就证明我是党的好同志，好干部。"我真想不通他受了那么大的冤枉，那么受苦，怎么会这样说。我爸爸他们那个时代的人思想特别纯洁，有信念，一心想着奉献，受了那么大的苦，还那么

① 笔者根据2011年9月30日的访谈录音整理。

兢兢业业，做事讲责任，凭良心。[①]

夏师傅：那时候从大人到小孩都要在胸前佩戴毛主席像章，厂里购来一批像章发给职工，不能说买而要说请。像章有铝的、铜的、竹子的、瓷的等等。毛主席像更是随处可见，石龙坝的车间、厂房和机器、工人们的宿舍，甚至职工澡堂都贴着毛主席头像和革命标语。家家的墙上挂着毛主席画像，人人手里有红宝书，我们家和许多人家一样请了半身毛主席石膏像供在家里的五斗柜上。那时候每天上下班有两个程序必须要做，早上上班前要在毛主席像前请示一天的工作，每个工人手里拿着红宝书，一起念毛主席语录，向毛主席表忠心。下班时对着毛主席像汇报一天的工作情况，回了家睡觉前也要向毛主席汇报。那时毛主席语录无处不在，布票、粮票、肉票、澡票、糖券上都印着，在车间、地头、职工宿舍、澡堂、家里，饭桌上甚至澡堂里，人们都是语录不离口，而且是毕恭毕敬。就连结婚，毛主席像都是最神圣的见证，结婚证上印着毛主席语录，新人要先叩拜毛主席，再叩拜参加婚礼的革命群众，最后才是夫妻对拜，大家一起高唱革命歌曲恭祝新人。可那时候并不轻松，人人都提心吊胆，生怕阶级斗争的火烧到自己身上，整天老是担惊受怕，怕造反派破坏厂里的机器，险情出现了好几次。那几台发电机在工人们的精心保护下，在“破四旧”、打倒美帝、打倒苏修时期都幸免于难，这都是石龙坝人的老祖宗积了德。[②]

如以上工人所说，石龙坝在“文化大革命”期间管理混乱的情况下，工人保护机器和坚持生产，发电量达到了历史最高水平

① 笔者根据2011年11月7日的访谈录音整理。

② 笔者根据2011年12月19日的访谈录音整理。

（见图 6－6），第一个原因是石龙坝坚持生产；第二个原因是“文化大革命”期间，各单位闹革命，无暇顾及生产，水资源的争夺少，而且云南省滇池管理部门顾不上限制石龙坝的计划用水；第三个原因是当时滇池还没有“围海造田”，水量大。

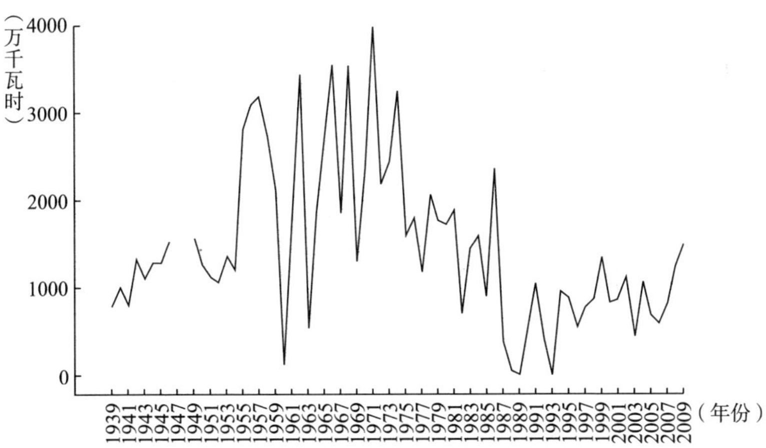

图 6－6　石龙坝电站历年发电量

资料来源：根据石龙坝历年的发电数据绘制而成。

6.4　公家人与松毛饭

6.4.1　单位制与公家人

在计划经济时代，单位制是中国国有企业的基本的组织形式，是新中国为了较快地建立工业化体系，有效地动员和整合社会资源而建立起的一种城市管理体制。它是一种集经济、政治、文化功能为一体的“共同体”。李路路、李汉林等认为“单位制不仅仅是组织化的政治控制手段，也不仅是分配社会资源的制度，其本身就是整个社会控制结构的一个组成部分”①。在这种社会结构下，

① 李路路、李汉林、王奋宇：《中国单位现象与体制改革》，《中国社会科学季刊（香港）》1993 年第 1 期。

一进入国有企业就具有了“公家人”的身份，其个人的命运紧紧与单位的命运相连，生产、生活、福利、地位、声望、财富以及理想等都在“单位社会”里实现。

根据我的文献研究和田野调查，这种国有企业的“公家人”身份比其他行政机关单位和事业单位的“公家人”身份更具有世袭性和低门槛性。1956年国家劳动部在《关于年老体衰职工以其子女代替工作问题复轻工业部的函》中表示：“对年老体弱已够退休养老条件的职工的子女，确实符合企业需要条件，又在当地城市中有户口者，可以顶替工作。”[①] 根据国家政策，从20世纪50年代到80年代末，石龙坝发电厂的很多老职工在退休之后，子女可以顶班，而且不论学历，所以石龙坝有的是三代人都在石龙坝，很多是两代人在石龙坝工作。为了进行比较，我发现所调查的云南中央企业昆明机床厂也是三代人或两代人都在厂里工作。一位老工人告诉我五六十年代的时候，只有工人的子女能顶班，其他像学校和机关、事业单位的人不能顶班，他的表姐是昆明八中的老师，退休后子女不能顶班，而他的儿子就顶他的班进了石龙坝发电厂。

计划经济时代，石龙坝发电厂为职工提供了各种社会保障和社会福利。例如工人住房、医务室、石龙坝职工子弟学校、职业业余学校，班车服务、露天电影，后来又建成室内电影院。职工生孩子、生病和去世时都有工会和职工家属委员会关心和帮助；当时的工会、团支部对员工也特别关心，经常组织员工学习政治时事，节假日也经常组织员工开展文艺体育活动，石龙坝的篮球队还参加省里的比赛。家属委员会还设置了蔬菜种植、食堂、托儿、加工、饲养、缝纫等六个小组服务职工。单位为职工提供了

① 刘嘉林、毛凤华等编著《中国劳动制度改革》，经济科学出版社，1988，第12页。

社会资本，职工对单位有很强的认同感和归属感。石龙坝的职工向我回忆起计划经济时代，都说那时的厂就是家。文师傅回忆说：

我是 70 年代顶我爸爸的班进厂的，那时除了交通不方便，作为“公家人”啥都不用愁。厂里对职工也很关心，逢年过节都对职工进行慰问，特别是春节，对于困难的家庭，厂里还会买些布匹送给职工，让给小孩缝衣服；厂里对工人的身体健康特别关心爱护，对一些体弱有病的员工还设立了营养食堂。职工家属还种植蔬菜、办食堂、养猪、养鸡等，还帮着照看娃娃。那时滇池水多，里面有很多鱼，厂里还给每个家庭分鱼，职工家属生了孩子会领到一条大鱼。一车间旁有一个拦水坝的河道里水好，是天然的游泳池，很多职工在里面游泳。文化生活也很活跃，厂里每周放一次露天电影，后来建了放电影的礼堂，周围青鱼塘村、甸基村还有小海口村的村民也来看，过年的时候还演出文艺节目。

那个时候厂子就是一个大家庭，人与人相处得很和睦，互相关照，互相帮助，从不计较个人得失，升工资还互相谦让，不像现在会争得脸红脖子粗，红白喜事不用叫就有职工上门帮忙，工会还派人慰问。职工加班，中、夜班的宵夜一个星期七天七个样。年三十在办公楼的天井那个地方，全厂职工家属在此聚餐吃松毛饭，将松针叶铺在地上，松毛饭意思是一年轻轻松松，吃饭时又热闹又开心，平常偶尔有点小矛盾，一吃饭一喝酒就又好了，那个情景真是很难忘啊！80 年代后期，就不在天井吃松毛饭了，是各个部门去吃，全体职工到外面的餐馆去吃，就没有那个喜庆了。[1]

---

① 笔者根据 2011 年 9 月 27 日访谈录音整理。

6.4.2 松毛饭与大家庭

很多职工都和我说计划经济时代让他们最难忘的就是松毛（松树的叶子，也叫松针）饭。老费师傅一家两代人都在石龙坝工作，当过劳动模范，两代人都是共产党员，老费师傅离休了，他的儿子也退休了，两代人都为石龙坝奉献了青春，他们是这样回忆松毛饭的。

> 吃松毛饭是从旧社会（新中国成立前）传过来的习俗，具体是民国哪一年开始的，我也就不清楚了，反正就这么一代一代传下来，资本家也并不坏，对工人还是好的，每年过老年（春节）电厂的总经理会请全体工人吃松毛饭，感谢工人一年的辛劳。解放后石龙坝成了国有企业后，单位领导每年过年延续这个习俗，请职工和家属吃松毛饭，记得每年过老年（春节）前要在附近的山上将绿绿的青松毛摘下来，那时石龙坝周围有很多松树。三十晚上在厂里的办公楼的前后天井铺满松毛，全厂的职工和家属都在那里聚餐，一走进天井松毛香就扑鼻而来，人们坐在松毛上，一家人一桌坐着吃，其实没桌子，饭菜放在松毛上，围成一桌吃。场面很热闹，很有年味，松毛饭是厂里的大家庭团圆饭，大家辛苦了一年了，在一起欢乐一下，也为新的一年祈福。不但职工去，家属和孩子都去，有的家属没来的，还打上菜给带回去吃。领导和职工家属一样都坐在松毛上吃饭，互相祝福，青松毛就是象征着松柏常青和吉祥如意的意思，希望厂子和个人都在新的一年吉祥如意。云南的很多地方也吃松毛饭，开远人就年年过年铺松毛。松毛要一直铺到过了小年（元宵节）才拿走。70 年代末开始，就不是年年吃松毛饭了，每一届新领导

来才会在过年的时候吃松毛饭，1989 年张君乔厂长走了以后，厂里就不再吃松毛饭了，改到饭店吃了，也不是全厂吃了，各个部门和车间自己吃。[①]

老工人（见图 6 - 7）回忆说松毛饭让他们感觉自己是石龙坝这个大家庭的一员，松毛饭增强了他们对厂这个单位大集体的认同感和归属感。很多老职工说，松毛饭是电厂在新中国成立前流传过来的习俗。石龙坝地处昆明，过春节铺松毛是昆明春节时的民俗，民国以前就有。清朝编的《昆明县志》上说："岁'元日'（春节）晓起，人家张灯烛，焚香楮，设米花、黄果、干柿之属，以供天地、祖先。堂中皆取松针铺地如毯。族党间往来贺年"[②]；《云南风物志》也有记载："春节。旧时，初一早起，打'头水'，点灯烛，焚香，以鲜果以及米花糖等供奉祖先。屋内铺青松毛。"[③]《中国名城汉俗大观》中的《昆明篇》记载："'团年饭'之后，全家分别去粘贴门神、春联、佛钱（贴在佛桌顶上的刻纸艺术品），在正堂屋内铺满青松毛（松针），在佛桌（堂）上摆设香炉、烛台、佛灯、佛像（铜铸或瓷像）及糕果等供品。"[④] 我问了昆明当地的彝族人，云南民族博物馆的戴江老师说彝族在以前过春节的时候要聚集在一起吃松毛饭，现在少了，因为随着环境的变化，松树少了，出于对保护环境的考虑，城市里过节也很少吃松毛饭了，但在云南楚雄一些农村地区还保持得很好。云南师范大学的王林老师告诉我松毛饭是昆明的一种习俗，很多民族都吃，他们家是汉族，20 世纪七八十年代也吃。我到云南开远做调查的

---

① 笔者根据 2011 年 10 月 18 日的访谈录音整理。

② （清）戴炯孙：《昆明县志》第八卷，云南省图书馆馆藏，1901。

③ 余嘉华：《云南风物志》，云南教育出版社，1997，第 443 页。

④ 冯桂林编《中国名城汉俗大观·昆明篇》，云南人民出版社，1998，第 1062 页。

时候，当地的文物管理所所长曹定安告诉我松毛饭是当地的民俗，据他的考证，从元代就有吃松毛饭的习俗了，一代一代相传，一直到现在都保留着，开远本身就是多民族交流的地方，所以少数民族和汉族大都在春节的时候吃松毛饭。

图6－7　石龙坝发电厂老工人师傅及其老伴

资料来源：笔者拍摄于石龙坝水电站。

松毛饭虽是云南很多地方春节的一种民间习俗，但是从人类学的视角看，石龙坝的松毛饭是厂里每年岁末庆祝生产丰收，并开启新的一年的隆重仪式，是一种“大家庭”仪式，这种“仪式”给“大家庭”的每个人一种“家”的归属感和对“共同体”的认同。什么是共同体？正如齐格蒙特·鲍曼在《共同体》中所描绘的：“首先，共同体是一个‘温馨’的地方，一个温暖而又舒适的场所。它就好像是一个家，在它的下面，可以遮风避雨；它又像是一个壁炉，在严寒的日子里，靠近它，可以暖和我们的手……其次，在共同体中，我们能够互相依靠对方。如果我们跌倒了，其他人会帮助我们重新站立起来”①，这种对“共同体”的归属感和依靠感使得“松毛饭”仪式作为一种非正式制度在紧张和严格的工厂正式

① 〔英〕齐格蒙特·鲍曼：《共同体》，欧阳景根译，江苏人民出版社，2003，第2～4页。

制度外促进了石龙坝人的有机团结和相互信任。

石龙坝人总是将“厂”比作“家”，常说我们是“国家的人”，他们和我说国家对于他们很抽象，“厂”就代表国家，把厂子搞好了，就是奉献国家，他们常说的一句话就是：“大河里有水，小河才能满。”由此可以看出，“家国主义”情结影响着石龙坝人的生产和生活观念。

6.5　小结

石龙坝水电站从缘起到发展一直与国家命运紧密联系在一起。清末法国人图谋在云南办水电，晚清政府在人民“保利权”的呼声中拒绝了法国人的请求，但是由于晚清政府的资本亏空和权威弱化，在官办和商办的博弈中，晚清政府不得不将办水电工业的权力让给社会。又因为水电是国家的能源，云南地方政府并不是撒手不管，政府入股耀龙电灯公司进行宏观上的监管；而对于石龙坝的开创者们，则是通过“水电站”这个物的建设来实现他们实业救国的理想。所以在这种意义上石龙坝水电站是“国家工业文化的符号”，这种符号到了抗日战争时期得到了强化，因为它是保障国家和民族抗战的能源动力；到了解放战争时期，它又成为国共争夺的政治资本；在社会主义建设时期，它又是国家工业化建设重要的动力保障；“文化大革命”期间它又保障了国家对东南亚的广播，使得国家声音和国家文化宣传在东南亚地区得以延续。随着国家命运的变化，物在中国历史和地方历史中的位置发生着变化，在工人和物的互动中工人的身份也在不断发生着变化，从清末民初的民族资本企业的工人，到抗战时期的国家安全的维护者，再到社会主义建设时期的领导阶级，物在国家与工人之间充当着媒介的角色。

抗战时期，水电站的厂房和机器设备是工人冒着生命危险保护的对象，因为它们为国家抗战的后方提供电力供应；在新中国的社会主义建设时期，“机器就是工人的生命”，因为机器关系到社会主义工业化能不能建成。20世纪50年代，作为国家领导阶级的工人并不认为机器是简单的人造物，而是将其看成是与人一样有灵性的生物，他们这种朴素的“物中心论”的思想超越了人类学家黄应贵所推崇的台湾地区东埔社布农人的物的观念。对于布农人而言，只有自然物才有灵性，人造物失去了自然物所具有的“hanitu”，人造物是无主体性的客体物。[①] 60年代在“文化大革命”武斗的混乱中，工人誓死保卫电厂和机器，“文化大革命”时的发电量创造了石龙坝历史上的高峰，保证了国家在东南亚的国家形象。在计划经济的单位体制下，工人将机器看作国家财产，因为他们是“公家人”，所以有责任保护国家机器。一代代相传的“松毛饭”仪式作为一种非正式制度，增强了工人们对国家和电厂的认同感和归属感；计划经济时代虽然物质生活很艰苦，但是工人们很具有历史责任感，他们物质生产的文化理念着眼于千秋万代，“百年大计，质量第一”是他们的时代口号，也是他们将生活世界的意义指向未来的方式。

---

① 黄应贵：《物的认识与创新：以东埔社布农人的新作物为例》，载于黄应贵主编《物与物质文化》，“中研院”民族学研究所出版，2004，第386～389页。

第 7 章　制度变迁与传统再造

7.1　单位制改革与集体行动

7.1.1　单位制改革与房子心病

1978 年改革开放以来，尤其是 1992 年中国正式开始的市场经济改革，使国家逐渐从计划经济体制向市场经济体制转变，单位制也开始逐渐变迁。“国家 - 单位 - 个人”构成的社会基本结构也在不断发生着深刻的变化，“‘去单位化’成为一种社会的现实表现，单位功能日渐式微，‘单位办社会’的机制和模式已经不复存在”[①]，在这场变迁中，国有企业改革尤为突出，涉及从产权、管理到劳动、人事、工资等各方面的变革。社会经济制度改革后，“工人阶层的社会地位已经急剧下降至社会的中下层”[②]。不少学者认为单位制已经消解，何海兵在《我国城市基层社会管理体制的变迁：从单位制、街居制到社区制》一文中认为，“所有制结构的变化，社会流动的频繁等都使得‘单位制’失去了生存的土壤，

① 秦勃：《我国社会转型镜像中的“单位制度”——兼论“社区制度”发展的必然性》，《创新》2009 年第 10 期。

② 陆学艺主编《当代中国社会阶层研究报告》，社会科学文献出版社，2002，第 173 页。

不得不走向崩溃瓦解的地步”[①]；张荣在《单位制基础的消解》一文中指出，“单位制在新的现实和条件下，已经没有存在的可能和必要了”[②]。但是在实践中，单位制存在的土壤在一些国有企业并没有完全消解，从人类学的视角看，只要单位制的文化土壤不消失，单位制就不会彻底消失，石龙坝就是明显的例子。

石龙坝发电厂因为属于国家政策保护的能源企业，从20世纪70年代到90年代，石龙坝并没有像其他国有企业那样改制或破产，只是跟着它的上级单位云南省电力管理局进行了局部的改革。1993年7月到12月，石龙坝发电厂进行了劳动、人事、工资三项制度改革，定员102人，设置6个股室和2个生产车间，确定了61个岗位，制定了12条管理实施细则和61条岗位规范。到1993年年底，石龙坝发电厂职工人数为93人，其中工程技术人员12人，其他专业人员8人。但是这三项改革其实只是局部改革，除了这三项改革，国企改革中重要的医疗、住房、子弟学校等内容的变化不是很大。在医疗方面，改革前厂里没有医院，只有医务室，只能看看小病，打针、输液、量血压，大的病还需要到云南安宁市或昆明市的大医院去看。医务室原来有两个医生，都是兼职，后来这两个医生到了云南省电力学校后，又从云南楚雄卫校分来一个医生，到2003年厂网分开后，医务室也被取消了。石龙坝的厂子弟学校其实并不是因为国企改革而取消的，是在20世纪70年代末，因为厂里学生人数少，就把学校合并到附近青鱼塘村的青鱼塘小学。

住房改革在石龙坝发电厂一直没进行，国家“95房改”福利政策对于石龙坝人来讲是一件难以释怀的事。从新中国成立后到

---

① 何海兵：《我国城市基层社会管理体制的变迁：从单位制、街居制到社区制》，《管理世界》2003年第6期。

② 张荣：《单位制基础的消解》，《社科纵横》2009年第8期。

现在，石龙坝几代人都住着公租房，最旧的房子已经几十年了，这也是石龙坝人的“心病”。在石龙坝发电厂，除了一位老工人因为新中国成立前参加革命工作而购得 50 多平方米的房子外，从 1950 年到 2012 年参加工作的石龙坝人几代人住的都是公租房，没享受过福利分房。1994 年 7 月 18 日，国务院下发了《关于深化城镇住房制度改革的决定》（国发〔1994〕43 号，以下简称《决定》），标志着中国住房制度的改革进入了全面实施阶段。按照国务院的规定，各地相继在 1995 年开始实行住房改革，简称“95 房改”，住房改革的主要内容是“要改革旧的福利制的住房制度，确立住房商品化和社会化的新体制，单位分给职工的福利房，职工以标准价或成本价扣除折算后（旧住宅还要扣除房屋折算）购买福利房”[①]。国家对住房资金分配体制进行改革，“把原来的二次分配改为一次分配，把用于职工建房和修房等的大量资金，以补贴和公积金的形式发给职工，并逐步进入工资，实现住房由实物分配到货币分配的转化”[②]。按照国家的房改政策，对于没有享受福利分房的职工，一次性给予住房补贴。但是从 1995 年到 2012 年，石龙坝人没有领到一分钱。

石龙坝职工告诉我，按照“95 房改”政策计算，每位职工可以享受国家住房补贴 4 万元到 5 万元，石龙坝发电厂在 1995 年将职工住房问题和应得的住房补贴以书面形式上报给上级单位云南省电力管理局，但一直没有得到批复。2003 年国家电力体制改革，厂网分开，石龙坝发电厂划归中国华电集团管辖，但是直到 2012 年，华电集团也没有给石龙坝职工解决“95 房改”的遗留问题。

---

① 建设部课题组：《住房、住房制度改革和房地产市场专题研究》，中国建筑工业出版社，2007，第 55 ~ 57 页。

② 建设部课题组：《住房、住房制度改革和房地产市场专题研究》，中国建筑工业出版社，2007，第 60 ~ 62 页。

石龙坝的职工从没有享受过福利分房，也没有享受过住房补贴。到现在，职工们住的仍然是单位的公租房（见图7－1），面积从20多平方米到50多平方米不等，每个月交20多元房租，有的是两代人住在拥挤狭小的公租房里，所以老职工曾经为住房问题向省电力局、市政府等部门反映，但都没有得到回音。每次提到房子，石龙坝职工都很痛心。以下是石龙坝退休老工人联名写给中央领导和中国HD集团公司党组副书记、总经理的信：

敬爱的中央领导

××同志

现将我们给中国HD集团总经理××同志的信一式一份同时呈报给您。请您在日理万机之中看完这封信，您就知道我们陈述之事，要求解决的问题，本来信中我们要求HD解决之事，没有必要惊动您。但是，为此事，我们已经历了艰难、曲折、漫长的过程，证明不通过您，不劳驾您是难以解决问题的。因此，请您能指示相关人员督促HD集团公司尽快解决云南石龙坝发电厂“95房改”板块遗留的问题。

此致

最崇高的敬礼

云南石龙坝发电厂退离休、退养人员

二〇〇七年四月十六日

中国HD党组书记、总经理××同志：

您好！

这是来自祖国南疆一个角落、默默无闻的、已经退了休的电力职工的声音——给您的一封信。请您耐心把信看完。

××，我们在报刊上看到：HD集团公司将在“十一五”

期间在云南大理、怒江、昭通、保山等州市实施《中国 HD 集团公司支持云南省社会主义新农村建设十件惠民工程》，您还亲自赴滇与 ×××在会谈纪要上签了字。我们为此高兴。因为这一惠民工程的实施将具有极其深远的意义和不可估量的影响：受恩惠的千家万户百姓热烈拥戴；社会各界仰慕赞叹；HD 伟绩载入史册。

××，我们在高兴过后，冷静下来想想，我们思绪万千：在电力部门艰苦创业几十年，连“95 房改”这样的好政策都没有能在我们身上兑现，还不如那些“惠民”们的机遇和福气。这不是发牢骚、说气话，事实就是这样。说真的，“95 房改”已经是十二个年头了，无人主动过问，我们只好以虔诚的心，请菩萨保佑，在云南昆明该走的庙门都走了，但是每每都被小和尚挡在庙门之外，见不到大和尚，只好扫兴而归。历经艰苦的、曲折的、漫长的过程，毫无结果之后，下决心去找更大的庙，更有权威的和尚，于是，于 2006 年 8 月 8 日，我们用书面材料《强烈要求落实“95 房改”政策——给中国 HD 领导的一封信》派专人送到 HD 总部。材料是信访办 × 接转的，但是，至今仍无音讯。

××，这次我们能有信心和勇气给您写信在于：

一、您现在是我们的最高领导人，也是我们最信赖的人。当初厂网分家，云南有五个厂归 HD，是您亲自来接收的，而且在接收会议上的讲话是那样令人鼓舞的承诺。既然您已知道石龙坝发电厂已是步入“风烛残年”，是个“包袱”，您也接收了。既然如此，我们深信，您看到我们艰苦创业一辈子，到如今付租金、租房住，属于自己的没有一砖一瓦，如此之寒碜，您会同情，会解决。

二、HD 公司在“十一五”期间在云南省实施《中国 HD

集团公司支持云南省社会主义新农村建设十件惠民工程》，说明HD集团公司是有雄厚的资本和能力，一举解决石龙坝发电厂“95房改”的遗留问题（约700多万元的住房补贴）不算是难题。

三、××于今年三月在全国信访工作上最后向与会人员强调三点：（主要精神）一是要热情，有热情才能知下情；二是要执行政策、依法办事；三是要认真负责。有了这种精神，我们相信，给您写信不会再是石沉大海，渺无音讯吧。

四、当今，特别是在商品社会、金钱领先的社会里，强调或提倡政治文明、精神文明、物质文明尤为重要。如果说共建和谐，没有前面的三个文明，就没有和谐可言。××与下属和谐，××与社会和谐，国家与全球和谐，太平也！我们说的是，如石龙坝发电厂“95房改”遗留的问题，在一个全国性的集团公司里有心解决并不难，解决了就赢得了一分民心，多了一分和谐。

××，您说我们有多难呀！在寻求解决问题的过程中，遇到了许多难以逾越的障碍，那就是种种借口。

借口一：改革。因为改革的大潮——电力体制改革，厂网分开，原来的YD集团公司一分为二：中国NY公司；HY集团公司。石龙坝发电厂“95房改”遗留的问题是原YD集团公司遗留下来的。改革后原YD集团公司的牌子不存在，当然庙宇在，但是，当我们踏进这座庙门时，小和尚都对我们说：“你们找错了庙门，这里是YD公司。”有人说：“你们现在是HD的人，应该找HD”，我们真的又找HD云南公司，HD云南公司认账，但没有钱。弄得我们啼笑皆非。就是改革压倒一切，改革是当今官家的口头禅；应该解决、能解决的问题，只要抬出“改革”二字就可以掩盖了矛盾。也就是一切为改革让路，让，让，让！

借口二：推挡。为了解决问题，找到相关部门，首先会有相关人员出来挡驾，说部门领导不在。一旦找到部门领导，也只得一句话："我们只能承上启下，等向公司领导汇报以后再回答。"公司领导何时在，每每都在出差，不是北京就是南海。一旦迫得无可耐，副职出来应个差，应付复杂之事老总不会登台。俗话说，百姓见官难，难，难，难！

借口三：等待。电力体制改革，石龙坝发电厂归华电云南公司。云南公司也承认这一遗留问题，也同情我们，但是没有钱。只能等待将来的发展，逐步解决。道理是如此，但是，莫说一万年太久，70 年也难熬！我们这些"退"字号，70 以上的已占了一大半，他（她）们还能等多久？主观愿望等一万年也甘心，但是客观规律不可逾越。再说我们已经等了十二个年头，谁尝到这般滋味？无期的等待比可即的行程还要累。累，累，累！

借口四：沉默。也许这就叫作"无言的结局"。"95 房改"开始时，石龙坝发电厂年年向原 HD 集团公司书面与口头报告石龙坝发电厂有关安居事宜。然而，相关部门和相关领导从不明确表态，石龙坝人只好在上级的沉默中等待。等待的结果，就是如今的结局：一等十二个年头，结果何处有？自己不服嚷嚷，别人听说劝说："好汉不提当年勇，石龙坝发电厂不是抗战时期，不是建国初期，现在是大时代，金钱时代，讲的效益，想的是美元，时髦的轿车是'宝马'，你想倚老卖老，只好自我淘汰。"听起来还是个理，如果石龙坝电厂像鲁布格、漫湾、三峡，自然可以锦上添花。可是我们偏偏身在石龙坝，有钱能使鬼推磨。但，金钱改变不了历史的事实。石龙坝发电厂是外国列强侵吞我华夏之时自强自立，是在国家最危难时期民族工业的掘起，是中华民族的骄傲。这难道能与效益、美元相比吗？说实话，我们为“95 房改”遗留问题鸣不平，实质上是为石龙坝发电厂鸣不平。创业时期，任何苦和累我们都经历了，如今各自有退休金，不会过不了那道坎，没有那一点也得过，只是觉得太不公平！人可欺，厂不可辱。因为如今石龙坝发电厂再弱小，毕竟是国家水电建设的起点，社会上不了解她，会忘却，但是石龙坝人特别是我们这一代人以厂为家，视厂如命的人永远维护这个厂，因为她是中华民族的骄傲！我们这一代人大多想：死了也要埋在石龙坝的地盘上，在九泉之下保佑石龙坝发电厂能兴旺。有人认为我们身居这个厂，无效益，待遇低，真可惜。可是我们认为：平淡生活又如何，维护民族尊严才是至高无上的荣誉。有人认为我们身居这样的厂可悲，可怜，但我们认为身居这个厂既荣又乐。乐，乐，乐！

××，我们坦诚地向您倾诉实情，是对您寄以至高的信任和愿望，因为您是我们的最高领导人。

石龙坝发电厂是什么——中国第一座水电站。正如前任电力工业部××为石龙坝发电厂投产九十周年的题词：“当中国成为世界第一水电大国的时候，人们不会忘记中国的水电建设是从这里起步的。”

××，我们的话说得太多了，耽误了您的宝贵时光，请见谅。最后蓖要的是请您在百忙之中回个话，要么我们派代表到北京见。

此致

敬礼！

云南省石龙坝发电厂退管会 2007 年 4 月 13 日

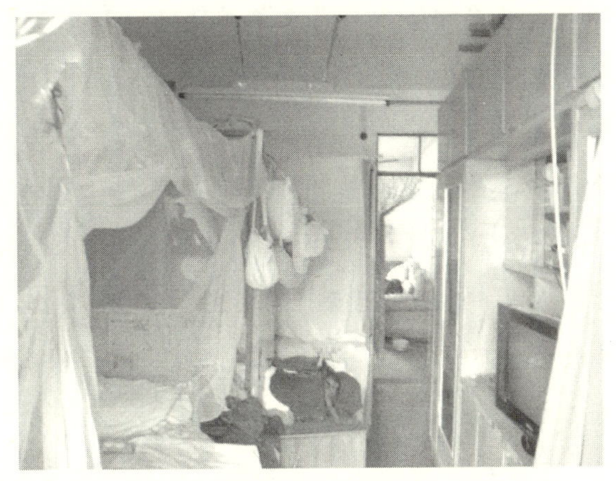

图 7－1　石龙坝老工人居住的公租房

资料来源：笔者拍摄于石龙坝水电站。

7.1.2　电力改革与集体行动

以上老工人的申诉信反映出对石龙坝人影响最大的不是 20 世纪 90 年代的单位制度改革，而是 2003 年的国家电力体制改革，周师傅是这样理解 1993 年改革和 2003 年改革的。

> 1993 年单位改革只是实行了合同制，根据来厂的工龄，工龄长的 5 年一签合同，工龄短的 3 年一签合同。合同不合同其实只是形式，到期以后谁都能续签，没听说过谁不能（续）签的，和过去的“终身工”差不多，只是职工子女不能再顶班了。工资制改革就是将原来的平均工资改为了岗位工资、技能工资和年功工资，岗位分为 60 多个岗位，每个岗位对应着这个岗位的工资，比如说搞生产的就比搞后勤的挣得多一点。改革以前，只是大家工资差不多，只是工龄不同，工资不同，干部和工人挣得也差不多；改革后，是按岗位、技能等综合考察，老工人就不一定比年轻人挣得多，干部比工

人挣得多，但不管怎么改都是旱涝保收。发不发电，YD局也就是后来的YD公司都给我们发工资，其实90年代改革对我们影响并不大，对我们影响最大的就是2003年厂网分开，厂网分开后，将我们划到中国HD，实行自负盈亏，我们工人都搞不明白，这么一个小的电厂，就将我们当包袱一样甩给了HD集团。听说当时资产好的电厂都被ND公司要去了，老弱病残的电厂就被甩给了HD，像以礼河、绿水河等老电厂还有石龙坝就都划到了HD。

厂网分开后根据发电量发工资，我们就开始困难了，有几个月发不出工资，2005年我们贷款发工资。小水电（职工集资办的集体企业，主要是解决职工子弟的就业）更困难了，去年没发电，工资发不了，连医疗和保险都交不了，看病都看不起。国家不应该将我们划到HD，第一我们是中国第一座水电站，有100年的历史了，国家不该抛弃我们，电厂为国家奉献了这么多年，抗日战争、国民革命、解放战争，新中国建设我们都出力了，国家将我们划到HD，HD亏损，连自身还顾不了，哪还顾得了我们？电厂是文物，如果工资都发不了，文物如何保护？另一方面我们是小水电，装机总容量小；还有就是滇池水越来越少，生产和生活用水增加，再加上滇池水污染，我们靠发电根本不够养活自己。而且国家电力体制改革也有不公平的地方，划到供电网的是富得流油，划到发电厂的就穷得只能填饱肚子。我的一个朋友原来和我一样单位都属于YD集团公司下属单位，2003年电网分开后，他分到了ND公司，一年十几万的工资，年底还有好几万的奖金，我们一年就是1万到2万，奖金就更没法和他们比了，（他们）高出我们多少倍啊？供电企业和发电企业差距这么大，不公平啊！但是他们也有不如我们的地方，他们工人之间互相攀比，不像我们石龙坝人与人之间融洽，虽然不像以前那么亲密，基本还是融洽的，谁家有个困难相互帮助，我们在地里种的菜也相互分享。我们这一代虽然不像老一辈工人那样无私奉献，但“以厂为家”的传统我们还没丢，大河里有水，小河才会满。[①]

以上讲述中提到的“厂网分开”指的是 2002 年起国家实行的电力工业体制改革。2002 年国家发布了《电力体制改革方案》，规定“‘十五’期间电力体制改革的主要任务是：实施厂网分开，重组发电和电网企业；实行竞价上网，建立电力市场运行规则和政府监管体制”[②]。改革的内容是“对发电方实行市场经济的办法，让用户有权选择发电；对输电一方有权保持独立经营，形成适合我国发电现状的若干区域电力市场”[③]。根据国家的改革方案，2002 年 YD 集团实行“厂网分开”的改革，YD 集团中的发电企业划转 YD 公司，供电企业划转 ND 公司。2003 年 1 月石龙坝发电厂从 YD 集团公司划转 HD 集团公司。因为石龙坝发电厂是小厂，2004 年全厂发电装机容量才 7.04MW[④]，2004 年云南省发电（包括水电和火电）总装机容量为 11700MW，其中水电装机容量 7355MW。石龙坝装机容量占云南省水电装机容量的万分之 9.572，占云南省发电（包括水电和火电）总装机容量的万分之 6.017。石龙坝发电装机容量和云南省各发电站的装机容量比较见表 7－1。

① 笔者根据 2011 年 9 月 25 日的访谈录音整理。

② 李卫：《“厂网分开、竞价上网”与电力市场》，《华中电力》2002 年第 1 期。

③ 林伯强：《中国电力工业发展：改革进程与配套改革》，《管理世界》2005 年第 8 期。

④ MW 是兆瓦，是电量单位，$1MW = 10^6 W$。

表7－1 云南省2004年发电装机容量统计

单位：MW

	电厂名称	容量	备注
	总发电装机容量	11700	
水电装机（7355）	石龙坝	7.04	石龙坝电站装机容量不足水电总装机容量的1/1000
	大朝山	1350	
	漫湾	1250	
	鲁布革	600	
	以礼河	321.5	
	西洱河	255	
	田坝	105	
	高桥	90	
	徐村	78	
	绿水河	65.5	
	螺蛳湾	60	
	大寨	53.2	
	六郎洞	25	
	其他	3094.76	
火电装机（4345）	小龙潭	600	
	昆明	200	
	阳宗海	400	
	曲靖	1200	
	宣威	1200	
	巡检司电厂	100	
	弥勒电厂	135	
	其他	510	

资料来源：根据国家电力信息网的电力统计数据和石龙坝水电站提供的数据绘制。

表7－1的统计数字说明石龙坝无论在云南省水力发电的装机容量中还是在火力发电的装机容量中都是最小的，才占到云南省发电装机容量的万分之六。而石龙坝所在的HD集团2004年发电装机容量为30790MW，石龙坝发电装机容量只占HD集团装机容

量的万分之 2.286。

厂网分开后，石龙坝陷入了 90 多年来的发展低谷。2004 年工人们开始了要求回原单位的集体行动，工人们联合给国家主管部门写了申诉信，要求回到原主管单位 YD 集团有限公司，大部分职工都签了字，中层以上的干部也大都签了字，工人们将职工联合签名的申诉信复制后粘贴在厂区，很多老职工和家属，还有少数青年职工拿着申诉信到 YD 集团公司门口静坐。他们还联系了《春城晚报》的记者，但《春城晚报》记者虽然答应了，但却没来。后来石龙坝的书记带着人将静坐的职工接了回去，说上级单位说会考虑的，工人们就回去了，结果等了很久，也没有音信。工人们不甘心，他们到北京总部报告，总部的信访办的 × 主任接了他们的材料，说会给上级反映，结果也是长久没有音信。以下是工人们的申诉信，我摘取其中的一部分。

> 这些困难，正当 YD 集团公司准备为厂里解决的时候，恰遇电力体制改革，把我们厂单纯作为发电厂划归中国 HD 集团公司，现在我们要靠发电来养活自己，发展企业。几十年的老机组，早已是该报废的机组，加上水源已受到天然的控制（滇池排水量越来越少，由于排污另开渠道，中滩已不是唯一出口）和污染，我们能靠发电养活自己吗？这就好比戎马一生的百岁老人，老胳膊老腿的叫她自食其力求发展，这能行吗？再说了，我们也有几十年担负着东南亚地区的供电回路，为什么非把我们单纯划到发电这块呢？
>
> 石龙坝电站是国情教育基地，是中国屈指可数的工业文物，在她的成长历程中，曾先后有党和国家领导人关心过：朱德总司令来视察时说："电站是我们的老祖宗，要好好保护她哟！"汪恕诚部长视察我厂时题词："当中国成为世界水电

大国的时候，人们不会忘记，中国的水电事业是从这里起步的”；中国电监会主席柴松岳2003年10月7日视察我厂，看到门口牌子上写着中国HD石龙坝电厂时，对YD集团×总经理说：“这么一个没有任何竞争力的小厂，你们怎么把它划出去了?!”

现在电站变得人心惶惶，没人管、没人问，说白了就是只考虑经济效益，而我们却成了负担、成了累赘？为电站贡献一生的青春、心血以及孩子们的前途，竟落得如此下场。

改革开放以来，滇池水量有限，虽然我们每年努力争取利用有限的来水多发电，节约各种开支，但靠发电根本不可能自己养活自己；作为中国第一座水电站，YD集团公司正是充分考虑到我厂的特殊情况，几十年来均不考核我厂发电量，将我厂作为不发电的“综合单位”，而不是“发电单位”来考核，每年拨付我厂经费700多万元。加之我厂自身努力发电，以维持我厂正常生产生活需要，促使我厂向“文物、教学、旅游、发电”四位一体综合电厂发展的需要。从近几年的情况来看，维持我厂最基本费用人工成本需要450万，生产成本320万；电力体制改革厂网分开后，石龙坝……一夜之间作为发电企业划归HD，就像一个百岁老人，突然要和身强体壮的年轻人进行长跑比赛，怎么比？在同一起跑线上吗？目前的状况是HD对我们也无能为力，两年来一直没有给予任何资金支持维护安全生产：现已负债累累，2004年欠款：税款80多万，大修、技改工程款150多万。各种社会保险80多万。

现在厂里是：病人发生意外无法送医院（因无钱买汽油）；桥已腐蚀即将垮了也无钱修缮；发电机坏了没有大修理费用；甚至机器润滑油、复印机碳粉没有钱购买；医务室连感冒药都没有，基本生活无法保障，职工生活和生命受到威胁。……我们感觉好像石龙坝电厂变成了无父无母的孤儿！没人理，没人管。

强烈要求：文物不能丢，职工要生存，我们要吃饭！把我们一个综合性的无发电能力的企业单纯划归发电企业是否太过牵强？我们要求回原单位——YD 集团有限公司！

激发以上工人们集体行动的原因，第一个方面是“厂网分开”后，石龙坝结束了以上申诉信所体现的旱涝保收的时代，引进了市场机制。但是石龙坝的发电装机容量无论是在云南省发电场域，还是在 HD 集团发电场域，都微不足道，实际上已经变为“文物”意义上的发电厂了，如果完全推向市场，其有可能不仅难以维持，而且还可能陷入资不抵债的地步。石龙坝的工人反问我：“一个百岁老人在市场上怎么竞争得过年轻人?”第二个方面是“文化大革命”期间云南对“滇池”的“围海造田”使得水域面积缩小 23.3 平方公里。[①] 而且由于工业化和城市化进程的加快，人口激增、滇池水污染逐渐严重等因素影响了石龙坝的发电能力和发电量，所以面向市场后，石龙坝和云南的其他发电站相比明显不具有市场竞争能力。第三个方面，根据我到石龙坝发电厂、ND 公司和 HD 集团云南公司进行的田野调查情况来看，从 2002 年开始的电力企业改革还只是“初步市场化”的改革，不是所有的发电企业都“竞价上网”，国家只选择一部分企业竞价上网，像石龙坝发电厂就没有实行“竞价上网”。只是由改革前的国家统分制度，变为改革后的自负盈亏制度。而且只进行发电企业的市场化改革，供电网企业还没进行市场化改革，所以还没有“竞价供电”，这样会造成以上讲述中提到的发电厂职工和供电网职工收入悬殊的情况。

① 马曜编《云南简史》，云南人民出版社，1983，第 62 页。

这种情况促使石龙坝人产生了严重的“不公平感”。第四个方面，直接的原因是2003年由于滇池的螳螂川上游一些化工企业长期以来大量超标排放氟硅酸废水，由于水质具有腐蚀性，所有水工建筑、水上设施损坏极为严重。1910年从德国引进并且运行了93年的第一台水轮机的转轮报废，造成的直接经济损失初步预算达500多万元。2003年3月到11月，石龙坝被迫停产，石龙坝遭受了历史上最大的损失。第五个方面是工人们的不安全感增强。因为2003年停产，2004年石龙坝发电厂出现了发不出工资的问题，工人们说拖欠了好几个月，最后HD集团云南公司批准他们贷款发工资，暂时解决了问题。但因为是自负盈亏，厂里还是很困难，当时老工人王有才去世，厂里连国家规定的2万多元丧葬费也拿不出来，这强烈地增强了石龙坝人的不安全感，促使了他们的集体行动。

7.2　风水树与隐秘信仰

7.2.1　风水树之死

对于石龙坝2003年以后出现的困难，很多老职工还有一些青年职工私下里和我说，石龙坝走下坡路是因为石龙坝风水遭到了破坏。以下是一位老工人腾师傅关于风水被破坏的口述。

> 自从1996年石龙坝将百年的桉树拦腰砍断，桉树死了后，动了石龙坝的龙脉，那之后，我们石龙坝就开始走下坡路了，一年不如一年。听老师傅说1910年刚建厂的时候，请风水先生看了之后，就在办公楼前栽种了两棵桉树作为“风水树”，种风水树的地方是石龙坝的龙脉。很多单位也有风水树，这两棵桉树是子母树，就在今天立“中国第一座水电站”石碑的地方，然后在厂区周围也栽种了桉树，作为“风景树”美

化环境。“风水树”一直长得很好，郁郁葱葱的。风水树庇护了石龙坝很多年，那些年滇池的水多，发电量也多，80 多年了，第一台水轮机没出过大的问题，一直运转着。到了 90 年代，桉树长得太高了，厂里面担心树枝砸下来将人砸死，就将树拦腰截断，把子母树的头砍了，树被砍断以后，就逐渐枯死了。子母树本不该死，本来可以将树稍微修理，他们却乱搞，将树拦腰切断。作为风水树的子母树死了以后，厂周围的那些百年的老树中，有 10 来棵作为“风景树”的桉树没人管它，自己就很快死了，你说奇怪不奇怪？自从“风水树”死了以后，石龙坝就一天不如一天了。到了 2003 年、2004 年陷入了最困难的时期，工资都发不了。[①]

青年工人华师傅谈起“风水树”被砍也是很心痛，他说他 20 世纪 90 年代刚来的时候“风水树”还在，天热的时候，他还会到树下乘凉，苦恼了，还会到树下坐一会儿。他回忆说：

90 年代，我也记不清哪一年了，确切的日子你可以问问其他人。办公楼前面的百年桉树，也就是老职工叫的“风水树”，因为长得太高了，怕树枝掉下来伤人，厂里就让行政科处理，他们不懂，就将树拦腰砍断，树营养跟不上，就死了，太可惜了。后来在“风水树”的地方建了“中国第一座水电站”那么大一块纪念碑，本来石龙坝脸面就不大，还在那里立石头碑，相当于在石龙坝的脸面上钉了颗“瘊子”。中国人讲方正，讲风水！以前我们办公楼一进去就是椭圆形的花台，因为办公楼的天井是四方的，和椭圆形的花台相应就是方圆，

① 笔者根据 2011 年 10 月 3 日的访谈录音整理。

我们厂也将它拆了，我们厂的风水都被破坏了。听老师傅讲原来建厂时希望能一代一代“耀龙”，就像龙的传人那样一代一代传下去，你没看第二车间的护栏上的石刻“灿霓电，亿万年”，哎，不知道它还能传多久啊?![1]

石龙坝的诗人金艺平看到百年“风水树”死了以后，伤心之余，写了一首诗《无题》以作纪念。

无　题

故者植苗翳荫成，百年清秀赛春城。
鸟颉子戏黄昏暮，雀唱君闻醒又晨。
一朝斧锯随声起，几多姿影敕磐痕。
耄人捋颌无声语，有道新人胜旧人。[2]

7.2.2　隐秘信仰

刚到石龙坝的时候，我问几位工人他们信仰啥，他们含糊其词地说：“那是封建迷信，都不让搞了，我们现在啥也不信了。”后来随着我和工人熟悉了，他们将我带到家里，我发现好多石龙坝的工人家门口的门楣上方挂着镜子，还有的在镜子下方挂着红布，红布上画着八卦图或写着看不懂的文字（见图7－2）。我问老职工这是做什么用的，他（她）们说是驱邪的咒语，是请懂风水的人做的，他们也不懂上面的图和文字，就是辟邪和佛保佑的意思。镜子是照妖镜，不让一切妖孽和不干净的事进家。谈到为什

① 笔者根据2012年2月17日的访谈录音整理。

② 这首诗刊载于云南省电力集团办的《云电诗词》2010年专刊。

么挂这些，老曲师傅这样回答：

石龙坝这些年风水不好了，不太平，你看，滇池水也少了，水质污染很厉害，我们这里流传着一句话："石龙坝人的良心丑了，连水都绕开石龙坝走了，下雨都不往我们这里下。"这些年莫名其妙地就死人，还有自杀的，还有掉在水塘里被水冲走的，还有突然得疾病死去的。我们的生产越来越不行，你看，去年一年没发几度电。我们职工的生活越来越不行，你看别的工厂都享受过福利分房，我们没享受过福利分房；别的厂的工人都享受过住房补贴，"95 年房改"的四五万住房补贴到现在都没给我们发，以后也不会发了。我们在这里工作了一辈子了，连个房子都是租的，哎，连个往下一代传的基业也没有。

我们的老家属最惨了，为厂里奉献了一辈子，电站的后勤保障工作都是她们义务劳动，可是辛苦了一辈子，没有转成正式工，只有一个冉师傅每次上级领导来，她就下跪反映她的问题，领导实在脸上无光，就给她转了，没想到才转了一个月就死了，命不好啊！石龙坝老家属的命都苦啊！像普坪村电厂、昆明职工电厂的职工都转成正式工了，就我们厂不给转，解放后昆明印染厂、普坪村电厂、耐火材料厂来招工，很多家属都填表了，领导找家属们谈话说，说家属都走了，没人支持生产，不让去，不给盖章。80 年代国家有"关于临时工、家属工、合同工"三工转正政策，在其他单位早已施行，可是在石龙坝竟然没有传达，到 2000 年我们才知道国家有这个政策，但是已经晚了，过了这个村就没这个店了，政策的大门关上就不会为你打开了。现在的时代不同了，我们也没得（没有）办法啊，看着别人挂镜子和红布我们也挂，有神和佛保佑，图个安心。①

图 7－2　职工家门头上的驱鬼辟邪符和照妖镜

石龙坝的职工和家属不但在家门口挂镜子、挂红布，很多职工家包括不少年轻的职工家的门上都贴着门神秦叔宝和尉迟恭的画像（见图 7－3），工人们说主要是看别人贴，自己也贴，门神有“驱妖辟邪”和“纳福迎祥”的作用。我进入工人的家里，刚开始是坐在客厅里对老工人们做访谈，看到有几位老工人的客厅里挂着毛泽东的像。石龙坝没食堂，后来和老工人们熟悉了，一到吃饭时间他们就打电话让我到他（她）们家吃饭。吃完饭我就到厨房帮忙，当进入厨房区域，我发现了他（她）们供着观音菩萨、弥勒佛等菩萨和佛的塑像。有的老工人家里是将厨房和客厅用柜子分开，在背对着人的墙这一面设置佛龛，里面供奉着观音菩萨（见图 7－4），还供奉着水果、蜡烛之类，如果不往厨房走，客人是看不到佛龛的。我问这家的老工人为什么供奉佛龛，她说主要是别人供，她也就供，主要是为她死去的母亲供。后来更熟了，她告诉我

① 笔者根据 2011 年 11 月 28 日的访谈录音整理。

以前厂里的很多职工和家属都供佛，后来“文化大革命”“破四旧”，人们都不敢供佛了，怕别人说自己搞封建迷信，有的人还因为被发现信封建迷信而影响了升职和入党。她说，她有一次梦见以前死去的一个同事，按照老规矩，梦见死去的人对自己不好，要给死去的人烧烧纸，她就在天黑以后在楼底下给死去的这个工人烧纸。她那段时间正好交了入党申请书，就有人提出反对意见，说看见她烧纸，搞封建迷信，结果她到退休都没入成党，20 世纪 90 年代以前，在单位没入党，就是再有才华，干得再好也不会得到提拔。

图 7－3　职工家门上贴的秦叔宝与尉迟恭门神

图 7－4　工人家里墙上的水画与毛泽东画像

图 7－5　门后供奉的佛像

我在一位老工人荣师傅家吃过午饭，就到厨房帮着刷碗，他坚持不让我刷，在我的坚持下，我走进了厨房，刷完碗忽然看见水池旁边的旧的木桌上供有观音菩萨塑像、弥勒佛塑像，还有毛泽东的像，毛泽东像不是塑像，是一个镜子的反面印有毛泽东的头像。毛泽东的像放在中间，观音菩萨塑像放在左侧，右侧是弥勒佛菩萨的塑像（见图 7－6、图 7－7、图 7－8）。供桌上供着水果，还有燃过的香。他一看见我看到了供台，感觉很不好意思，我还没问他，他就说：“别人请佛，我们也跟着请了，家里太小了，没地方放，就放这里了。”我观察了他的家，有 50 多平方米，但其实最大的是客厅，最小的是厨房。后来聊得熟了，他告诉我，他和他老伴都是党员，不能让别人知道他们搞封建迷信。我问他为啥除了供菩萨还供毛主席，他这样回答：“我们老一代都很怀念毛主席那个时代，那个时代真的是为人民服务，虽然物质上不宽裕，但精神上很富裕，人都是一心想着为国家，没想着为自己。毛主席现在也是神，你看好多出租车里都挂着毛主席像。”他拿出了他收藏的像章，有 20 多块，里面有好几块毛主席像章，有转业到石龙坝之前参加淮海战役、西南大解放的像章，还有“文化大革命”时候的像章等。他说“文化大革命”的时候“破四旧”，很多职工将家里的古书、字画、佛像都忍痛烧毁了。最可惜的是石龙坝的老领班袁应标师傅，他的父亲是清朝时候的一个文官，祖祖辈辈书香门第，家里有很多明朝、清朝、民国时期的珍贵的文物、书籍和古字画，还有家里供桌上的几尊明朝时候的瓷佛像，因怕被打成反革命，都“忍痛割肉”地烧毁了。他说：“现在厂里这种状况，没人管我们，

图 7－6　厨房里供奉的毛泽东像和佛像

图 7－7　老工人设在厨房的供桌：毛泽东像居中，左侧是观世音菩萨像，右侧是弥勒佛菩萨像

看病都很困难，找不到‘庙门’帮工人解决实际困难，我们只有拜拜佛，找个心理安慰。拜毛主席，主要是怀念那个时代。”

图7－8　青年工人办公桌上的玻璃板下的毛泽东像

当我在厂子里，问一些年轻的职工是否有过这些信仰或祭拜行为时，他们都坚决地说：“我不信封建迷信！”我在跟着一位工人师傅一起值夜班时，和车间里的另一位师傅聊天，无意间她告诉我厂里无论是年轻人还是老年人，在清明节或者老人去世祭祖的时候都会拜山神，让山神保佑祖先、厂里和家里。这个说法，我在厂里的多位职工那里得到了印证，连一些中层干部也承认他们祭祖的时候要拜山神，但他们首先澄清这和搞封建迷信是两回事，这是祭祖，是国家允许的，“你看，国家专门将清明节作为节日，清明拜山祭祖是中国人的传统，不能忘了祖宗”。一个年轻的职工是这样看待山神崇拜的。

据我所知，云南这个地方，不论是少数民族还是汉族，大都崇拜山神，你们北方应该也有人信山神。我觉得凡是中国人大都是信山神的，中国多山，山神其实就是土地爷，家家都有祖坟，祖坟都离不开山神的保佑。我们石龙坝这块每个人或者每家都有自己的山神，有的人家的山神是一棵树，有的人家的山神是座山，叫神山，有的人家山神是座小庙，有的人家的山神就是块石头；有的山神是祖传下来的，有的山神是从老家的地上迁移过来的，有的山神是各自请彝族的“毕摩”、藏族的“阿吹”或汉族的“风水先生”挑选的。我们家是汉族，像我家的山神就是一块石头，是我父亲生前从老家迁到石龙坝的。

以前祭祀山神的仪式很严格，清明节那天拜山祭祖不允许女人去，也不允许外人去，现在不像过去那么严了，家里实在没男的女的可以去，但外人一般不让去。去的时候带上一壶干净的凉开水，还有好酒和做好的饭菜，这些贡品代表着每个家庭的心。当祭祀的时候，先祭拜山神，山神是墓地的守护神，之后祭祀祖先。去了坟地，会先将坟前清理干净，然后把水和酒分别倒在碗里；将做好的饭菜拿出摆放后，点上三炷香，并将水和酒敬奉山神，全家老小排开，老的在前，下一代在后，对着山神磕三个响头，对着山神说：“山神老人家，谢谢您保佑我们的祖先！谢谢您对我们全家的保佑！祈请山神继续保佑我们的祖先，保佑石龙坝风调雨顺，保佑全家每个人一年平安和顺利！”接下来就祭拜祖先，给祖先烧纸钱，然后全家在祖先坟前一一磕头，请祖先护佑他的后代，并告诉下一代这是你们的祖先，以后也来这里祭拜；祭拜完后，一大家族的人就围坐在山上分享山神和祖先祝福过的食物，祭拜祖先是全家人最团结的时候，一大家子人分享各自做的菜，一边吃饭，一边给下一代讲一下祖先为家里做的贡献和祖先传下来的好传统，等到檀香和烛火点完后就下山。每次拜山祭祖后，家里都比以前团结了。[1]

① 笔者根据 2012 年 1 月 6 日的访谈录音整理。

石龙坝的人告诉我，在职职工一般都是在清明节或家里老人去世的时候才会祭拜山神，但很少对外人言说。虽说改革开放后宗教信仰自由了，但毕竟是国有企业员工，信佛和拜山神只能私人拜，说出去影响不好。在职职工大多数是汉族（见表7－2），但他们认为拜山神不是哪一个民族特有的信仰，是云南地区普遍的信仰。

表7－2　2011年石龙坝发电厂在职职工民族构成

民族	汉族	彝族	白族	满族	土家族
人数	38	5	1	1	1

注：根据2011年石龙坝人事科提供的数据绘制。

我和厂里的几位老工人及家属熟悉了，他们同意我跟着他们去拜佛和拜山神。2011年11月8日，一位老工人悄悄和我说后天（2011年11月10日）是农历十月十五，他们要去甸基村或青鱼塘村的庙里去拜佛和拜山神。甸基村的庙大一些，青鱼塘村的庙小一些，如果后天不下雨，就到甸基村，如果下雨，就到青鱼塘村。11月8日我到一位老家属吉妈妈家的时候，她正在叠祈福的金元宝，我学着吉妈妈的样子将金色的纸叠成元宝形状。她用红纸剪出好几对“春天”“青吉”“出入平安”“平平安安”等字样的剪纸，然后用熬制好的糨糊，小心翼翼地贴在叠好的金元宝上（见图7－9），吉妈妈说这些金元宝蕴含着这样的寓意。

图7－9　自制拜佛的金元宝

资料来源：笔者于石龙坝工人家中拍摄。

“春天”是万物生长、精神焕发的季节，四季轮回，春天表示新生和希望。

“青吉”就是“清吉”，表示人一年清清洁洁，不被妖魔邪气影响，清洁身心，吉祥如意。

“出入平安”和“平平安安”都表示一年平稳安全、顺利。

2011 年 11 月 9 日下了雨，路不好走，所以吉妈妈她们决定去附近的青鱼塘村的皇恩寺，11 月 10 日，也就是农历十月十五，我早上 8 点钟到吉妈妈家，吉妈妈已经做好了贡品饭——糯米饭，就是用糯米蒸熟以后放上红糖和红枣，吉妈妈说其实还应该做八宝饭，因为她家困难，所以只能做简单的糯米饭。她把厨房的窗户打开，在窗台上点燃了三炷香，在铁盆里烧了三个金元宝，拜了三拜，表示敬天；然后在家门口前的过道上点了三炷香，并在门口的铁盆里烧了三个金元宝，拜了三拜，表示敬地；再回到屋里，在灶台旁边点燃三炷香，点烛，在地上的铁盆里烧了三个金元宝，表示敬灶神。过了一会儿楼上的冉师傅叫我到他们家吃早饭，我看见冉妈妈（冉师傅的老伴）正在窗台上点燃三炷香敬天，然后又敬地和敬灶神。她已买好了去寺庙的香，还提前烧好一壶水，说是净水要敬佛，冉师傅将烧完的香灰和纸灰用纸包好，说要将它们放在河里，顺着水流走，表明一年顺利和细水长流。做好这些准备，我拎着水壶，冉师傅拎着香，到楼下叫了吉妈妈。另一栋楼的林妈妈，还有一位宁师傅一起出发到皇恩寺。因为下了雨，路不好走，冉师傅带着我们从石龙坝办公楼侧面的那条路上走，那条路过去就是一条小河，吉妈妈和冉师傅各自将烧过的香灰轻轻撒在河里，寓意细水长流，带来好运。因为抄了近路，10 分钟后我们爬上一座小山的山头就到了青鱼塘村的皇恩寺（见图 7 - 10）。杨师傅说皇恩寺虽然是青鱼塘村盖的，但是由私人庙主管理，平常不开，只有在佛的节日、春节期间或赶庙会时才来人，村民平常是在家里供佛，林妈妈用提前向庙主要好的钥匙打开门。

学祖师和武财神，一一点香、点烛，因为金元宝已经烧完，所以就在蒲团前一个一个磕头；拜完右侧，再转拜位于殿中间的“大黑天”菩萨，点香、点烛、磕头；拜完中间，再到左侧，将文财神、送子观音、净水观音、送子娘娘、土地、地亩（应为“母”）一一拜过；拜完“大黑天”殿，走出皇恩寺庙门，并在庙门下的两个点香的小铁桶上分别点三炷香，拜上三拜。我问冉师傅，这又是拜哪位菩萨，他说是拜庙门上贴着的两位门神尉迟恭和秦叔宝；然后还在门前一对石狮子前面的小铁桶里点上三炷香，拜上三拜，冉师傅说石狮子也是神。拜完后，我们将贡品从观音殿全部拿下来，一起分着吃了一部分，分享贡品的时候，大家都很开心，连因贫病交加一向很少笑的吉妈妈也高兴地一边吃一边和我们说着话。分享完敬佛的贡品后，我们一行人就下山了。路上吉妈妈告诉我给佛供灯表示光明，水表示清洁，食物表示饱满，水果表示佛果。我问她为啥寺里没有供水神，她说山神将他那片土地上的人和水都管了，而观音菩萨啥都保佑，所以先要拜观音菩萨。在回来的路上宁师傅一再叮嘱我照相时别照上他，将来写论文时也别写他的名字，将来我写好论文，先让他看一下，他还在厂里上班。我说让他放心。

为了了解山神信仰是不是像石龙坝人说的那样在云南很普遍，我到附近的村子青鱼塘村、小海口村还有甸基村去实地调查，看到村民的门上一家家都贴着门神秦叔宝和尉迟恭的画像。我问那些坐在村里晒太阳和聊天的年轻媳妇，问她们是否拜山神，她们说拜山神，不但清明节祭祖的时候拜，过庙会，或者初一、十五都拜，尤其是在每年的农历六月二十四这天，安宁这一带的村子都会举行规模很大的山神会，除了回族信伊斯兰教不拜山神外，这几个村子里的彝族、白族、汉族、苗族都拜各自的山神。我又访谈了昆明的云南民族博物馆各民族文化的研究人员，汉族的王老师说云南地区的汉族大多在祖坟前立一个山神的牌位，清明拜山祭祀祖先的时候，要先拜祭山神再拜祭祖先，如果要迁新坟地，也要先立山神的牌位，请山神保佑；彝族的戴老师、普老师、邱老师告诉我彝族普遍信仰山神；白族的杨老师也告诉我白族信仰山神；纳西族的张老师说他们也会在清明节拜山神；藏族的李老师和高老师告诉我他们也拜山神；傈僳族的李老师和我说傈僳族也拜山神。后来我还到云南的开远、蒙自、个旧等地区做田野调查，问到这些地区的彝族、苗族、哈尼族、汉族人时，他们说他们拜山神，只不过每个民族、每个地区、每个村或者每个家庭甚至每个人都各自有自己所崇拜的山神（见图 7 - 12）。

图 7 - 12　供奉山神

资料来源：笔者拍摄于云南昆明安宁青鱼塘村皇恩寺。

7.3　圆通天地与半工半农

7.3.1　生态循环与手工养地

我在石龙坝发现家家都在厂里开辟了一块菜地，很多家还养着鸡。前文我们已经提到新中国成立后，石龙坝的家属就组织起来，通过种麦子、蔬菜等为职工服务。石龙坝人告诉我种地是石龙坝的传统，有的工人说新中国成立前工人们就种地，还有的老工人说1910年建厂时候，石龙坝人就开始开辟荒地。当2011年9月22日、2011年10月2日我到石龙坝离休职工费老师傅家访谈的时候，他回忆说新中国成立以前石龙坝的工人就种地，因为新中国成立以前大多数工人是农民出身，种地是延续下来的传统，所以工人会在下班后和家属一起将厂里的房前屋后开辟出来。工人们会在春天清明节后撒秧苗，夏天种玉米收小麦，秋天收玉米，种小麦、蚕豆，冬天间苗、除杂草、施肥等，一年四季都种蔬菜。几位老职工家属们回忆，在20世纪50～70年代，石龙坝成立了家属福利社，后来叫家属委员会，家属委员会下设六个组：蔬菜种植、食堂、饲养、缝纫、加工、托儿。她们将闲置的土地开辟出来，种上各种蔬菜，她们种的蔬菜除满足本厂职工外，还部分支援给云南电力局、昆明供电局、普坪村电厂、马街电厂、喷水洞电厂等单位。老职工万师傅回忆说他在20世纪50年代到60年代担任家属福利社社长，他们福利社办了一个小餐馆，开了一个缝纫铺，种菜地、做豆腐、养鸡、养猪、养兔子，一般是供给职工食堂，过年过节时还分给职工，厂里不需要了再卖给外面的单位。

石龙坝人认为他们种地和周围甸基村、青鱼塘村、小海口村的农民不同，农民种地撒化肥和喷农药，他们是生态循环模式种地，手工供养土地，他们视滇池之水和土地如同父母，需要手工供养。而他们不撒化肥也不喷农药，他们也让地里的蚯蚓还有其他菜虫自由自在地和土地一起生长。他们手工供养土地，用滇池活水灌溉土地，保持土质、水分、动植物和微生物的平衡，进行土地轮作，并将植物的茎秆、动物的粪便作为天然生态农家肥，有的工人给石龙坝的土地起了很好听的名字：“生态农场”。

为了了解“生态农场”的情况，2011 年 10 月 3 日我到 20 世纪 80 年代时任石龙坝厂的厂长家中访问。厂长说 80 年代石龙坝所发的奖金在云南电力系统是最高的，但是为了利用闲置的土地资源和丰富职工生活，成立了副业组，将空地作为农场，让职工家属种地，谁想种就种，不会种的跟着别人种，还有养猪和养鸡的，他家就养了猪。他说：“那个时候，真的是半工半农，工人们认认真真上班，下班后就种地、养鸡，书记后来还承包了飞来池养牛蛙。”他们种的菜不打农药不下化肥，除了满足本厂职工，还部分支援给云南电力局和其他电厂单位。后来我访问 80 年代时任石龙坝厂的书记时，书记说他是在退休后养殖牛蛙的，在厂里的时候，他家也种过一小块地，种一些蔬菜。石龙坝厂原党委委员费师傅是前面提到的老费师傅的儿子，他回忆说 90 年代他负责管厂里的后勤，厂里划了 4.8 亩的空地作为葡萄园，家属参加义务劳动，葡萄熟了以后，作为福利分一部分给职工和家属，还卖一部分到外面的局机关和其他单位。万师傅的大儿子和二儿子是石龙坝的职工，他们俩都回忆说 1992 年石龙坝搞多经（多种经营）时他俩承包了 3.7 亩地种葡萄，培植了 3～4 种巨峰葡萄。他们向从外省到云南种葡萄的专业户学习，而且还边看书边实践，他们种的葡萄利用的是天然生态肥，并向附近农民购买了 50 吨猪粪作为肥料等，除了供给厂里外，还销售了一部分给很多电力企业。后来因为成本高、太艰难就转干别的了。

职工们和我说种地更是他们每次遇到生产或生活困难的时候，调节情绪的一种手段。梁妈妈是厂里的老职工家属，她随丈夫 1957 年到了石龙坝，作为家属为石龙坝服务了一辈子，生了两个儿子和一个女儿，大儿子梁师傅和儿媳云师傅现在也在石龙坝工作，2011 年 10 月 5 日在她昆明的女儿家我访问了她，梁妈妈回忆说：

五六十年代那个时候，国家真的是很困难，石龙坝职工的日子也很艰难，我们家属都是从农村来的，都没工作。本身自家生活也很困难，像我有三个孩子要拉扯，但是为了支持工人能搞好生产，我们家属组织起来成立了家属委员会，辅助生产和搞后勤，大坝垮了和工人一起抢修，在前池捞草、修路、打围墙。停机大检修时，擦洗机床零件都是我们在做，挖沙、建房子、盖茅草，还办食堂、托儿所、给职工做衣服；我们还将大菜地（地名）、小湾田，还有前池前面的地开垦成田地。家属委员会刚成立的那会儿一分钱也没有，我们就拿自己的钱买种子和菜秧子，我们种苞谷（玉米）、麦子、苦菜、白菜、豆子等，还养猪、养鸡、养羊，猪粪、鸡粪、羊粪我们放在地里作为肥料，用石龙坝的活水浇地，将麦子磨成面给职工蒸馒头，麦子壳和烂菜叶给猪、羊、鸡吃，玉米秆烧火，一点不浪费。逢年过节，职工可免费按人头领取一份蔬菜和两个馒头。我们种的菜除了服务厂里的职工，还支援其他电厂。除了辅助工人生产和干农活，我们还到车间给职工唱花灯戏，我们自己编自己演的花灯歌舞《庆丰收》分别获得了云南省电力局和昆明市的一等奖，还到附近的青鱼塘村、甸基村、马料河村给农民演出，很受欢迎。我们基本上是义务劳动，挖水井的时候很苦，厂里给我们每位家属1块2毛5分，家属委员会扣除1毛6分作活动经费。我们那时候年轻，不觉得苦也不觉得累，一天开开心心的，那个时候真的是以厂为家，一心为公啊！①

我去梁妈妈家的那天，正好她的儿子梁师傅和儿媳云师傅到

① 笔者根据2011年10月5日的访谈录音整理。

昆明来看她，给她带来了他们在石龙坝自己种的韭菜，梁师傅说他们种的韭菜不打农药不撒化肥，就用前池的水浇地，完全是绿色的，比昆明的韭菜好吃多了。她妈妈最爱吃石龙坝自己种的菜，还自豪地将他们种的绿色蔬菜当作礼物送给楼下的邻居和她画画班的朋友，还有照顾过她的医生。儿媳云师傅说她将自己种的菜当作每次看望婆婆的礼物，因为在昆明买不到这些菜，每次来之前她都摘好，带上两大袋，一袋让婆婆和大姑子家吃，一袋让婆婆送人。梁妈妈也和我说她将儿子种的绿色蔬菜送给邻居和朋友，回报人家平常对她的关照和情谊，她（他）们都夸好吃，她感到特别高兴。梁妈妈的女儿也和我说石龙坝种出来的菜是天然绿色的，无污染，她们全家都喜欢吃。云师傅告诉我，他们下班后种地，一方面是因为石龙坝偏僻，买菜不方便；另一方面是因为她在石龙坝小水电工作，就是青年电厂，是集体企业，和爱人梁师傅他们所在的国有企业不同，没水发不了电，就发不了工资，保险和医疗也停了。这几年昆明干旱，滇池水很少，所以已经很长时间没发电，为了减少开支，他们就自己种菜吃，只有种的菜不够吃的时候，才会坐班车到昆钢或安宁的菜市场买点。此外，现在社会到处是污染，他们都不敢吃在菜市场和超市买的菜，怕得病，觉得还是石龙坝地里种的菜好，天然种植，没有污染。她说种的菜不会卖，在厂子里，大家住在一起，相互之间互相关照，互相送自己种的菜，又高兴又有成就感。云师傅多次叫我到她家吃饭，吃她种出来的绿色蔬菜，很鲜美，当然除了菜好外，她的烧菜手艺也好。她说她种菜还不是种得最好的，厂里的吴老师（因为吴师傅在厂子弟中学教过学，所以厂里的人称呼她为吴老师）和她 80 多岁的老父亲“愚公移山”，愣是将那些没人种的石头地开垦成了良田（见图7－13 至图 7－17）。

图 7－13　80 多岁的老工人家属从厂区到地里干活的路上

资料来源：笔者拍摄于石龙坝水电站。

图 7－14　郁郁葱葱的石龙坝人的菜地

图 7－15　兼农的收获

资料来源：笔者拍摄于石龙坝水电站。

图 7-16　石龙坝人家属楼前的菜地

资料来源：笔者拍摄于石龙坝水电站。

图 7-17　在工作之余打理蔬菜地

资料来源：笔者拍摄于石龙坝水电站。

我和吴老师其实已经见过面，曾经在办公楼访谈过她，但是没有去过她家。吴老师 60 多岁，已从石龙坝电厂退休，她说她很爱石龙坝也很为其担忧，她写的《中国水电鼻祖——石龙坝电站》发表在 1993 年 10 月 21 日的《昆明日报》上。她 1970 年从云南电力中专学校毕业后被分配到石龙坝电厂，父母都是知识分子，父亲是新中国成立前毕业于武汉水电学院的大学生，退休前是云南电力局的工程师，退休后就跟着吴老师在石龙坝种地。那天我在四车间，四车间的赵师傅说她带着我去吴老师家访问吴老师。到了吴老师家，她非常热情，她让我别走了，坚持让我在她家吃晚饭，我就留下来吃饭。吃完饭我观察她家，在聊天中我得知，她家也是公租房，面积不大，50多平方米，但是很雅致，令我惊奇的是，她家那些漂亮的艺术品都是她自己做的。她说是以前用燃烧完的废煤渣做的，很多都送人了，只留下两个摆在家里，现在煤渣很难找，要不然她也会给我做一个。她送了我一个她用废纸片和废布料做的首饰盒，很精致，根本就看不出是用废纸、废布做的。她家沙发旁放着两顶很好看的帽子，都是她用穿旧或穿烂的衣服做的，她还拿出她功能齐全又好看的包，也是用旧衣服改的。她说有一次在街上，一个不认识的女孩问她漂亮的背包是在哪里买的，她说是自己用旧布做的，人家很惊讶。她还用带花纹的旧布做成好看的杯垫，不好看的做成拖地的拖布。她说她不是因为生活困难才这样，她退休后一个月一千多块钱的退休金，女儿大学毕业在网易工作，不用她操心，这是她们那一代人的价值观，废物利用，物尽其用。在变废为宝的过程中，她觉得很有乐趣，她说厂里不止她一个人这样物尽其用（见图7－18）。

图7－18　工人师傅利用废旧材料做的生活用品

资料来源：笔者拍摄于石龙坝水电站。

随后的几天里，吴老师带着我去看她和爷爷开垦的石头地。在石龙坝前池旁边的一块石头地上，她和爷爷用尼龙丝袋从很远的平地上一小袋一小袋地运新土到这里，用了两个多月的时间，用新土在石头地上造了 20 多厘米厚的两块菜地，菜地周围还被吴老师和爷爷用旧砖砌得很平整。地里种着玉米、韭菜、葱、丝瓜等，因为是刚开始培养的新土，所以，玉米和蔬菜长得没有云师傅家的菜旺盛，但能在石头地上种植出各种菜来已经是奇迹了，吴老师说当时周围的邻居都不相信石头地上能种菜。吴老师用旁边水池里的滇池水浇地，下雨的时候，雨浇灌地，就不需要人工浇水了。她还利用旁边天然的坑做了个肥料坑，将吃剩的骨头放在里面泡着，她说是肥料，对庄稼有好处。吴老师家还有自己的家庭养鸡室（见图 7－19），是利用厂里废弃的平房改造的。平房是以前厂里给工人集体盖的，高楼盖起来后，平房就废弃了，平房就在菜地的旁边，我看到很多工人将废弃的平房作为养鸡室，规模小点的就在自家楼下做个小鸡窝。吴老师教我怎么种地、施肥，还带我参观她和她的父亲养的鸡，吴老师和我熟了以后，很喜欢我，说让我当她的干女儿，让我称呼她的父亲为爷

图 7－19　石龙坝人的家庭养鸡室

资料来源：笔者拍摄于石龙坝水电站。

爷，她的弟弟为老舅。爷爷每次都将地里的烂菜叶切好给鸡吃，她们养的鸡不吃饲料，就吃地里的绿色烂菜叶，还有自己种的玉米，她们用鸡粪再回归菜田做肥料，一点不浪费，还用鸡毛做毛胆子。

吴老师的弟弟也就是老舅是云南理工大学毕业的，曾是云南省建公司的工程师，后来到了珠海工作，他告诉我说很喜欢这里，所以辞职来到了石龙坝，欢喜地当起了农民。他说自己除了档案上写的不是石龙坝人，比石龙坝人还爱这里。我们那几天吃的鸡蛋就是老舅用生态的方法试验出来的新品种，蛋黄比普通的大，吃起来很香。他养了很多只小鸡，小鸡天黑之前会一个叠在另一个的背上，叠得太多，就压死了好多只，他很痛心，所以他要每天守着小鸡，用棍子将它们隔开，等到天黑小鸡就不会叠在一起了。那几天，每天中午和晚上吃饭的时候，吴老师会和老舅聊他们新种的哪种菜长势喜人，或聊一聊鸡这几天又有啥好表现，并一个劲地劝我多吃。

跟着吴老师在地里干活的那几天，我除了看见老职工和家属在地里，还看到在职的职工下班后脱下工作服，穿上干农活的衣服背着箩筐到自家的地里干活，因为石龙坝的职工是白班、中班、夜班三班倒。石龙坝因为近几年经济效益不是很好，工厂就将一大片土地租给了周围农村的农民获取租金，所以职工们只能开垦那些坡地和荒地，有的土地是上一代开垦好传下来的，每家的地都是这儿一小块、那儿一小块，并不在一起，面积都不大，菜大多只够自己吃，不出去卖。我常看到工人们在地头交流种地的经验，就像我看到他（她）们在车间交流生产经验一样那么认真，工人们还将自己收获的新鲜蔬菜、玉米送给周围菜地的工友和楼上、楼下的邻居。我和吴老师在地里时，王婆婆送来了她种的豌豆角，张师傅摘下玉米直接给我们扔过来

（见图 7-20），给得太多，我和吴老师都拿不了了，吴老师说她家的菜采摘后，她也是一路上见到人就送，和别人一起分享收获的喜悦。

图 7-20　工人师傅为我采摘她家的玉米

资料来源：笔者拍摄于石龙坝水电站。

我们采摘玉米的那天，吴老师说要让我尝一尝一点化肥都没有的天然玉米饼的味道。结果晚上回去，楼下的李阿姨将她蒸好的玉米饼给我们送上来了，吴老师也将采摘的玉米给她，吴老师用油煎的玉米饼，那个晚上我吃到了两种味道都很鲜美的玉米饼。石龙坝人种出来的菜和粮食很香甜。

除了互相交换蔬菜，工人和家属们还交换用自己种的蔬菜和滇池水腌制出来的咸菜。我观察到很多家都有咸菜缸，吴老师家的咸菜就是吉妈妈送来的。一天中午吉妈妈叫我去她家吃中午饭，她给我炒她腌制的茄子酢，这是昆明人最爱吃的一种咸菜，用晒干的茄子和米粉还配有辣子、八角、咸盐等装在土罐里腌制而成，吃前要将茄子酢用油炒一下，香味就出来了。吉妈妈正给我炒着茄子酢，下班回来的洪师傅拿着碗过来问陈妈妈要茄子酢，说她路过窗口时闻到了香味，太香了，所以过来要一碗。没几分钟，李妈妈也闻到了，也拿着碗过来，吉妈妈给她们一人舀了满满一碗。过了一会儿，洪师傅将她做的红烧肉给吉妈妈送了过来，说看见我来了，让我也尝尝她做的红烧肉。

吃完饭，吉妈妈让我看她用废布纳的鞋帮子，还没有缝底。吉妈妈说她腌制的咸菜不像市场上卖的要放化学原料，她腌制的是纯绿色的，一点害处也没有，而且洗得很干净。吉妈妈说她现在身体不好，地种不动了，主要是儿媳妇小叶帮着种。吉妈妈说自己命很苦，幼年丧母，中年丧夫，晚年丧子。父亲在石龙坝工作，她的丈夫沈师傅以前是解放军，跟着刘邓大军打到云南。她从老木箱里拿出个红布包，一层层打开，里面是部队发给她丈夫的渡江战役纪念牌（华东军区 1949 年颁发）、淮海战役胜利纪念牌（中原人民解放军 1949 年颁发）、解放西南胜利纪念牌（中国人民解放军西南军区颁发），她说这是丈夫贡献国家的荣誉，要一代一代传下去。沈师傅新中国成立后就转业到了石龙坝，勤勤恳恳地为石龙坝工作，忙得顾不上家里，因为太劳累，得了心脏病仍然继续工作。有一次厂里的领导来家里慰问，让家里有啥困难就告诉组织，沈师傅说："没困难，请组织考虑其他同志！"吉妈妈说当时家里很困难，但沈师傅说国家困难，不能给组织添麻烦。那时候吉妈妈是家属，没工作，在厂里参加家属委员会基本是义务劳动，遇到厂里的重活，给一点钱。她在厂里一直干到 63 岁，也没转成正式工，丈夫因为得病没有很好的医疗条件，又不和组织说，所以 1982 年就病逝了。因为 1982 年国家还没有出台有关家属的遗属费政策，所以她没享受过一分钱遗属费。她有 4 个子女，丈夫去世后，她就靠着给厂里扫地，做点零活，还有在自己家地里种菜和腌制咸菜养活一家子，以前没病的时候，用箩筐背着自己种的菜到安宁去卖，今年卖不动了。

吉妈妈干活干到 63 岁，厂里就不让她干了，嫌她年龄大了。她的 4 个子女都被工厂招了工，三儿子在石龙坝工作，人也很老实，勤恳干活，在检修车间干过、在行政岗位也干过，后来又抽生活水，天天值班，没有休息。人太老实，人病了还背一大篓筐草。有一次下大雨去抽生活水，回来后发烧烧成了胸膜炎，后来病重就去世了，留下了儿媳妇和未成年的孩子。儿媳小叶也是从农村来的，没工作，儿子去世后，小叶就在厂里打零工，孙女考上了云南的一所旅游类中专学校，学费很贵。小叶舍不得吃穿，每天打扫厂区和抽生活水，下班后就种地，种玉米和蔬菜，小叶虽然种的菜不多，但每次摘了菜就给她送过来，还将玉米磨成面给她送过来。吉妈妈说如果没有土地，她和儿媳妇、孙女的生活会更艰难，因为她的其他 3 个子女不是下岗就是厂子效益不好。她说自己每个月只有 300 元的低保，以前比这更低，这 300 元钱她不敢乱花，就是买袋米、买桶油，不敢买药，更买不起医疗保险，实在疼了才买点药压压。过年过节地里自家种的蔬菜就是她给其他 3 个子女的好东西，对厂里的邻居她能给别人的就是自家种的新鲜蔬菜和腌制的咸菜。我在石龙坝发现，很多人的家里都有咸菜土罐，都是用自己种的菜腌制咸菜，咸菜也是一种互惠的礼物。

不仅吉妈妈将自己种的新鲜蔬菜或自己腌制的咸菜作为礼物送人，石龙坝的很多人也和我说他（她）们到安宁或昆明去都要带点自己种的蔬菜或腌制的咸菜送人，有的亲戚朋友甚至打电话来直接要他（她）们种的鲜菜和腌制的咸菜，还有的亲戚朋友直接到石龙坝地里来采摘蔬菜。吴老师楼下的李阿姨和我说，石龙坝是真正一点污染也没有，她每次到昆明都带蔬菜或咸菜送给亲戚朋友，他们都很高兴，喜欢吃，比在超市买补品送给他们还高兴，补品也是添加了化学元素制成的，石龙坝人自己种的菜和腌的菜外面想买也买不到。

图 7－21　老柜子仍在使用

资料来源：笔者拍摄于石龙坝工人家里。

图 7－22　上锁的老箱子

资料来源：笔者拍摄于石龙坝工人家里。

半工半农不仅是一种历史传统，也是一种现实的退守。2003年厂网分开后石龙坝自负盈亏，发电厂的电机装机容量非常小，和其他发电企业不能比，而且滇池的水量越来越少，天干旱，厂里发电比以前少，有时候一年也不发电，使得他们的收入也跟着少了。还有一个原因是现在生活污染越来越严重，原来主要是家属和老职工种地，这些年，在职职工大部分下班以后也种地。我在厂里就遇到不少在职职工下班后到地里干活的。附近的农民也

图 7 - 23　自己用废旧衣服改做的鞋子

资料来源：笔者拍摄于石龙坝工人家里。

背着箩筐拿着农具从厂子里经过，他们承包了石龙坝的地，和工人们也很熟悉。但是工人们不认同农民的种菜方式，认为他们光想着挣钱，不关心土地和人的安全。我和吴老师在地里摘菜时，看到旁边农民正在地里给白菜打农药，吴老师说农民除了打农药，还下化肥。她给我看旁边菜地农民和她同期种的白菜，农民的菜因为打了农药和下了化肥而长得又高又好看，而她种的白菜长得很矮，颜色也没有农民的绿。吴老师说，农民种的菜，连鸡都不能吃。有个农民给了她两棵白菜，她不敢吃，就给鸡吃了，结果鸡吃了农民的菜竟然拉稀了，她说农民的菜下化肥和打农药，有毒，鸡都不能吃，更别说人了。吴老师让我以后在城市里买了蔬菜一定多用水冲，将农药残留冲走。有一次我和吴老师正在地里，忽然看见一个农民推着一车腐烂的蔬菜要往旁边的水里倒，吴老师叫住了他，批评他这是污染水源，那个农民赶紧又拉回地里了。地里的不少工人说厂里的地不该租给农民，把石龙坝都污染了。

吴老师说石龙坝人是半工半农，虽然都是种田，但石龙坝人种田和农民不同，农民只想着短期经济利益，不知道生态和环保，农药和化肥的毒素进入土地后无法排出，也无法化解；而石龙坝人是根据古老的方法种田，不用农药和化肥，用农家肥，注意水、土、天、地、人和动植物的平衡，这样才会良性循环。石龙坝人的菜上长了虫子，他们也不会将它们赶走，他们说有虫子才说明土壤肥力好，只有让万物生长，菜才能长好，人吃了后，才能更好地投入工业生产。

石龙坝人的半工半农的生产和生活理念其实是一种圆通天地的理念。《吕氏春秋·审时》言："夫稼，为之者人也；生之者地也，养之者天也。"①

7.3.2　入土为安与棺材为家

在石龙坝住了一段时间后，和工人们非常熟悉了，因为石龙坝没有食堂，所以很多工人叫我到他们家吃饭，几乎每一家我都吃过饭。熟悉以后，他们不仅带我到车间上班，和他们一起值夜班，甚至放心地让我每隔一小时通过互联网向云南电网中心传输发电信息，还带我到地里一起种菜，用手工供养土地，带我到他们利用废弃的以前工人集体住的平房改造的养鸡或放农具的"农杂屋"，我在好几家老工人的杂屋里看到了在半空中放置的棺材，也有的人没有做成棺材，而是放置了"寿材"（做棺材用的木材），等到去世时让子女加工成棺材。这样的现象对于从山西来的我是无法理解的，困惑之一是在山西人死后由子女准备棺材，尽管也有人生前准备寿材的，为死后做棺材用，但是没听说也没见过生前就准备棺材的；困惑之二是国有企业工人是城市市民，按国家殡葬制度的规定不是必须实行火葬吗？

随着在石龙坝的深入调查，我发现以前去世的石龙坝老职工的殡葬方式主要分两类，一类是 1985 年 2 月以前去世的采用土葬的方式。1985 年 2 月 8 日国务院发布《国务院关于殡葬管理的暂

---

① （战国）吕不韦：《吕氏春秋·审时》，湖北辞书出版社，2007。

行规定》，这是中国有关殡葬制度的第一个全国性的行政法规[①]，法规明确规定：“积极地、有步骤地推行火葬，改革土葬，破除封建迷信的丧葬习俗，提倡节俭、文明办丧事。”[②] 另一类是 1985 年以后去世的职工和家属采用的是火葬结合土葬的方式，即先采用国家规定的火葬形式，然后子女将火葬后的骨灰盒放在提前准备好的棺材中，入土埋葬。现在在职的许师傅的父亲是 1986 年去世的，他是这样回忆他父亲去世后的殡葬过程的。

> 我爸是 1986 年去世的，那时候国家刚刚有了火葬的规定，当时必须火化，不火化领不到遗属费，我妈妈是老家属没有工作，生活上困难。虽然我们是国有企业的职工会响应国家火葬的政策，但另一方面又要遵循中国的传统入土为安。所以石龙坝很多老职工还是会买或自己做棺材，等按照国家政策火葬后再遵循传统，让子女将骨灰盒放在棺材里入土下葬，相当于在另一个世界也有个家，有个房子住，这是以前延续下来的老传统。我就到昆明的木材市场买了厚的松木，自己选的，其实最好的棺材是柏木，因为条件有限，我只好买了松木，但买的很厚，不能太薄了，太薄了，一怕里面的骨灰盒容易坏，二怕我爸在里面住得冷，冻着。也不能太寒酸了，太寒酸了，被人家笑话。我给我父亲做了一个 1 米 ×0.4 米 ×0.4 米的棺材，是个小棺材，不占用土地，我记得花了 66 块钱。
>
> 我又请了地理先生（风水先生）到石龙坝生活水的水塔

① 陈磊：《我国殡葬法律制度研究》，硕士学位论文，中国政法大学，2009，第 7 页。

② 中华人民共和国国务院国发〔1985〕18 号文件《国务院关于殡葬管理的暂行规定》第 2 条规定，1985 年 2 月发布。

所在的那块山上选风水好的坟地，反正我们就叫那块山水塔，是个孤山，去世的职工和家属一般都葬在那里。地理先生在水塔选好了坟地位置。下葬之前，又请来地理先生挑选良辰吉日，我们在下葬那天还请了厂里处（相处）得好的朋友，还有亲戚，还有的是主动来帮忙的。那天我们没收礼，就是随心自愿，厂里有的给了我们十几块礼钱，有的送来纸钱（冥币），我记得大约下葬花了600多块。将棺材下葬落土后，在坟堆前立了一块碑，我那时就在坟前对着我爸说："爸爸，今天在这里给你安家了，希望你能住着舒服，条件有限，如果你冻着了，请你原谅。"其实我也不懂，就是随别人，石龙坝家家都搞，人家怎么搞，我就怎么搞。这种安葬老人的方式也是孝道的表示方法，在我们这里人孝道，就会觉得人品好。挑选坟地的风水宝地，既是为了我爸在那里住着舒服，也是为了祖坟带来的福气能传给后代。①

许师傅说的这种火葬和土葬结合的方式，我在石龙坝了解到其他职工那里也大都是这样的情况。现在在职的秦师傅曾在厂里的工会干过，他说石龙坝的党员、职工家属和离退休干部一般会提前准备棺材或寿材，自己做好或请人做好棺材，寿材是木料，去世后儿女再加工成棺材。职工或家属去世后先火化，然后将盒子（骨灰盒）放到准备好的棺材里，挑选好日子后埋在水塔那里的土里，做成坟堆，清明节的时候后人拜祭祖先。他这样说：

我是1990年进厂的，老职工去世后我还帮着抬过棺材。那时我是工会干事，哪位老职工去世了，只要给工会打个电

① 笔者根据2012年3月3日访谈录音整理。

> 话，工会就会派人去帮忙抬棺材，主要是保卫干部去。我记得抬棺材的时候，会给每个小孩和年轻人发一块红布，将红布垫在肩头，叫“过肩”，意思是高寿的老人会把福气传给下一代，有很多讲究，具体我也记不清了。反正都是以前传下来的。①

石龙坝的一些老工人告诉我，土葬是石龙坝祖祖辈辈留下来的风俗，中国人都重视入土为安，不光是石龙坝这一带，云南的好多地区好多民族都还采取土葬的方式。死者是有灵魂的，人死只是到另一个世界了，棺材就是他在另一个世界的家。丧葬仪式尤其是“七七”丧俗搞得好不好就能看出后代孝顺不孝顺。虽然国家法律规定要火葬，但在石龙坝还是火化以后土葬，只不过棺材比1985年以前土葬时的棺材小多了，主要是考虑不怎么占用土地，另外骨灰盒也没多大。但也有一些年轻的工人说以后无法用棺材了，因为国家管得越来越严格了。我问他们水塔是石龙坝的地，怎么国家会管。他们说石龙坝行政上隶属于昆明市西山区海口镇，位于和昆明市管辖的安宁市的青鱼塘村交界处，所以石龙坝的水塔那块地由海口镇管理，以后镇上管得严了，也许就不让石龙坝人去世后安葬在石龙坝了，要到民政部门规定的公共墓地了。很多工人认为公共墓地不是落叶归根，因为那块地方死者生前没生活过，没有灵气，而且离石龙坝远，不方便子女祭祖。

2012年1月17日吴老师的父亲也就是我前面提到的爷爷在石龙坝去世了。爷爷是湖南汝城人，2012年84岁，20世纪50年代毕业于武汉水电学院，毕业后被分到了云南水电勘探设计院，任工程师，他非常喜欢石龙坝，女儿吴老师中专毕业以后就到石龙

---

① 笔者2012年2月25日的访谈笔记整理。

坝工作。爷爷退休后也到石龙坝和女儿一起生活。1 月 15 日爷爷突发脑梗不能说话，后来被送到医院还是没有抢救过来。吴爷爷去世后，吴老师就开始为爷爷在石龙坝的土葬仪式做准备。

石龙坝的丧葬风俗是“七七”丧俗，“七七”也叫斋七，是指人死后，亲属每隔七天祭奠一次死者，直到“七七”共 49 天。宗教学家认为“七七”是受佛教影响的一种民间风俗，佛教里有“神不灭观念；因果报应和轮回观念；地狱观念”①。人有六道轮回。人死后，将转生为另一期的生命之前的“七七”日称为“中阴身”，中阴身每隔七天转世一次，因此，每七日家属就需要为死者诵念佛经，以增加死者的福田，让死者往好的地方转生；如果死者有好的善根，那么可以凭借家属的念佛超度往生西方极乐世界。石龙坝人将西方极乐世界称为“天堂”。

吴老师在爷爷“七七”期间，请了地理先生，吴老师的母亲在 2000 年去世，也是请了地理先生到石龙坝老坟地水塔看风水。地理先生认为水塔是一座孤山，死者安葬在水塔，后辈不硬（不利于后辈），于是选了石龙坝的小兴村（不是一个行政村，是原来职工宿舍那一片区域，工人称之为“小兴村”）后的山上作为风水宝地，吴老师将她母亲安葬在了小兴村。这次吴老师也打算将父亲安葬在母亲旁边，请来地理先生看风水，地理先生说小兴村后面这座山的形状像老鹰嘴，是做坟地的风水宝地，利于后代。因为爷爷是国家干部，吴老师不打算用棺材，地理先生说不用棺材也行，只要做好的木质骨灰盒就行，这样利于死者转世。吴老师说木质盒相当于小棺材。吴老师的弟弟也就是我前文提到的老舅，买了好材质的木料自己做了 40 厘米 ×40 厘米 ×20 厘米的骨灰盒，并请人在骨灰盒上雕刻了两只仙鹤，意思是爷爷驾着仙鹤去了天

---

① 黄景略、吴梦麟、叶学明：《宗教与民俗典·丧葬陵墓志》，载汤一介主编《中华文化通志》，上海人民出版社，1998，第 10 页。

堂。爷爷火化后，骨灰盒被“请”回石龙坝家里的灵堂。

从爷爷去世的 2012 年 1 月 17 日开始，吴老师和家人开始给爷爷做“七七”祭奠，从 1 月 17 日到 2 月 13 日分别是一七、二七、三七、四七，吴老师和女儿、弟弟、弟媳妇、外甥女、妹妹、妹夫、妹妹的女儿等 8 口人在爷爷的灵堂前守灵、烧纸钱、点香，并在家里放了念佛机 24 小时念佛超度爷爷。吴老师还买了 20 公斤的红元宝糖，还有十多米的红布，招待上门帮忙和看望的石龙坝的工人师傅和家属，给上门看望的每个人用红布包 6 块红元宝糖，给帮忙一两天的人用红布包 6 块 6 毛钱，给帮忙好多天的人 16 块 6 毛钱。这些钱是福钱，是象征性的，因为爷爷是高寿 84 岁，也没受什么痛苦而死，所以用红布包的福钱会将爷爷的福气和寿运传给接受的人，所以很多人都开心地收下了。像我前文提到的万师傅下班后也过来帮忙，吴老师给他包了 6 块 6 毛钱的红包；像老家属冉妈妈、吉妈妈、王妈妈她们帮了好多天的忙，吴老师给她们每人包了 16 块 6 毛钱的红包。吴老师买了几十公斤的金色纸、银色纸做金元宝、银元宝，买了几十公斤的黄色纸、白色纸做纸钱。好多老家属过来帮忙折元宝和做纸钱，在职职工下了班也过来帮忙，几十天的工夫做了 60 对大大的大元宝。这就是前文提到的我们到皇恩寺拜佛用的那种上面贴有“平安”“青吉”“吉祥”的剪纸的大元宝，因为怕压，放在了十几个纸箱里，为了图吉利，纸箱的外面都用红纸包着。此外，还叠了 10 编织袋（10 公斤的米袋那么大）银色元宝，5 编织袋金元宝，还按照古钱币的样子剪了几大纸箱黄色纸钱，几大纸箱白色纸钱。因为家里放不下，又讲究不能压元宝，职工和家属帮忙，在吴老师家旁边比较开阔的车棚里钉了几个钉子，将金银元宝挂在那里。

吴老师和我说，石龙坝老职工去世后，家家都这样搞，还会请地理先生看风水，请专门做佛事的来超度，每家“七七”丧葬仪式差不多，做佛事要价不一样，看经济条件，有钱的人就七天大办，请做佛事的念经超度。吴老师她愿意为爷爷花钱念佛超度，女儿大学毕业在广州，这几天寄来几万块钱让她给爷爷做“七七”。但她怕影响厂里的生产，毕竟她们是工厂的职工，念佛超度要敲锣打鼓，时间长了影响不好，所以她在2月14日、15日两天请了石龙坝附近的小海口村的四代相传的一位30多岁的专门做佛事的年轻居士来念经超度爷爷。吴老师将念佛的居士称为佛事先生。佛事先生收了吴老师2666元人民币，说这是个吉利数字，会给祖先和后代都带来好处。吴老师说佛事先生做佛事收钱主要是靠观察，看死者家属的经济情况，石龙坝人做佛事，给佛事先生的钱有160元、260元、360元、666元、999元等，普遍不高。她不在乎钱，也愿意为爷爷花钱，这不光是孝顺的问题，爷爷怎么样，活着的人怎么样很重要，爷爷去了天堂会庇护后代，将福气和财气传给活着的人，所以她觉得钱花得值。风水先生选的小兴村后面的那座山上的地，已经出了石龙坝的地界，属于小海口村，村里没有人过来收过地钱。这么多年石龙坝也有人在周围农村选坟地的，村里说是让交钱，其实也没有人来收，有的人象征性地给点儿，大多数也不交钱。吴老师说她打算花2000多元买下坟地，这样踏实。她说买坟地相当于给爷爷在天堂里买房。

2012年2月14日开始是爷爷的“五七”，2月15日也是农历龙年的正月二十四，佛事先生说这一天是黄道吉日，安葬爷爷最好，这一天正好是爷爷的生日，吴老师感觉选择这一天很吉利，一直郁闷的心情明朗起来。请来做佛事超度的居士和他的同伴24小时给爷爷念佛经超度。吴老师说念佛经时就能和佛沟通，人活在世上，有很多错误，需要念佛经超度，积攒去天堂的资粮，佛相当于人间的律师，为爷爷在地狱打官司，18层地狱有18个判官，佛要一层一层和判官打官司，每打赢一层官司爷爷就出离一层地狱，一直打到第 18 层，打赢了，爷爷就能往生西方极乐世界，也就是天堂。14 日、15 日这两天连续念经，佛事先生和他的同伴先是在家里念经超度，吴老师说，14 日晚佛事先生将在湖南汝城县的祖先从阴间经过好多地界后请来石龙坝，给他们念佛经超度，让他们保佑和庇护后代子孙，15 日早晨念佛经将祖先送走。佛事先生说，送祖先要先出石龙坝，再过安宁进昆明，经过四川一个有名的鬼城的时候佛事先生佛号声不断，最后到湖南，一路都要念经超度，这样祖先才会保佑石龙坝和昆明的子孙。14 日、15 日这两天佛事队伍里有专门的人敲锣打鼓，15 日早晨佛事先生说，念佛经送吴老师的祖先回湖南后，就开始念佛经请佛为爷爷在地狱里打官司，每念到一层地狱，佛事先生就高呼吴老师她们赶紧给佛，还有地狱的判官磕头，磕完头烧贴有红色剪纸的黄色大元宝供奉给佛，表示对佛的顶礼和感恩，给地狱的判官烧金元宝，给小喽啰烧银元宝，让他们放过爷爷。佛事先生说，吴老师他们给爷爷交替地烧黄纸钱、白纸钱，一家人为爷爷烧了很多纸钱，佛事先生说，这些纸钱相当于给爷爷在天堂的银行存了很多钱，在他需要的时候就取，佛事先生说为爷爷烧了这么多纸钱，爷爷的后代也会沾祖宗的光，会跟着发财，吴老师听了很高兴。佛事先生还说天上的佛、地狱的阎王爷、18 层地狱的判官、地狱的小喽啰是有等级的，和我们现在的社会差不多。吴老师说，15 日上午他们还给爷爷烧了一对纸做的金童玉女让他们护送爷爷上天堂，佛事先生还烧了一道符，折了一个马，念到第 18 层地狱，烧了这个纸马，说爷爷出离 18 层地狱骑着马上天堂了。

爷爷被佛超度上天堂后，佛事先生起身带着吴老师他们到小兴村的山上安葬爷爷，一路上敲锣打鼓，吴老师捧着爷爷的骨灰盒，其他的人用红色纸箱装着烧过的元宝和纸钱的灰，家里安排了人继续念佛经。安葬队伍到了小兴村的山上，吴老师妈妈的坟地前已经请地理先生立了一块石碑，上面先后顺序是山神、土地、墓龙，墓龙是专门负责坟地的神，佛事先生给山神烧香后，就对着山神的石碑磕头，然后说："大慈大悲山神，今天动土，山神您就伸一伸和缩一缩，不要拦他们。"接着又拜了土地神和墓龙神，接着放鞭炮，在吴老师妈妈的坟地旁佛事先生用罗盘瞄准方位后，就开始动土打桩，佛事先生说要找到坟地的最高点，打桩必须在一条直线上。一切准备好后，骨灰盒在佛事先生的佛经声中被安放在选好的位置，将要下葬时吴老师一家人在佛声和鞭炮声中哭得很伤心。佛事先生将骨灰盒根据八卦位置安放后，让吴老师他们将烧过的元宝和纸钱的几箱子灰埋在坟地，将坟堆埋好后，佛事先生在坟堆上做了三个小山堆，分别代表着天堂的"中国工商银行、中国建设银行、中国银行"，这算是为爷爷正式在天堂办理了这三个银行的存款，爷爷没钱了，可以随时支取。佛事先生告诉吴老师说爷爷的坟地的风水位置特别好，福禄寿喜财都有，爷爷会将这些福气传给后代，吴老师的后代会越来越有钱。

2012 年 2 月 15 日上午安葬完爷爷后，中午吴老师在石龙坝刚刚开张的食堂请亲属和石龙坝人吃喜丧饭。石龙坝一带的风俗是，一般办丧事不会专门通知，自愿上门，特别好的会说一声。有的给礼品，有的上礼钱，这些都是自愿的，吴老师没有设账房先生，石龙坝人来了，就将装在信封里的礼钱塞给吴老师，礼包里分别是 66 元、96 元、106 元这样带着数字"6"的礼钱，谐音代表顺利；也有的给的是 50 元、100 元整数的礼钱，和吴老师相处得很好的一般给 100 元或者 106 元。吴老师说很多是"66 元"这样的礼钱，表达了送礼的人对喜丧顺利举办和爷爷顺利升天的祝福。吴老师带着全家在食堂的高台上向来参加喜丧宴席的人三鞠躬，感谢他们以前对爷爷的关照。宴席上一位老工人对吴老师竖起了大拇指，说她在爷爷生前就很孝顺，爷爷去世后丧事办得这么风光，让老人入土为安，就更孝顺了。听了老人的话，吴老师和我说她觉得再累都值了。

参加喜丧宴席的郭妈妈触景生情，不由自主地为自己的身后事担心起来。郭妈妈的丈夫姓郭，石龙坝人一般称呼老家属都以她丈夫的姓加上妈妈两个字。郭妈妈的丈夫参加过淮海战役和渡江战役，新中国成立后转业到石龙坝，郭妈妈就跟着过来了，丈夫积劳成疾于 1984 年去世，因为当时国家还没有相关遗属费的政策，厂里一个月补贴郭妈妈 80 元，其他什么都没有，郭妈妈从 1984 年开始种植蔬菜，靠卖菜为生，郭妈妈有五个女儿，其中一个女儿在石龙坝工作，但五个女儿所在单位的效益都不好。郭妈妈住在石龙坝的公租房里，每天在石龙坝种地，82 岁了还挑着 30 多公斤的菜走很远的路到集市卖菜，她和我说这两年她挑不动菜了，还一身病，不知道哪一天就去见阎王爷了。郭妈妈看到吴老师将吴爷爷的“七七”丧事办得这么好，不禁伤感起来，她和吴老师说自己的五个女儿所在单位效益都不好，也不孝顺，不知道自己去世后，女儿们会不会在石龙坝也找个风水宝地，请地理先生和佛事先生好好给自己送入天堂；她认为，如果“七七”日内没有子女请佛事先生念经超度，死去的人就会下地狱。

很多石龙坝的老职工和郭妈妈有类似的心情，许多老师傅和我说他们希望死后能落叶归根，入土为安。虽然他们辛苦了一辈子，石龙坝只给他们几十平方米的公共租房住，但他们还是认为在这里奉献了一辈子，石龙坝是他们的根，希望死后依然能住在石龙坝这块土地上，守候着石龙坝和福荫着后一辈。但也有一些在职的年轻职工说他们以后不一定为死去的亲人搞这种“七七”丧葬仪式了，说活着的人都不知道明天会怎么样，就更别提为死去的人搞这种“七七”超度了。再说国家对土地管得越来越严格了，他们当然也希望亲人能入土为安，就葬在石龙坝，这样清明拜山祭祖也方便，还是会孝敬的，这是做人的根本，但做不做棺材和搞不搞“七七”丧葬仪式到时候看情况再说。

通过石龙坝的葬礼仪式和工人们对葬礼的态度，我们可以看出石龙坝人其实是践行着中国的儒、佛、道融合的丧葬文化。许师傅给父亲办的葬礼和吴老师给父亲办的葬礼都体现了儒家“慎终追远，生生不息”的丧葬文化，是以“孝”为本，以“礼”为内容。孔子在《论语·学而篇》曰：“慎终追远，民德归厚矣”[①]，孔子在《论语·为政篇》曰：“生，事之以礼；死，葬之以礼，祭之以礼”[②]，孔子阐述了以礼事孝的内容，就是父母在世时以礼侍奉，父母去世后以礼丧葬和祭祀；《中庸》也表达了和孔子相似的思想：“事死如生，事亡如存，仁智备亦。”[③] 吴老师在爷爷生前侍奉他，在他死后请地理先生和佛事先生操办丧葬仪式，被石龙坝人评价为孝顺。吴老师为爷爷请了佛事先生给爷爷“七七”超度，这又体现了佛教的丧葬文化，《地藏菩萨本愿功德经》中云：“是诸众生有如此习，临命终时，父母眷属宜为设福，以资前路。或悬幡盖，及燃油灯；或转读尊经；或供养佛像，及诸圣像；乃至念佛菩萨及辟支佛名字，一名一号，历临终人耳根，或闻在本识。……七七日内，广造众善，能使是诸众生永离恶趣，得生人天，受胜妙乐，现在眷属利益无量。”[④] 吴老师为爷爷办的“七七”丧葬仪式其实从唐朝开始就出现了，例如在《旧唐书·姚崇传》中记载，姚崇临终时遗言：“若未能全依正道，须顺俗情，从初七至终七，任设七僧斋。”[⑤] 佛教一般主张在死者“七七”日

① 《论语》，中华书局，2009，第2页。

② 《论语》，中华书局，2009，第5页。

③ 《大学·中庸》，梁海明译，辽宁民族出版社，1997，第35页。

④ 《地藏菩萨本愿功德经》，三藏沙门实叉难陀译，华亭寺刊印，2005，第62～63页。

⑤ （后晋）刘昫等：《旧唐书》卷九十六，《姚崇传》，中华书局，1975，第3028～3029页。

也就是四十九天内为死者设斋供养，念佛经超度往生西天，如果“七七”日不超度，死者就会堕入地狱。这也是石龙坝郭妈妈看到吴老师给爷爷办“七七”丧葬仪式后，担心她将来死后儿女们会不会舍得为她花钱做“七七”佛事的原因。吴老师在举行爷爷的“七七”丧葬仪式时请地理先生为坟地堪舆，选择风水宝地，地理先生多次说爷爷的阴宅的风水会护佑后代，爷爷升天后会将福气和财气传给后代。这种风水观念体现了道家天人感应和世代轮回的思想，《老子》曰：“大曰逝、逝曰远、远曰返”[①]，又曰：“万物负阴而抱阳，中气以为和”[②]；老子主张：“若阴、阳之气，则循环无方，聚散相求，细蕴相揉，盖相兼相制……屈伸无方，则运行不息”[③]，道家这种万物有生、阴阳循环转化和生生不息的思想还影响着当代社会的民间丧葬仪式。例如许师傅和吴老师都相信祖先会把福气传给后代。

在石龙坝人儒、佛、道相融合的丧葬仪式中我们发现，国家的逻辑和社会的逻辑在仪式实践中是交织在一起的。正如许师傅说 1986 年他响应国家的政策将父亲火化，因为国家规定不火化就不能领遗属费，但又遵循中国“入土为安”的传统，在石龙坝的水塔的山上请地理先生挑了一块风水宝地，买了好木料做了小棺材，将父亲的骨灰盒放在棺材里，然后在风水宝地入土下葬。吴老师同样将国家的逻辑和社会的逻辑有机地融合在给爷爷办的丧葬仪式上。格尔茨认为仪式是某个社会内部结构的象征性的表达，他指出：“‘巴厘人’，不仅是王室仪式，而且在普通的意义上，将他们对万物之终极的存在方式综合性理解及人们因此采取的行动

① 陈鼓应：《老子注释及评介》章二十五，中华书局，1984。

② 陈鼓应：《老子注释及评介》章四十二，中华书局，1984。

③ （北宋）张载：《正蒙·参两》，载《张载集》，中华书局，1978，第 42 页。

方式，投射到最易于把握的感官符号中去。”[①] 在石龙坝的丧葬仪式中木质骨灰盒、骨灰盒上雕刻的仙鹤、棺材、给佛做的粘贴红色剪纸的大元宝、给地狱阎王爷的金元宝、给地狱的判官和小喽啰的银元宝、坟地、坟地上立的代表“中国工商银行、中国建设银行、中国银行”的三个土堆等物组合成象征符号的复合体，关联着国家逻辑和社会逻辑，这些物是丧葬仪式中非常重要的部分。物化的表达在仪式中具有隐喻作用，仪式的过程是通过念佛经与佛、地狱沟通，仪式的结果是爷爷升天堂，获得新生，儿女们相信他在天堂会通过坟地将福气和财气传给后代，他们认为，丧葬仪式传递的是一种阴阳循环和世代相传的观念。

7.4　水电博物馆与文化资本

7.4.1　生态博物馆与百年水轮机

石龙坝人的生产和生活在“工”与“农”的交互关系中流转，半工半农的双重体系也是石龙坝人面对现实困境的一种选择。在半工半农的生产和生活中石龙坝人其实也在考虑着石龙坝如何转型。现实的困境是2005年和2006年云南连续干旱，滇池的流水量锐减。由于水流减少，石龙坝发电量也锐减，发电量从2004年的1077.20万千瓦减少到2005年的682.04万千瓦，到2006年又减少到592.30万千瓦。2005年亏损31.8万元，2006年大约亏损33万元。石龙坝的一位管理者说在2003年实行“厂网分开”的改革之前，石龙坝发电厂财务核算方式是报账制，云南电力集团公司会统一拨付厂里700多万元经费，“厂网分开”后由于自负盈亏，按

① 〔美〕格尔兹：《尼加拉：十九世纪巴厘剧场国家》，赵丙祥译，上海人民出版社，1999，第122页。

照发电量进行财务核算，而石龙坝发电量连续几年锐减，连年亏损，难以为继。工人们和我说 1990 年石龙坝 80 周年的时候，石龙坝就提出建设“文物、教育、旅游、发电”的综合性电站，但并没有按照这个目标去实施，还是靠发电生存，到了 2006 年累计亏损将近 5000 万元，经过石龙坝职工的努力和呼吁，2006 年 6 月，石龙坝发电厂被国务院列入第六批全国重点文物保护单位，成为近现代工业文化遗产之一（见图 7－24）。2008 年 12 月 12 日，昆明市政府将石龙坝发电厂命名为“水电博物馆”。在中国电力工业体制改革中，石龙坝作为市场经济的微观主体的实际意义其实不大，生产已经无法带来利润，而且基本没有市场竞争能力，本身其实已经成为一座“活”的博物馆，生产只具有“象征意义”。

图 7－24　全国重点文物保护单位石龙坝水电站

资料来源：笔者拍摄于石龙坝水电站。

水电博物馆挂牌在 1910 年建的办公楼。不仅是办公楼，整个厂区都是开放式的博物馆。办公楼是中国传统的“一颗印”的建筑风格，建于 1910 年，前天井的四合院、中天井的四合院和后花园的四合院相互连通，前天井的四合院是现在的石龙坝发电厂的行政办公楼，人们一边办公，一边保护。中天井的四合院主要是文物展览区，后花园的四合院已经被改造成招待所，我在石龙坝做田野调查期间就住在这里。天井、镂花门窗、立柱、飞檐呈现着近现代工业是如何生成和发展的，尤其是中天井还屹立着1912年、1914年立的刻有“用实核明”“永垂不朽”“功建名垂”三块石碑，以物化的形式表达了石龙坝水电站的创立者的“立德、立功、立言”的历史心性和“永传后世”的人生志向。但不知道这些创业者如果看到今天的石龙坝已经成了象征性的文化符号会作何感想，他们当初的“亿万年”的传承理想不知道还能不能实现？中天井的二楼陈列室（见图7－25）展示了从1910～2010年的实物和图片，创办初期的耀龙电灯公司的档案、工程设计图，由抗日战争时期日军轰炸留下的弹头改制的钟，解放战争时期和“文化大革命”时期石龙坝护厂队的军帽和枪盒，还有改革开放后取得的成就的图片展览都向人们讲述着石龙坝历史的变迁。走出办公楼，就是第一、第二、第三、第四车间，1910年第一车间从德国引进的第一台240千瓦水轮机组还在运转着。

图7－25　石龙坝水电站文物陈列室

资料来源：笔者拍摄于石龙坝水电博物馆。

石龙坝发电厂整体都是活态的博物馆，除了厂房、机器、水坝等物，工人也是博物馆的一部分，工人在厂房里生产，百年的水轮发电机在百年的车间里继续运转，是真正具有生态意义的博物馆。生态博物馆的概念最早于1971年由法国人弗朗索瓦·于贝尔和亨利·里维埃提出，其基本理念是“以生态学为基础，以特定地域某一特定群体的全部文化内涵为展示内容”[①]。生态博物馆不同于传统博物馆的地方是以原地保护的方式，以社区为基础进行原生态状况下的文化遗产的活态保护和展示。目前中国建立的生态博物馆几乎都在少数民族地区，以保护和开发少数民族文化为内容，生态博物馆类型局限在山区。如果能在城市的工业文化遗产地实践生态博物馆模式，将为中国的工业遗产保护提供一条新的可能途径。

石龙坝博物馆完全是原生态模式和开放式结构，我观察到游客可以在整个厂房自主参观，可以到后面的天井院落和陈列室看文物，走到中天井可以看到厂里的行政办公楼，一个个办公室中的工作人员正在有序工作，遇到不懂的文物，可到前面的办公室询问办公人员，因为博物馆没有专门的解说员，都是工人兼职。游客从办公楼出来可以到四个车间、水坝参观，还可以到有百年历史的第一车间，一边看百年水轮发电机运转的情形，一边听旁边的工人师傅讲有关百年水轮机的故事。如果感兴趣，还可以跟着下班的工人师傅到石龙坝的后山看他们脱了工装穿上农装手工供养土地、活水灌溉土地的情景。我有一次领着一位游客到石龙坝的车间和田里参观工人两种不同却又有序的生产和生活，他连连赞叹，说石龙坝是“世外桃源”。正如亨利·里维埃所预想的那

① 刘沛林、Abby Liu、Geoff Wall：《生态博物馆理念及其在少数民族社区景观保护中的作用——以贵州梭嘎生态博物馆为例》，《长江流域资源与环境》2005年第2期。

样："生态博物馆是当地人民观照自己的一面镜子，用来发现自我的形象，同时也是一面能让参观者拿着以深入了解当地产业、习俗、特性的镜子。"[①] 当然，石龙坝这种工农相辅相成的生态模式，是"生态博物馆"的概念所不能完全涵盖的，石龙坝人用他们的实践丰富了"生态博物馆"的文化意义，为文化遗产的保护展现了一种新的文化实践模式。

来石龙坝旅游或者参观的人都喜欢去第一车间探寻这百年水轮机组还在运转的奥秘，但是很多人不知道新中国制造的第一台水轮机组也在石龙坝，石龙坝的许师傅和我说第四车间3000千瓦水轮发电机组是新中国自己制造的第一台水轮发电机组，生产于1953年3月。很多来石龙坝水电博物馆的游客都对第一台水轮机组在一百多年后还在运转感到惊奇。尹老师是湖北省地方水电公司水电站泵站自动化技术咨询网的学者，他是这样认知水电博物馆的。

> 我在看了石龙坝的展览后，为中国第一座水轮发电机组在1912年发电后，到现在还在第一车间发电的现实所惊叹，我来之前以为这最早的水轮发电机组早已经成为锈迹斑斑的古董，没想到还在继续着它的使命。这对中国的水电发展历史和机械工业发展历史来说，既是惊喜也是尴尬。惊喜是因为经过百年，第一座水轮发电机组还在发电，尴尬是因为中国的水轮发电机在20世纪80年代以前政策规定是50年淘汰，现在是硬性规定35年必须淘汰。这就导致产品质量下降。你看石龙坝是靠中国农民用肩膀挑，靠人推建设起来的，这种精神是中华民族之魂，是当前时代中国人最缺乏的。三峡大坝

① 刘沛林、Abby Liu、Geoff Wall：《生态博物馆理念及其在少数民族社区景观保护中的作用——以贵州梭嘎生态博物馆为例》，《长江流域资源与环境》2005年第2期。

建设时也引进了德国西门子公司的水轮发电机，当中国专家问德国人机器能用多少年时，德国人说："你们到石龙坝看看就知道了。"当时中国专家哑口无言。我们国家 80 年代以前生产的水电设备，很多质量很好，还能用，但很多水电站没用 50 年就淘汰了。例如 80 年代前湖北重型机械厂生产的机械加工产品在稳定性和精密度方面都比 90 年代以后的产品高，只是智能化较低而已。石龙坝精神是中华民族之魂，是当代最缺乏的。[①]

对于石龙坝博物馆，很多游客和尹老师有着相似的看法，游老师是华中科技大学电气与电子工程学院的教授，他在参观了水电博物馆后这样说：

石龙坝水电站让人很惊奇，尤其是第一台水轮发电机组经历了百年的历史变迁还在正常运转，很不可思议。现在很多水电设备还不到 50 年就淘汰了。例如哈尔滨一家水电设备厂，同样是他们生产的产品，在中国用了 30 多年就被淘汰了，而在美国还一直在用着。当代社会的人是浮躁的，功利的。现在很多地方是 GDP 思维，两网改造花了很多钱，还不到 10 年就要全部换成智能网，这样又会增加地方的 GDP。而且他们还打着低碳、节能的旗帜，进行大规模的设备更新。石龙坝人的水电生产是真正的低碳和节能，石龙坝精神是典型的中国的民族精神的体现，当代人将这种精神丢失了，需要重新珍视它。[②]

令来石龙坝的游客惊奇的第一台 240 千瓦水轮发电机组是当今

① 笔者 2011 年 4 月 22 日的访谈笔记。
② 笔者 2011 年 4 月 25 日的访谈笔记。

世界上唯一一台经历百年历史还在运转的水轮发电机组。2011 年 9 月下旬我和第一车间的云师傅一起值夜班，车间里除了我们，还有杨师傅（见图 7－26）。当时这台百年发电机组在运转着，虽然外面下着雨，但是车间里很热，云师傅说因为发电机在运转，所以车间温度很高，夏天车间温度会更高。百年机组发出的隆隆声使得我的耳朵有点受不了，我和云师傅必须大声说话才能听见，云师傅和杨师傅说她们的听力现在都不如以前了，她们要随时关注机器和水的变化，每隔一小时就在电网上报一次。每天早上来，要擦拭发电机组，交班的时候要检查发电机组是否正常。有一次我和杨师傅夜晚值班，看她忙，就帮着她登录上网，每隔一小时报一次实时电量，深夜我们还爬上 20 多个台阶去关水闸，周围一片漆黑，确实有点害怕，杨师傅说她们都是一个人上来关闸。通过参与观察和实践，我体会到当今世界上唯一一台百年发电机组之所以到现在还能正常运转，除了德国的机器质量好，更重要的是中国工人的管理和维护。

图 7－26　两位女工人师傅在百年发电机旁值班

资料来源：笔者拍摄于石龙坝水电站。

许师傅说 20 世纪 90 年代，德国西门子公司的人来石龙坝考察（见图 7－27），看到他们 100 年前的水轮发电机组还在良好地运转，不禁非常惊叹，他们同期生产的水轮发电机组在其他国家早就被淘汰，只有中国石龙坝的这一台水轮发电机组还在发电。参观完后德国西门子的专家向石龙坝发电厂领导提出用一台10万千瓦的水轮发电机换回这台百年水轮发电机组，被厂里拒绝了。这台100多年的水轮发电机，对于石龙坝人而言，不只是一台历经沧桑的机器，它的生命历程与石龙坝人的历史命运紧密相连，石龙坝人认为它是一代又一代石龙坝人中必不可少的一员。从这个意义上看，它经历了从商品到物，从物到人的过程，它承载着石龙坝人的内在精神，在百年的历史辗转中，物与人相互映照。

图7－27　德国西门子公司代表到石龙坝参观留影

资料来源：照片由石龙坝发电厂提供。

7.4.2　停机事故与三代人观念

朱师傅是20世纪60年代生人，他的父亲是30年代生人，两代人都和这台百年老机组有感情，他这样说：

> 这是我们一代又一代人传承下来的宝贝，怎么能让德国人拿走呢？它不仅仅是机器，我站在机器旁看着它，就看到了我的父亲和我的师傅他们那一代人的身影，也想到了我们

> 这一代人付出的青春和汗水。对于我们来说，这台机器不仅仅是我们的衣食父母，它记录着一代又一代人的感情和心情。我父亲那一代人将它看得比生命还重要，有的人为了保护它连自己的命都不顾了；我们这一代人将它看作生死与共的朋友；比我们年轻的这一代工人就不一定了，他们很实际，很现实，现在年轻的一代都很自私，想的是小家，将机器当作挣钱的工具，不像我们这一代至少是"以厂为家"，有时候看着那些年轻人不好好爱护机器，心里就难受，不管它能不能给我们带来经济效益。这几天二车间的那台机器坏了，就是因为当班的人没及时检查，导致发电机被烧坏，需要大修理，是责任心不强导致机器需要大修理。机器好比人，每修理一次，就伤一次元气。①

石龙坝的每一台机器都是活文物，机器坏了对工人们来说是大事，上文里朱师傅提到的二车间的停机事故中所停的这台水轮发电机组是职工们集资买的，发生在2011年9月中旬，我到二车间看的时候，工人们将整个发电机组吊了下来，拆开大修（见图7－28）。据一位老师傅讲主要是值守机器的人闸门没关严，按照正常的生产规范，在停机后应该关闭冷却水，这时候需要认真检查闸门关严了没有。因为值班的人忘了检查，闸门没关好，人走之后，水轮机后来自己就转起来了，由于冷却水已经关闭，导致橡胶轴承被烧坏，水轮发电机激烈抖动，发生严重故障。机器严重损坏的消息很快传遍厂里，那段时间我到工人家里的时候他们都在议论这个事，连好久没回石龙坝的老费师傅和儿子费师傅一回来也为机器担心，费师傅痛心地说："如果认真爱护机器就不

① 笔者根据2011年10月7日的访谈录音整理。

会出现这样的事故！”石龙坝的老年、中年一代工人很多都和我说事故不是自然原因，是现在的人责任心不强造成的。

石龙坝厂最年轻的一代是1999年进厂的，因为经济效益不好，此后直到2012年，厂里一直没再招人。年轻的这一代是“70后”“80后”。“70后”“80后”在石龙坝发电厂所占的比例如下。

图 7-28　2011年9月大修发电机

资料来源：笔者拍摄于石龙坝水电站。

表 7-3 石龙坝“70后”“80后”职工所占比例

名 称	石龙坝发电厂	石龙坝发电厂劳动服务公司（青年电厂）	总计
性质	国有	集体	国有+集体
职工人数	46	23	69
“70后”“80后”	21	10	31
“70后”“80后”职工所占比例	45.65%	43.48%	44.93%

资料来源：根据调查数据绘制，以2012年石龙坝在职职工数为依据，因为“80后”极少，所以和“70后”一起统计。

通过表7-3我们可以看到，“70后”“80后”占到了石龙坝职工总数的44.93%，将近一半。在我访谈的年轻一代中，他（她）们大都承认自己不如老一代的人更爱厂爱机器，他（她）们说自己比老一代更现实一些。有的人不理解老一代工人为什么那么苦还无私奉献。也有的人说自己很佩服老一代工人能无私奉献，但是自己做不到。在谈到父亲和自己的不同时，一位“70后”工人小李师傅是这样说的：

我爸爸那一代（人）思想太实在，太老实，公家的事第一，自己的事第二，小时候几乎白天在家里见不到他，8小时都为公家，甚至8小时外有时候都要为公家的事忙，公家的事都要做好，小家就丢给我妈管。我爸爸常教育我工作要有责任感，不能只管一时一世，说他们那会儿生产和管理的口号是百年大计、千年大计；说以前的人更厉害，石龙坝刚建的时候口号是“亿万年”。前段时间温州的动车事故，你猜我爸爸怎么说。我爸爸说现在的社会是新的“大跃进”时代，一切都追求快，只管速度和数量，不管质量，有些人偷工减料，徇私舞弊，污染环境，快得只顾自己，只认钱，不管子孙后代。我爸他们那个时代确实啥都是慢节奏的，但是精工细作，以前的时代生产的东西能用很多年也坏不了，甚至传好几代。

现在的东西不耐用，没多久就坏了。即使是质量好的，也不可能用那么长时间，早在社会上不流行了，这个社会淘汰东西的速度很快，你一不赶趟就连物品一起遭社会抛弃了。我爸爸的思想不适合现在的社会，所以他们几乎被这个社会抛弃了，为国家无私奉献了一辈子，还租着漏水的公房，看病都成问题。现在这个社会太现实，太残酷，你能力和学历比他强，但是你没关系，就不会用你，用他。石龙坝这个地方太封闭了，没有发展空间，我也想出去过，但是出去了能干啥，大多数水电行业亏损，搞别的又没关系没文凭，不过有好的机会我会走的，我不希望成了博物馆里被人遗忘的古董。对工作我会认真的，毕竟受了父亲这么多年的家庭教育，也耳濡目染多年，但是不会像他那样傻了，他们那一代人太苦了。前年我和我爱人在昆明西山区贷款买了 60 多平方米的房子，如果经济宽裕的话，我还想买辆车，要对自己好点，没想过要把啥东西传给我女儿，现在能把自己过好就不错了，她将来好不好，就看她自己的造化了。①

当我找到小李师傅的父亲老李师傅，问他们那一代的百年大计的思想在他儿子身上是否还有时，他说："百年大计是不可能了，时代不同了，现在的社会有些东西我们这些老同志实在看不惯。我儿子他们这一代活得很现实，只看当前，不管后代。不过我觉得至少还有一点没丢，至少他对工作还有责任心。"持此类似

① 笔者根据 2011 年 9 月 23 日的访谈录音整理。

看法的还有老韩师傅，他和我说他们那一代确实在生产和生活中都考虑得很长远，都是从长计议，“造福子孙后代”。但是他儿子这个时代的人就不可能考虑那么多了，现在社会讲得最多的还是经济效益，但有一点没丢，他身上的吃苦耐劳在儿子身上还有，他给我拿出了儿子在部队时候的奖章，还有转业到石龙坝后获得的奖状，很为儿子取得的成绩欣慰。后来我访谈了老韩师傅的儿子小韩师傅，他提到父亲和自己的不同，这样说：

> 我爸爸他们那一代大公无私，吃苦耐劳，物质生活上跟不上我们，但精神上比我们富足。我爸那个时候的人，值班的时候不能坐着，背着手，8个小时盯着仪表，观察机器的运转情况，那是一种很自觉的精神，所以很多东西能一代代传下来。现在市场经济，大家都向钱看。有的东西很难坚持。我们这一代人很讲实用，不讲也不行，大环境就是这样。但肯干、吃苦还是有的，都是老爷子言传身教。像我儿子还小，教育他吃苦就很难，只能通过传统的家庭教育潜移默化。[①]

从以上的口述中我们发现，面对石龙坝发电厂已经进入博物馆时代的现实，老韩师傅和儿子小韩师傅其实也在这种变迁的大潮中希望通过家庭教育将上一代的精神传下去。这样的努力也许不一定成功，但至少是一种文化的自救行动。石龙坝的彭师傅也做了这样的努力，彭师傅生于1970年，她的女儿小彭1995年出生，正在昆明的一所中学读高中，这个“90后”女孩从小在石龙坝长大，她是这样说她眼中的石龙坝的。

---

① 笔者根据2011年11月2日的访谈录音整理。

> 我记得小时候的石龙坝是一个坡，一个大碑，那个时候绿化没现在好，但小时候是很美好的，常到鱼塘也就是飞来池玩，跟小朋友们玩龙虾，捉蜻蜓，七八月份放水后捞小虾虾，还有捉一种叫金龟子的小虫子。有时候也到车间里去看看，小时候没啥感想，现在知道了是文化遗产，我觉得石龙坝的历史和别的地方不一样，年代久。我觉得石龙坝人的精神是艰苦朴素、做事认真、踏实、勤劳奉献、不会埋怨。记得初二有几次假期，见不到爸爸，吃饭都不回来，但还是比较理解，送饭到车间。我觉得我爸妈还是挺潮的，周杰伦、王力宏的歌他们也爱听，代沟还是有一点。我爸爸会给我讲石龙坝的故事，他编辑石龙坝大事记的时候，我参与了，帮他敲到电脑里。我们同学之间也会互相攀比，比如哪个用名牌，我就不跟风，不跟人家比，跟父母的教育还是有点关系的，另外家庭的经济条件也不允许。我对石龙坝的历史了解得比较少，没有大人体会得深刻，我有时候到学校会和同学讲讲石龙坝的故事。我长大了想考到好的大学，不想回石龙坝找工作。①

在以上三代人的故事中，我们发现石龙坝已经作为一种文化资本在几代人之间传承。孔德最早将文化视作资本，他说："资本来源于劳动，来源于人类能生产出超出其消费所需（即剩余）的产品的能力，来源于这些能力中一部分的耐久性，这些耐久性允许资本可以世代相传和不断积累，而这就是人类学所谓的'文化'。"② 从孔德的论述里我们可以看到文化资本具有世代相传的特

---

① 笔者根据 2011 年 10 月 5 日的访谈录音整理。

② 〔法〕奥古斯特·孔德《实证政治体系》，富兰克林出版公司，1975，第241～242 页。

点和表现能力，它随其拥有者（生物的能力、记忆等）一起衰落和消亡。布迪厄认为：“文化资本具有三种形式：具体的形式、客观的形式和制度的形式这三种存在形式。具体形式是以个体的一种身体和精神的长久积累的知识而存在；客观形式是以图片、文字、书籍、机器设备、仪表器具等文化产品而存在；制度形式是文化将个体掌握的知识与技能以某种形式（通常以考试的形式）正式予以承认并通过授予资格认定证书等方式将其制度化。”[①] 上文口述中讲的吃苦耐劳的精神是以具体形式即三代人家庭教育或工厂、学校等的实践成为个体身体和精神的部分知识和生存模式；而水电博物馆的陈列室展示的图片、资料、仪表设备以及四个车间里还在运转的水轮机，都是石龙坝人所拥有的客观形式的文化资本；前文介绍的石龙坝人进入电厂时候通过招工考试或招聘考试获得的水电工人资格证书，还有技术职称证书都是以制度形式存在的文化资本。

由此，可以看出石龙坝的文化资本可以分为三类：“身体化”“物化”“制度化”的文化资本。与布迪厄的三分法不同，戴维·思罗斯比，将文化资本分为有形文化资本和无形文化资本，其中“有形的文化资本的积累存在于被赋予了文化意义的遗址、建筑、艺术品和诸如雕塑、绘画、碑刻、其他物品及其他以私人物品形式而存在的人工作品之中；而无形的文化资本包括被用来识别一个特定的群体，并将其凝聚在一起，思想、信念、传统、实践和价值”[②]。按戴维·思罗斯比的文化资本的定义，石龙坝水电博物馆的静态的建筑、陈列的物品和运转的机器设备等都是有形的文

---

① P. Bourdieu, “The Forms of Capital,” in J. G. Richardson, eds., *Handbook of Theory and Research for the Sociology of Education* (NewYork: Greenwood Press, 1986), p. 244.

② David Throsby, “Cultural Capital,” *Journal of Cultural Economics* 23 (1999): 3-12.

化资本，工人群体的思想、信念、传统、价值和实践都是无形的文化资本。但无论是孔德、布迪厄还是戴维·思罗斯比都认为文化资本需要时间的积累，我们从石龙坝这个活态的水电博物馆看到文化资本是随着时间流动，在家庭、工厂以及学校这样的空间中再生产。但通过以上三代人的叙事，我们发现这种“再生产”不只是一种简单的复制，它受到社会空间、时间和个体或群体行动的约束，所以文化资本存量随着社会空间的变迁、时间的流动和行动者的实践或多或少地会发生变化，但不论怎样变化，都改变不了文化资本在世代之间的“承继性”。

7.5　小结

自 1978 年改革开放以来，尤其是 1992 年中国正式开始市场经济改革以来，国家逐渐从计划经济体制向市场经济体制转变，单位制也开始逐渐解体，“国家 - 单位 - 个人”构成的社会基本结构也在不断发生着深刻的变化，但是在实践中，单位制存在的土壤在一些国有企业并没有完全消解。从人类学的视角看，只要单位制的文化土壤不消失，单位制就不会彻底消失，石龙坝就是明显的例子。由于石龙坝属于国家政策保护的能源企业，单位制度改革对石龙坝人的影响不是很大，只是 20 世纪 90 年代单位制改革遗留的住房问题成了石龙坝人的心病。住房改革在石龙坝发电厂一直没进行，从新中国成立后到现在，石龙坝几代人都住着公租房，国家“95 房改”福利政策对于石龙坝人来讲是一件难以释怀的事。真正对石龙坝影响较大的是 2003 年的国家电力体制改革，“厂网分开”措施使石龙坝陷入了 90 多年来的发展低谷。为此，工人们开始了集体行动，他们联合给国家主管部门写了申诉信，要求回到原主管单位，结果没有得到国家权力部门的回应。

在国家那里没有找到解决问题的途径后，工人们又按照他们日常生活的社会逻辑为他们在制度变迁过程中的转折和遭遇寻找原因和出路。他们认为改变他们身份和地位的原因是石龙坝风水遭到破坏了，尤其是百年的风水树被砍了，而它是石龙坝的龙脉。为了改变风水和转变命运，石龙坝人的行动策略是再现和再造传统。石龙坝的职工和家属不但在家门口挂镜子、挂红布，很多职工，包括不少年轻的职工家的门上都贴着门神秦叔宝和尉迟恭的画像，还有心照不宣的隐秘信仰和世代相传的拜山祭祖仪式。面对现实境遇，石龙坝人又承继了老一代石龙坝人所秉持的圆通天地的文化理念和半工半农的生产生活方式：手工养地，生态循环；不仅是生产和生活，而且丧葬仪式也是半工半农，先按国家殡葬政策火葬，然后再按民间的方式土葬，儒、佛、道相融合的丧葬仪式传递的是一种阴阳循环和世代相传的观念。

石龙坝人面对现实困境时选择半工半农的生产生活方式，同时也在努力为石龙坝转型。在向国家多次呼吁和争取后，石龙坝被政府列入第六批全国重点文物保护单位，成为九处近现代工业文化遗产之一，整个石龙坝被政府命名为“水电博物馆”。博物馆里的百年水轮机还在正常运转，石龙坝人用他们的实践丰富了“生态博物馆”的文化意义，为文化遗产的保护展现了一种新的文化实践模式。石龙坝进入了文化资本时代，在石龙坝这个活态的水电博物馆里可以看到它的文化资本是随着时间流动的，并在家庭、工厂的空间里再生产，这种“再生产”不只是一种简单的复制，它受到社会空间、时间和个体或群体行动的约束。尽管石龙坝的文化资本存量随着社会空间的变迁、时间的流动和行动者的实践或多或少地会发生变化，但不论怎样变化，都改变不了其作为文化资本在世代之间的“承继性”。

从电厂到博物馆的转变是石龙坝人在过去、现在及未来的连续性之间斡旋的结果。正如人类学家萨林斯所言：“人的独特本性在于，他必须生活在物质世界中，生活在他与所有有机体共享的环境中，但是却是根据由他自己设定的意义图式来生活的。”① 在这种意义上，博物馆是在制度变迁中石龙坝人被客观现实激发出来的文化理性。博物馆学家唐纳德·普莱茨奥斯指出：“博物馆是我们的文化景观中的一个主动性特征，它们形成了我们对历史与自身最为基本的设想。”② 在石龙坝这座博物馆中，物不仅发挥着文化资本功能，而且叙述着石龙坝的历史和构建着石龙坝人的身份，它是石龙坝人文化传统的一部分，在它的生命轨迹和历史转折中被赋予了与石龙坝人相连的一种精神，它是石龙坝人自身的写照。

① 〔美〕马歇尔·萨林斯：《文化与实践理性》，赵丙祥译，上海人民出版社，2002，第 2 页。

② 〔美〕珍妮特·马斯汀编著《新博物馆理论与实践导论》，钱春霞等译，江苏美术出版社，2008，第 1 页。

第8章　结语

在以往的所有文明中，能够在一代一代人之后存在下来的是物，是经久不衰的工具或建筑物，而今天，看到物的产生、完善与消亡的却是我们自己。[①]

——鲍德里亚

8.1　“钟摆运动”中的“意义理性”

法国社会人类学家鲍德里亚在1970年出版的《消费社会学》一书中对后工业社会中文明的变迁给物存在的意义所带来的影响进行过如上反思。[②] 2001年中国历史学家赵世瑜在《物质文化与新史学的实现》一文中也提出类似的反思，他说：“……一个老箱子或者老柜子……它也许是奶奶的陪嫁，到了爸爸、妈妈的时代，这件东西自然被传承下来……而到了自己这一代，它肯定变成了急需淘汰的垃圾，在下一代的坚决要求下，会被送到废品回收站或者干脆切掉。”[③] 2011年7月2日美国伯克利大学经济人类学家刘新在中国人民大学的“水穿石”咖啡屋听我讲了石龙坝的田野

① 〔法〕鲍德里亚：《消费社会》，刘成富、全志钢译，南京大学出版社，2008，第2页。

② 〔法〕鲍德里亚：《消费社会》，刘成富、全志钢译，南京大学出版社，2008。

③ 赵世瑜：《物质文化与新史学的实现》，《东南文化》2001年第6期。

故事后，他思索一阵后忽然神情忧虑地追问我；“为什么以前时代的物能一代又一代地传下来，物的生命比人的寿命还长，而现在时代物的生命比人的寿命短?”我没想到在石龙坝又听到这样的追问，2011 年 10 月 3 日陈学周师傅在他的家里问我：“小赵，你说为什么以前的东西比人的寿命还长，能把上一代人的精气神传下来？现在的东西不是质量不好坏得快，就是不流行被人淘汰了，咋东西比人的寿命还短呢?”这样的反思或者追问在石龙坝的田野调查和文献搜集期间一直萦绕在我心空，也许我的田野和文献追寻所要抵达的地方远没有找到解决悬在鲍德里亚、赵世瑜、刘新、陈学周甚至更多的人心中问题的方舟。王铭铭在他的《心与物游》中说：“我总感觉，旅行所要抵达的境界，背后还是有一个地方——在那里，我们能寻找到反观自身的镜子”[①]，由此，我联想到在石龙坝的旅行，也许在那里找到的是这样一面镜子，映照着我们自身。

本书通过对中国第一座水电站——石龙坝水电站的历史人类学考察，以中国近现代工业化的“大历史”[②] 为背景，沿着云南地域传统文化的历史发展脉络，以“物和人的关系”为框架，展示石龙坝水电站“小历史”的百年发展进程中物所承载的人的思想的变迁。

以往的研究在谈到国家与社会时，一般都会有一个“国家与社会是二元对立”的理论预设。人类学家庄孔韶提醒我们：“不要以为那些曾经被普遍接受的理论就一定是正确的。倘若换一个角

① 王铭铭：《心与物游》，广西师范大学出版社，2006，封底。

② 赵世瑜在《小历史与大历史：区域社会史的理念、方法与实践》一文中指出“大历史”是全局性的历史，比如改朝换代的历史，治乱兴衰的历史，重大事件、重要人物、典章制度的历史等等；“小历史”是就是那些局部的历史，比如个人性的、地方性的历史，也是那些“常态的”历史，日常的、生活的历史，喜怒哀乐的历史，社会惯制的历史。参见赵世瑜《小历史与大历史：区域社会史的理念、方法与实践》，三联书店，2006，第 2 页。

度或做他种关注，我们可能会找到与众不同而又强有力的解释”[①]“以人类学的文化透镜对史料加以选择、分析与解读是非常重要的”[②]。本书就是通过“人类学的文化透镜”对石龙坝水电站进行历史考察和现实观照，动态地展现了20世纪初国家与社会在石龙坝水电站这个场域相互交织、相互碰撞的过程。文中所呈现的石龙坝水电站的百年变迁是循着一明一暗两条逻辑运行的，明的逻辑是国家的逻辑，暗的逻辑是社会的逻辑，这两条逻辑在石龙坝人的实践中并不是相互对抗的两条逻辑。相反，透过现象的表层，我们可以发现石龙坝其实是在国家与社会之间做“钟摆运动”[③]。

中法战争后法国人夺取了滇越铁路的修筑权，1909年滇越铁路即将通车，法国人提出了在螳螂川修建水电站的要求，云南社会各阶层人民纷纷反对，要求“求富强，保利权”，清政府拒绝了法国的要求，责成由云南劝业道筹办水电，水电开始进入国家视野。由于劝业道无法筹集到办电资金，于是云南劝业道道台刘永祚求助同庆丰票号总经理兼云南商会会长王鸿图，以王鸿图为首的云南士绅正是预见到了滇越铁路开通带来的便利交通运输和工业化条件而决定民间自办水电。这种自觉办电的行为不单单是以往历史学家所认为的西方工业文明濒临城下的一种“冲击－反应”行为，而是一种“被动中的主动”意义上的“文化自觉”行为。

---

① 庄孔韶：《人类学通论》，山西教育出版社，2004，第461页。

② 庄孔韶：《人类学通论》，山西教育出版社，2004，第460页。

③ 本书借用了人类学家利奇所提出的“钟摆模式”，利奇在《缅甸高地诸政治体系：对克钦社会结构的一项研究》一书中对缅甸北部克钦人（中国称景颇族）政治制度进行了较全面的研究，提出了著名的“钟摆模式”。利奇在研究中发现，克钦社会中存在两种相对的政治秩序：贵族制的贡扎制和民主制的贡龙制。每一制度都存在等级制与亲属制之间的不相容。克钦人在两种制度之间不断摆动，保持“动态平衡”。参见〔英〕埃德蒙·R.利奇《缅甸高地诸政治体系：对克钦社会结构的一项研究》，高丙中、杨春宇、周歆红译，商务印书馆，2010。

王鸿图成立了耀龙电灯股份有限公司，水电站地址选择在天然水库滇池出海口螳螂川上游的石龙坝，因为石龙坝水位落差达 34 米，有优越的水能资源可利用。

王鸿图以云南商会名义招募商股，共 19 位商人入股。耀龙电灯公司采用西方股份制这种现代企业组织和管理形式，虽然云南劝业道也投入官股 355 股，但公司董事长王鸿图坚持商办，劝业道道台刘永祚还因为支持商办，被清政府革职回乡。耀龙电灯公司已经初具现代企业制度的特征：初办时向社会发行股票，建立严格的组织制度以及较完备的管理制度，非常注重商业信誉，但在电站具体的运行中由于水电理论和技术还在发展与探索中，在生产与安全方面的管理中存在许多无法解释清楚的现象；同时第一代老工人文化水平低，和洋工程师无法进行语言沟通，只能靠观摩掌握技术，因此工人们采用民间的办法进行生产管理，师傅带徒弟每天在机器前拜"管机器的菩萨和神仙"。工人们认为，神仙保佑这种象征性管理成了他们成功的重要方面，而且股份制管理和象征性管理并行不悖。

因为水电是重要的国家能源，所以石龙坝水电站的发展也自然而然与国家的命运紧紧联系在一起，其中石龙坝人津津乐道的是水电支援抗日，抗战时期出现了大规模的"西南迁徙"，云南成了抗战的大后方，耀龙电灯公司成了抗战后方的电力供应基地。文化迁徙为云南人民的抗日输入了精神血液，随着西迁的企业、学校、人口等的不断增加，抗日战争时期用电量需求日益增加，在云南地方政府主席龙云的建议下，耀龙电灯公司由民办转为官商合办，石龙坝电厂成为抗日战争的电力供应基地。石龙坝人为了保护电力供应，不但组织了护厂队，还和周围乡村的村民一起保护电厂。新中国成立后，为加速现代化的发展，国家选择了工人阶级作为推动文明进程的力量，劳动也成了最光荣的事。在生产中，机器就是工人的生命，但是石龙坝人依然是将国家的企业制度管理和“神仙保佑”这一象征性管理相结合，“文化大革命”时期工人为了保护机器还献出了生命。“文化大革命”期间石龙坝在管理混乱的情况下，工人们保护机器，坚持生产，发电量达到了历史最高水平。

在计划经济时代，石龙坝人作为“公家人”，身份比其他国有单位的“公家人”身份更具有世袭性和低门槛性。石龙坝发电厂为职工提供了各种社会保障和社会福利。石龙坝人总是将“厂”比作“家”，认为自己是“国家的人”，常说的一句话就是“大河里有水，小河才能满”，每年过年的“松毛饭仪式”强化了这种“家国主义”情结。随着国家逐渐向市场经济体制转型，单位制也发生了变迁，但由于石龙坝发电厂属于国家政策保护的电力企业，其并没有像其他国有企业那样改制或破产，只是随着上级单位云南省电力管理局进行了局部改革。对石龙坝人影响最大的是 2003 年的国家电力体制改革，厂网分开后，石龙坝自负盈亏。因为石龙坝电站装机容量很小，作为市场经济微观主体的实际意义不大，生产只具有“象征意义”，石龙坝陷入了 90 多年来的发展低谷，工人们集体到国家主管部门上访，但是上访不成。面对现实困境，石龙坝人认为是由于“风水被破坏”所致，为了改变风水和转变命运，石龙坝人的行动策略是再现和再造传统。他们不仅以一种圆通天地的理念以及半工半农的生产和生活方式应对困境，还试图通过在节日庙会期间悄悄拜佛和在国家法定的清明节拜山神祭祖改变石龙坝的风水和命运；在拜佛和求神保佑的同时工人们还积极寻求国家政策的支持，工人们多次写信和打报告给省以及国家文物局要求将石龙坝作为国家工业文化遗产，他们的努力使得石龙坝出现了转型的机会，2006 年石龙坝发电厂作为工业文化遗产被国务院列入第六批全国重点文物保护单位；2008 年 12 月 12 日，昆明市政府将石龙坝发电厂命名为“水电博物馆”，至此石龙坝由发电企业变为“文物”企业，由“市场竞争主体”转变为“文化资本”。

通过以上对石龙坝历史变迁过程的分析，我们发现在石龙坝水电站的百年实践中，现代学术语境中的所谓“国家 - 社会”“工人 - 农民”“大传统 - 小传统”“人 - 物”等在这里不是那么泾渭分明，石龙坝人是在“国家 - 社会”之间做“钟摆运动”的，在“钟摆运动”中国家、社会、商绅、工人等多方交织和互动，保持动态平衡。在这种动态平衡中，石龙坝人运用他们的“意义理性”，通过对种种象征符号的运用赋予日常生产和生活的世界以意义，例如对“实业救国”“公家人”“神仙保佑”“百年水轮发电机”“风水树”“国家文物”“半工半农”等象征符号的运用使得物质世界变成象征化的意义世界。萨林斯提出了意义理性或象征理性，“它认为，人的独特本性在于，他必须生活在物质世界中，生活在他与所有有机体共享的环境中，但却是根据由他自己设定的意义图式来生活的——这是人类独一无二的能力”①。萨林斯进一步指出：“意义的创造乃是人类独有的、根本的性能——拿一句老话来说，是‘人类的本质’——因此，通过分化性的估价与表意过程，人与人的关系，以及人与自然的关系，才能组织起来。”②石龙坝人正是在历史和文化变迁中根据社会情境的变化建构和运用他们的“意义理性”，编织他们生产和生活的“意义之网”，在巨大而快速的物质世界变迁中寻找自己的身份和价值。

8.2 传世主义向现世主义的文化转向

本书梳理和分析了石龙坝水电站百年历史变迁中物所承载的

① 〔美〕马歇尔·萨林斯：《文化与实践理性》，赵丙祥译，上海人民出版社，2002，第 1 页。

② 〔美〕马歇尔·萨林斯：《文化与实践理性》，赵丙祥译，上海人民出版社，2002，第 124 页。

人的思想的变迁过程，认为物所呈现的是中国工业历史的变迁，“物”的历史变迁贯通着思想的历史。在此基础上我从“人－物”的关系视角提出“传世主义”和“现世主义”两个相互关联又有差异并表现在过程中的理论概念。“传世主义”是指人将物看作不仅有自然生命而且有社会生命的机体，人对待物的文化观念是为了世代相传，通过物的代代相传，人的精神、思想和价值也在后代延续。“物”是祖先传承给后代的“礼物”，它建立在集体主义意识基础上；而“现世主义”是指人将物看作为人们所使用或支配的资源或商品，人对待物的文化观念是为了满足现世生产和生活的需要，“物”是个人消费的商品，它建立在个人主义意识基础上。“传世主义”中人和物是融合的关系，“物”为祖先和后代所共同享有，并向后代传达祖先的精神和责任感；而“现世主义”中人和物是分离关系，“物”为个人所占有和支配，是满足个人利益的工具。石龙坝水电站的物所承载的思想之变迁，是从“传世主义”向“现世主义”的变迁。

从1909年开始筹办，王鸿图就将股份公司命名为“耀龙电灯股份有限公司”，希望水电能“光耀中华”，石龙坝水电站建好后，1912年、1914年耀龙电灯公司在电站的办公楼的天井立了三块石碑“用实核明”“永垂不朽”“功建名垂”，“纪其大略勒诸石上以志不朽云”，以碑文作为历史的见证，将兴建水电工程的过程、人员和财务事项刻在三块石碑上以铭记，立德、立言、立功，传世后人。现在这三块斑驳的石碑，还伫立在石龙坝水电博物馆里面，碑文依稀可辨；1912年石龙坝水电站第一车间竣工后，耀龙电灯公司在第一车间的石门上左右分别刻上“机本天然生运动”“器凭水以见精奇”，门楣上刻着“皓月之光”的楹联，希望水电站能像“皓月之光”永存于世；1926年石龙坝第二车间建成时，耀龙电灯公司又在第二车间楼梯的青石栏上铭刻“石龙地，彩云天，灿霓电，亿万年”，希望石龙坝水电站能传承“亿万年”；抗战时期，为了增加抗战后方的电力供应，1943 年石龙坝建第三车间，竣工后，耀龙电力公司在石龙坝电厂的第三车间门口立碑“建国必成”，石碑承载了石龙坝人支援抗日，期望抗战胜利，建立新国家的志向。

1949 年为了支援新中国的电力建设，石龙坝开工建设第四级水电站，即第四车间，扩建工程全部由中国自己的工程人员承担。据参加此次工程的老工人回忆，新中国成立初期非常艰苦，很多材料和工具缺乏，需要手工制作，工头和工人一起住在工棚里，精工细作，谁要做了一点不利于工程建设的事心里就非常有愧。大家都是心往一起想，劲往一处使，就为了将新中国自己的水电站建好，造福后人，但炸尾水沟时发生不幸，军代表董作梅和石工方正才牺牲，还有两个工人受伤。尽管工程非常艰辛，但工人们严把质量关，从 1949 年建到了 1958 年，第四级水电站才投产发电，它的水轮发电机装机容量为 6000 千瓦。相当于 1909～1949 年 40 年间所建 3 个车间装机容量的两倍多。1958 年新中国水利电力部部长刘澜波、副部长李锐来石龙坝视察，看到工人花了 9 年时间艰辛建设的水电站，在赞叹之余李锐为电厂题诗：“电厂似庵堂，楹联赞月光，昆明石龙坝，寿共辛亥长。”他的题诗现在在石龙坝水电博物馆陈列，石龙坝人说“寿共辛亥长”不仅是国家领导人对石龙坝的期望，也是他们的梦想。

工人们认为 20 世纪 50 年代是他们的黄金岁月，他们回忆说：“那个年代机器就是工人的生命，必须比对待孩子那样还要爱护”，“我们擦机器的时候真的是像对待自己的孩子，心里是有感情的。机器其实也不是一块铁，它是有生命的，只要你爱护，它比人的生命还长，你看咱们的百年水轮发电机，传了一代又一代，‘服侍’它的几代工人都去世了，它还活得好好的。机器是有灵性的，你要对它不好，它也会罢工。就说我用过的那台老机器吧，我天天照料它，它可好着呢，换了别人看它，它不高兴了就发脾气。不过，再好的机器，没有人的精神，也保证不了。”为了支援“社会主义建设”，1958年石龙坝将1910年从德国引进的两台水轮发电机先后送到云南开远、富源、绿水河、石屏、通海等地无偿支援当地的水电实业；1966年“文化大革命”开始，石龙坝工人分成了“炮派”和“八派”，“炮派”工人保护机器，克服困难，坚持生产，石龙坝的工人保卫班和职工誓死保卫电厂，将外村的造反派拦截在厂门外。当时电厂的技术负责人魏有正整天守在车间，连衣服都不脱，保护机器，监控发电机组的运行，保证了我国面向东南亚的广播供电。工人们说如果断电不能广播，相当于国家的声音在世界上就不存在了。“文化大革命”期间，石龙坝的发电量达到历史最高，而且1970年何世林在艰苦的条件下带领20多个工人制造出了云南第一台发电机，从1970年到1972年共生产11台18千瓦发电机送到山东、保山、梁河、东川等地进行无偿支援。

1978年改革开放后，石龙坝人想收回1958年支援地方建设的建厂时的两台德国产老水轮发电机，厂长赵忠和工人施增龄来到云南通海观音堂电站，看到老机器还在运转，但因对方要价太高，没能拿回。1986年，厂长张君乔派施增龄等人去富源要另一台德国产的老机器，他们和富源的人说这是他们厂最老的文物想拿回去，富源的人一听说是文物，觉得很值钱，开价30万元，石龙坝人只好回去。1987年他们又去了老机器所在的通海，采取一些策略后，花5万元将老机器买回。工人们不但要寻回老机器，还保护文物，他们和家属通过义务劳动，将抗战时期被日本飞机轰炸留下的弹坑遗址改造为花园，取名“飞来池”（见图8－1），并在墙上挂立铜牌，铜牌上的对联“电站虽小历史悠久开中国水电之始，水塘不大成因奇特记东瀛入侵之证”记载了飞来池的来历。[①]

图 8－1　石龙坝人通过义务劳动将日本人轰炸后的弹坑改造成花园，起名“飞来池”

经过石龙坝人的多方努力，1987 年 12 月昆明市政府下发批文，将石龙坝列为“重点文物保护单位”。经过工人师傅两年的大修理，1989 年老机器开始在第一车间重新发电运行。

1993 年 4 月，石龙坝将 1910 年建厂时的四合院天井翻新修复，经过多方争取，当年 11 月被云南省政府列为“重点文物保护单位”。1993 年石龙坝进行了劳动、工资、人事方面的单位制改革，逐渐与市场经济接轨，工人从“终身制”变为“合同制”。1997 年新建的滇池西园隧道竣工排水，石龙坝所在的螳螂川不再是滇池唯一的出水口，大量湖水从西园隧道排走，石龙坝发电量大幅减少，效益减少，没有维修资金。为了使文物延续下去，1998 年职工集资 11.7 万元修复 1910 年的水轮发电机组，使得它能够继续发电。

2002 年底国家进行电力体制改革，实行“厂网分开”，石龙坝划归××集团，结束国家统分制度，开始自负盈亏。2003 年因为

① 笔者于 2011 年 4 月抄录于石龙坝“飞来池”。

环境污染，石龙坝的老水轮发电机被水严重侵蚀，停止运转，石龙坝没钱维修，几乎全年停产，陷入困境。除了以半工半农的生活方式和拜佛与神灵进行应对外，石龙坝人开始寻求国家支持，四方奔走和呼吁，2006 年国务院将其作为工业文化遗产列入全国重点文物保护单位；2008 年昆明市政府将石龙坝发电厂命名为“水电博物馆”。老工人认为 20 世纪 90 年代后进来的工人不像他们那一代和上一代“以厂为家”和“爱护机器”了，老工人陈师傅曾这样问我：“小赵，你说为什么以前的东西比人的寿命还长，能把上一代人的精气神传下来？现在的东西不是质量不好坏得快就是不流行被人淘汰了，咋东西比人的寿命还短呢？”我访问的 90 年代以后进来的工人大部分都承认他们不如老工人爱护机器，例如厂里的小李师傅这样说：“我爸他们那个时代确实啥都是慢节奏的，是精工细作，以前的时代生产的东西用很多年也坏不了，甚至能传好几代。现在的东西不耐用，没多久就坏了，即使是质量好的，也不可能用那么长时间，早在社会上不流行了，这个社会淘汰东西的速度很快，你一不赶趟就连物品一起遭社会抛弃了。我爸爸的思想不适合现在的社会，所以他们几乎被这个社会抛弃了。”

依循着时间流程和历史变迁的进程，石龙坝人对待人和物的态度，从传世主义向现世主义转变。通过上文所呈现的传世主义思想的历史脉络，可以看出本书所说的传世主义其实是一种作为祖宗的传世者和作为后代的接受者对他们所生活的世界的理解和诠释，其体现的是“意义的历史”，庄孔韶认为：

> 人类的历史遗产由其成员、家族、亲友、社区、族群以其口传的、记录的、文献的方式传递下去，当世的人受其影响而从他们的往昔寻找定位，获得该族群所期许的行为的价

值观和世界观。然而，他们关于往昔历史的认知并不是一个“客观”的过去，是一种对他们的生活深具意义的历史。[①]

“传世主义”中传承的物不仅仅是物质，也是一种历史遗产，物凝结着几代人的生产和生活经历，动态地呈现着个人、家庭、工厂、社会在历史变迁中的生命流和文化流。这股文化流传递的并不仅仅是物品，它还向后代传递了祖宗的信仰，诠释生活的内在的方法，使得过去与现在绵延。文化具有历史的传承性，正如格尔兹所说：

我所坚持的文化概念既不是多所指的，也不是模棱两可的，而是指从历史沿袭下来的体现于象征符号中的意义模式，是由象征符号体系表达的传承概念体系，人们以此达到沟通、延存和发展他们对生活的知识和态度。[②]

“传世主义”的物所传承的是一种“意义的历史”，这种“意义的历史”所要实现的是一种文化的关怀，苏珊·娜詹指出：

历史遗产是赠予后代的，是一份传达责任感和义务感的礼物，后代可以从这种历史遗产中汲取什么，取决于他们想从其中可以得到什么或需求什么，以及他们所认知的义务感。它像是已经浓缩封装的历史感，提供这个社群对世界的独特诠释。[③]

① 庄孔韶：《人类学通论》，山西教育出版社，2004，第 456 页。
② 〔美〕格尔兹：《文化的解释》，纳日碧力戈等译，上海人民出版社，1999，第 103 页。
③ 庄孔韶：《人类学通论》，山西教育出版社，2004，第 57 页。

后代对“意义的历史”的认知、翻译和诠释，除了受文化惯习的影响，还受现世的他们所处时代的社会思潮、他们所拥有的知识以及他们对待“人和物”的关系的观念和态度的影响。他们对“意义的历史”的感应、回应和再造也许完全和他们祖宗所期望的不同。从石龙坝人的百年文化实践中我们看到，进入20世纪90年代以后随着中国社会文化的变迁和国家电力体制的改革，石龙坝人也由“传世主义”向“现世主义”转变。

在向“现世主义”转变的过程中，志和物不像“传世主义”那样是一种依托关系，志和物之间开始充满了张力。石龙坝人对待百年水电站的物的心态很矛盾，一方面，这里所有的物承载了一代又一代工人的情感、理想和集体记忆；另一方面，他们又从物身上反观自己的命运，将物当成自己的影子，形影相怜。他们和我说，石龙坝的第一台百年水轮发电机组单机容量只有240千瓦，在1910年引进的时候是全球最先进的水轮发电机组，可是到了2011年10月，世界上最大的77万千瓦水轮发电机组开始在云南与四川交界处的溪洛渡左岸电站安装。石龙坝的百年水轮机早该淘汰了，但是工人们舍不得，还是维护它让它继续发电，发电实际上没经济效益，只是象征性发电。石龙坝人说他们感觉自己和百年水轮机一样被国家遗忘了，成了博物馆里的活古董。物和志之间的张力是石龙坝人向现代性提出的问题。正如渠敬东所言：“在现代性的情境中，思想的‘意义’已不在于我们在何种程度上、以何种方式对各类难题加以梳理和解决，而在于我们究竟提出了怎样的问题，我们究竟捕捉到了怎样的可能性，……思想已经变成了一种命运，变成了与生活之间的一种紧张状态。”①

但是这种紧张状态并不意味着“传世主义”和“现世主义”

① 渠敬东：《涂尔干的遗产：现代社会及其可能性》，《社会学研究》1999年第1期。

是完全的二元对抗关系或断裂状态。在石龙坝的文化实践中，我们可以看到在快速变迁的社会的局部还存在勾连的地方，这就是家庭这个场域。上文中提到的石龙坝的“70 后”李师傅这样说：“不过有好的机会我会走的，我不希望成了博物馆里被人遗忘的古董。对工作我会认真的，毕竟受了父亲这么多年的家庭教育，也耳濡目染多年，但是不会像他那样傻。”还有一位“70 后”的小韩师傅是这样看待的：“我们这一代人活在当下，很讲实用，不讲也不行，你不讲你就会被社会淘汰，大环境就是这样。但肯干、吃苦还是有的，都是老爷子言传身教。像我儿子还小，教育他吃苦就很难，只能是通过传统的家庭教育潜移默化。”彭师傅的女儿小彭是“90 后”，正在昆明上高中，她说：“代沟还是有一点。我爸爸会给我讲石龙坝的故事，他编辑石龙坝大事记的时候，我参与了，帮他敲到电脑里。我们同学之间也会互相攀比，比如哪个用名牌，我就不跟风，不跟人家比，跟父母的教育还是有点关系的，另外家庭的经济条件也不允许。”以上陈述展现出不同时代人的心志的多种面相，与其说是“传世主义”和“现世主义”在家庭场域的相互冲突、交织、沟通和对话，毋宁说是石龙坝人在巨大的历史变迁中和快速的社会转型中结合自身的情境所做的文化调适的努力。

从传统到现代的转变，使得石龙坝人相对一致的文化图式被打乱，他们难以维持原有的物质生产和生活模式，地方小社会秩序与外在大社会秩序日趋交织和混淆。但是物质生产和生活的改变并不意味着物所承载的意义的断裂，“传世主义”“传世主义－现世主义”“现世主义”等与个体或集体不同的联结，经由大社会的变迁、工厂的转型和个体不同的生命辗转，在人与物互动沟通上呈现多元化趋势。

从“传世主义”向“现世主义”的文化转向，并不仅仅体现在物质生产和生活领域，透过石龙坝在百年历史洪流中的载浮载沉，我们可以看到，这种文化转向在微观、中观、宏观，即个体、组织、国家等几个层面都显现了出来。这一转向也凸显了物质文化的脉络性、多层性、延续性和变动性。

“传世主义”和“现世主义”之间貌似存在巨大的裂隙，但其中蕴含着某种内在的延续性。在石龙坝百年的社会文化变迁过程中，传统与现代一直是在相互作用、冲突、博弈和交织。从人和物的关系变迁来看，石龙坝从水电时代转变到博物馆时代，物的社会生命并未停止流转，承载厚重历史的物象在当代石龙坝人的半工半农的生活世界中仍然在延续着生命和意义。然而，传统的延续或者传统与现代的勾连并不是惯性使然。恰恰相反，它经历了一代又一代工人在卷入现代化洪流中的际遇、认知、渴求、阵痛与选择。

无论是“传世主义”还是“现世主义”，都是“一种无名的、集体性的、但可改变的结构”①，其作为一种心志图式或者文化框架，并不是突兀的，而是依据社会结构条件和人的文化实践在具体的历史场域中生发或转变。“传世主义”或者“现世主义”是石龙坝人的意识形态、社会秩序和意义结构，是石龙坝人日常生活实践的依据。“传世主义”或者“现世主义”体现的不仅仅是人与物的关系，同时也是石龙坝人的社会关系的基础。石龙坝人通过他们的日常生活中的文化实践来表达物所隐含的象征性，从而彰显他们的心志，这是社会生产和生活延续的逻辑和机制。

---

① 〔美〕戴安娜·克兰主编《文化社会学》，王小章等译，南京大学出版社，2006，第43页。

附录　主体间际分享："他群""我群"互动的田野[*]

"何处是田野?"常常会听到人类学家或人类学的研究者这样追问。人类学的传统往往认为那些初民社会、异族社会和乡土社会才是人类学的田野，而常常对城市的工业文化遗产视而不见。甚至故意与城市保持距离，生怕被人贴上"非人类学"的标签。由于工业化的飞速发展，人类学家往往在寻寻觅觅中发现他们（她们）所钟情的田野在不断缩小甚至消失。

费孝通在《继往开来，发展中国人类学》一文中指出，"人文世界，无处不是田野"。[①] 黄剑波在《何处是田野？——人类学田野工作的若干反思》中主张"作为主要关注文化差异性的学科，人类学不仅可以在异邦和乡野展开研究，也可以在家乡和都市进行田野工作；不仅在地理意义上的田野地点中调查，也可以在历史和社会场景意义上的事件、文本、机构中进行分析，从而为认识自身，认识人性提出独特的洞见"[②]。

---

* 根据学术惯例，本书对田野调查中所访谈的石龙坝工人的人名做了匿名处理。原文发表于《广西民族大学学报》（哲学社会科学版）2013 年第 3 期。

① 费孝通：《继往开来，发展中国人类学》，《广西民族学院学报》（哲学社会科学版）1995 年第 4 期。

② 黄剑波：《何处是田野？——人类学田野工作的若干反思》，《广西民族研究》2007 年第 3 期。

本文从“人文世界”的视角，在“历史和社会场景意义上”选择中国第一座水电站——云南昆明石龙坝水电站作为我博士学位论文的田野。从2010年8月到2012年3月我先后十几次去石龙坝做田野调查。石龙坝是中国第一座水电站，建于1910年，到现在已经有100多年了，百年的历史使得现在的它具有了多重身份，除了依然是云南的发电厂，还被国家列入中国现存的九大近现代工业遗产之一，并且整个电厂被国家命名为“水电博物馆”。石龙坝位于昆明滇池的出海口螳螂川的上游，因为交通不方便，石龙坝在某种意义上是“文化孤岛”，保留了中国工厂的很多特点，同时又因为电厂有农田，很多工人出身农民，所以又具有了乡土社会的一些特点。本文旨在通过在石龙坝的田野的过程和经验对传统索取式的田野调查范式进行反思，不仅将田野看作人类学的研究方法或研究工作，而且将田野视作生活本身，通过主体间际的分享重新发现和思考田野中研究者的位置、研究者和被研究者的关系，从而为认识他者、认识自我、认识百年工厂变迁中的人性的多元形貌提供一种“路径知识”。

一　陌生身份和角色困境

如何选择田野点和如何进入现场对于人类学田野工作都至关重要。毫无疑问，选好田野点是成功实施田野调查的第一步。但是田野点的选择在人类学研究中一直没有作为重要问题来论述，兰林友为此指出：“然而，必须意识到，绝大多数民族志研究计划的地点场景选择，在人类学中尚未被承认是一个主要问题。例如，为什么选定这群人而不是另一群人作为研究对象？为什么人类学者在这个地方而不是在另一个地方从事田野工作？这类问题至少尚未被认为与更广泛的研究目的有关联性。相反，选点工作常常是由偶然的机会来决定的。"①

我的博士学位论文的田野之所以选择石龙坝正如兰林友所言是由偶然的机会而得。2010 年夏初的时候我打算做有关"滇越铁路"的研究，因为滇越铁路承载了百年的历史，当我 2010 年 8 月 19 日从北方到云南昆明调查滇越铁路时，遇到一位昆明的老水电人，他说没有滇越铁路就没有中国的第一座水电站——石龙坝水电站的建成。石龙坝水电站到 2010 年也有 100 年了，与滇越铁路不同的是，石龙坝水电站是中国的商人自己集资创办的，滇越铁路是法国投资创办的，但是滇越铁路名气很大，而很少有人知道中国第一座水电站在云南石龙坝，滇越铁路几乎都停车了，看不到老火车了，石龙坝水电站还在运转。这个老水电人的讲述激发了我的兴趣，我迫不及待地向他打听好石龙坝的地址和坐车路线，在倒了几趟车又走了一个多小时的山路后我终于找到了石龙坝。当我走进石龙坝发电厂的时候，我怀疑走错了，"一颗印"式的四合院办公楼挂着"水电博物馆"的牌子，古色古香的天井、镂花门窗、立柱、飞檐、碑刻都已经传承了一百年。工厂，建筑、车间、机器大都还是百年前的老样子，更神奇的是一百年的机器现在还在良好地运转，石龙坝是典型的中国工厂，与中国社会的变迁紧密相连，更具有研究的意义。为此我坚定信心将石龙坝水电站作为研究对象。

选好了田野点，接下来重要的一步就是如何进入现场。正像有的学者所言："如何进入现场以及能否顺利进入现场，往往不仅仅决定田野调查的成功与否，甚至还会影响该项研究的科学性及最终的研究质量。"② 进入研究现场，一般来说主要有三种方式：

---

① 兰林友：《人类学再研究及其方法论意义》，《民族研究》2005 年第 1 期。

② 郑欣：《田野调查与现场进入——当代中国研究实证方法探讨》，《南京大学学报》（哲学·人文科学·社会科版）2003 年第 3 期。

一是熟人引荐进入；二是地方行政部门推荐进入；三是陌生人身份进入。学者风笑天认为第一种进入和第二种进入通常需要“关键人物”或者“中间人”的帮助。[①] 我本想找当地熟人介绍或找云南的地方领导将我引荐给石龙坝，按照我以往写硕士学位论文的田野进入经验，就是没中间人介绍而只身前往获得田野材料的，也许会因为没有中间人而收集到更真实的田野材料。不同的是我硕士的田野点是我家乡山西的一个村庄，我的身份、语言很容易引起当地人的认同。而石龙坝电厂很多不同于我所熟悉的山西村庄。但我还是按照以往的田野经验以陌生人的身份进入了田野。到了石龙坝我才发现以陌生人的身份进入现场是一种很大的冒险。因为没找中间人，我初去石龙坝，虽然之前做好了足够的心理准备，但是没想到遇到前所未有的困难。石龙坝没食堂，与工人们又不熟悉，没吃饭的地方，在百年老楼的后面虽然有招待所，但初遇到的几个工人说那个招待所是百年前的办公室，很少有人敢住那里，而且厂里一般不允许外面的人住。在刚开始的一段时间里，我就常常早上从昆明乘车去石龙坝，中午才到，下午5点以前就必须离开，因为石龙坝没有直通离它最近的安宁市的汽车，我需要步行半个多小时到甸基村等私人开的中巴，如果过了下午五点半私人中巴也没有了，就没法到安宁乘长途车回昆明了。就这样我每天带着面包和方便面来回跑，因为每天在石龙坝待的时间很短，所以参与观察到的是一些零星的事。因为没有中间人引荐，我的陌生人身份一开始让大多数工人对我很警觉，甚至排斥。我刚进入石龙坝的时候，因为昆明长时间的干旱，他们已经很长时间没发电了，而厂里的宣传材料说他们的发电量从2004年后在逐年提升。在我参与观察和访谈的过程中常常被工人问：“你是哪里

① 风笑天：《社会学研究方法》，中国人民大学出版社，2001，第245页。

来的?""你为啥来我们这儿?"尽管我一再拿出中国人民大学的博士研究生的学生证给他们看，但还是很多工人认为我是中央电视台的记者或者北京有来头的干部。有一天中午我刚刚采访了第四车间的一个年龄相仿的女工人小朱，因为没有访谈完，她让我第二天下午去车间继续访谈。第二天我到她车间的时候，有一个30多岁的男工人正和她一起值班，我刚进门还没走到她面前，小朱忽然警告说昨天她和我说的话我不许写在文章里，那个30多岁的男工人从操作台下来推着我的背使劲往外推，他一边推一边对我说厂里和车间领导都给他们工人开会了，说有北京来的记者到厂里暗访，请他们不要乱说话破坏厂里的形象。我一再说我是中国人民大学的博士生，来做电厂研究的，他坚决不看我的学生证，愣将我推到了车间门外。那天我只好在厂里林荫道上的长凳子上访谈几位坐在那儿聊天的四个老工人，他（她）们也将我当作了记者，我根本没时间参与观察他们，他们就一个个向我诉说他们的苦楚。在石龙坝工作了一辈子他们到现在也没享受过国家福利分房和房补，让我帮他们向国家有关部门反映一下情况。我一再和他们说我是来做调查的博士生，不是记者，一位老职工说："你是北京来的，总认识一两个大干部，比我这老奶（当地土话，对老年妇女的称呼）强。"

因为陌生的外来人角色，我不能融入工人中间，我于是想办法住在石龙坝。因为和石龙坝政工部主任邱主任逐渐熟悉了，他和后勤部门说了后同意我住在办公楼后面的招待所，每天收我20元住宿费，但是因为石龙坝没有食堂，我自己解决吃饭问题。我所住的招待所就在水电博物馆里，也就是石龙坝百年的办公楼。办公楼建于1910年，由前天井、中天井、后花园组成，前后连通，前天井的四合院是现在的厂行政办公楼，工人们一边办公，一边保护。中天井的四合院主要是文物展览区，后花园的四合院的五间平房已经被改造成招待所。招待所因为多年来很少有人住，所以屋里散发着一股霉味，被子非常潮湿，下午5点下班后整个办公楼就剩我一人，办公楼也没保安，他们走时将办公大楼的铁门从外面锁上，给我一把钥匙，如果我晚上要出去，就从里面将锁打开。一个人住在一所百年的老楼里，虽然有点害怕，但是我也没多想。在石龙坝待了几天后，我陷入了田野调查的困境，吃饭成了很大的困难，因为石龙坝没有食堂，我来时所带的方便面和面包都已经吃光了，好不容易在厂里找到个工人在自家窗户口开的小卖部，买了几包点心，发现过期了，但只好吃掉，因为没地方可吃，饿了两天，最后没办法，只好在快吃饭时间一家家敲门，看哪家愿意让我访谈，借着访谈混饭吃，因为实在饿得饥肠辘辘。吃饭困难可以克服，更大的困难是我不能取得工人的信任。混饭吃也并未帮我和工人建立较为亲近的关系，工人们似乎还是不愿打开他们的心扉。这种陌生感觉不仅打击我的信心，也折磨我的心灵。学者折晓叶在《村庄的再造：一个“超级村庄”的社会变迁》一书中对田野中这种陌生人的感觉描述得很深刻：“作为陌生人的感觉，时常让我觉得难以真正进入这个村庄的社区生活，其中首先的障碍，是与村里人之间在穿着、相貌、语言、心理和身份上的距离，这可以从他们对你探究、猜测、冷眼的目光中，从与你谈话时的尴尬中感觉到。”① 我对此感同身受，那天晚上在一个工人那儿访谈遭到拒绝后，我打着雨伞在回招待所的路上，一边走一边哭，沮丧而绝望。

在不熟悉的田野，中间人的引荐其实很重要。学者风笑天就非常强调田野中“中间人”的角色，他指出“研究者要能参与研究对象的实际社会生活，还常常需要某些‘关键人物’或‘中间

① 折晓叶：《村庄的再造：一个“超级村庄”的社会变迁》，中国社会科学出版社，1997，第24页。

人'的帮助。这些关键人物或中间人就生活在研究对象所生活的社区，或者就工作在研究对象所工作的单位，他们既认识研究者（是研究者的朋友、亲戚更好），同时又认识研究者所希望研究的那些研究对象。总之，他们能够十分便利地将研究者'带入'到研究对象的生活世界中"。[①] 正是因为没有中间人的帮助，不能取得工人的信任，不能和工人建立友善的关系，让我在石龙坝的田野调查陷入了角色困境。

二　夜半铃声和我群接纳

"在一定意义上，研究者能否取得研究对象的信任，他能否与研究对象建立起友善的关系，决定着他的实地研究的前途和命运。因为，如果研究者在研究对象的眼里始终是'外来人'，人们始终对他抱有戒备心甚至充满敌意，那么，研究者要从这些研究对象那里得到真实的资料的可能性是很小的。"[②] 为了转变田野的角色困境，取得研究对象对我的信任和他们建立友善的关系，我开始想办法在石龙坝找到中间人，还好我婆婆是昆明人，她打听了很多亲戚、朋友、老同学等，正好她所在的老年学画班的一个人的儿子和儿媳妇刚好在石龙坝工作。在搭上线以后，我先见到常师傅，当他问我在石龙坝有什么困难，我和他说了没地方吃饭的困难，他思考了一会儿，说："明天你来我家，我让我家那位给你做，但是你少问她问题，因为她脾气不好。"第二天早晨我就到常师傅家吃饭，他媳妇小罗和我年龄相仿，对我很客气，但似乎对我有点排斥。我回去后，让我婆婆给她婆婆打电话问一下小罗的情况，她婆婆说她这个儿媳和她关系非常遭，是他儿子离婚后又娶的，但她已经和她儿子说了必须给我提供帮助。因为这种复杂

① 风笑天：《社会学研究方法》，中国人民大学出版社，2001，第245页。
② 风笑天：《社会学研究方法》，中国人民大学出版社，2001，第246页。

敏感的关系，我也只是去小罗家吃吃早饭，吃饭的时候她很少谈她自己。所以选择什么样的中间人、很重要。那时候我有一种彷徨的感觉，无所适从，中间人的出现并没有像我预想得那样很快带我进入石龙坝人的生活世界，更别提取得他们的信任和他们建立友善关系了。但是我还没有因为绝望而放弃。我所受过的人类学的学术训练告诉我人类学者不仅要耐得住孤单寂寞，而且面对艰苦条件和研究对象的冷遇、伤害要有锲而不舍的精神，甚至要有献身的精神，这是人类学学者应有的学术品质。例如 20 世纪 30 年代费孝通与妻子王同惠去广西瑶族进行田野调查，在调查途中费孝通受伤，王同惠不幸遇难，但是费孝通并未因此放弃，写成了著名的《花篮瑶社会组织》。[①] 乔健在美国进行拿瓦侯印第安人部落的田野调查时受到当地人的怀疑和敌视，有人对他说："我不要和你握手，我想杀掉你"，乔健并未退缩，他坚持下来取得了当地人的信任。[②] 李亦园认为人类学家之所以能忍受各种艰苦和危险是一种遥远的理想在鞭策着他，"人类学家只是在追寻他们对人类永恒本质的信念"[③]，他接着说："人类学家执着于人性普通本质与文化歧义的追寻，就像瑶民的千家峒寻根，或是基督徒的找寻天国复临的运动一样，忍受寂寞与困难，锲而不舍地追求他的理想。"[④] 在我看来，这是人类学学者必须经受的意志磨砺；而在另一个方面这样的田野境遇是个人坚韧品性的锤炼和体现，更是深切的心灵体验，一次次的体验成为学术跋涉之路上的资粮。

我在坚持中等待着契机的出现，一次突如其来的夜半铃声成

① 胡鸿保：《中国人类学史》，中国人民大学出版社，2006，第 56 页。

② 乔健：《漂泊中的永恒——人类学田野调查笔记》，山东画报出版社，1999，第 50 页。

③ 李亦园：《田野图像——我的人类学研究生涯》，山东画报出版社，1999，第 64 页。

④ 李亦园：《田野图像——我的人类学研究生涯》，山东画报出版社，1999，第 66 页。

了拉近了我和石龙坝人距离的契机，让我开始走入他们的生活世界。夜半铃声是发生在我住在百年老楼里的招待所后的一个晚上，那晚我从工人家访谈回来回到招待所的屋里整理当天的田野笔记，在大约快12点的时候我躺下睡觉，刚睡着没多久，我就被一阵急促的电话铃声惊醒了。我的招待所没有电话，电话是前面四合院的办公楼里传来的，电话响了一阵，我刚开始没害怕，以为是有谁打电话找人了，但是后来电话响一阵儿停了，我的心刚放下几十秒，刺耳的电话铃声突然又响起，反反复复响到了半夜一点半。我忽然想起前几天访谈时厂里的王师傅得知我住在百年老楼里，问我害怕不害怕。王师傅说“文化大革命”时有一个留美回来的工程师因为忍受不了批斗，从我住的招待所前院的办公楼上跳下来自杀了，他让我回家准备一把匕首或刀放在枕头旁边以防鬼上门。想到王师傅说的我不禁害怕起来，毛骨悚然，恐惧充满了我的心。我吓得不敢下床出去看，电话还在不断响起、停顿、响起，我战战兢兢地给我爱人打电话，一开口就哭得稀里哗啦，爱人离我很远，他只能让我冒昧地给常师傅打电话求助。我鼓足勇气给常师傅打了电话，他说没鬼，估计是有人打错了电话，他让我给中国移动10086打电话。其实我心里面非常盼望他能过来看看，毕竟他住的家属区离我住的办公楼院只有10几分钟的路，但是他没说，我也不好麻烦他，所以我只好给10086打电话，打通电话10086后接线员说这种事也不是机器出了故障，他们没法管。办公楼的电话还在响起、停顿、响起，我爱人打来电话，让我别挂电话，他一直陪着我说话，减少我的恐惧，就这样一直到3点多钟恐怖的铃声总算停了，我一夜无眠，被恐惧包围着。

第二天上午我睡了一上午才去做调查，但是一整天我的心都被恐惧所笼罩。快到晚上的时候我很害怕回招待所，但是我想换住处的可能性非常小。石龙坝人除了一位离休干部，其他职工都没有享受过福利分房，几代人挤在30～60平方米的楼房里，所以鉴于这种情况我不能和哪个工人提出住他们家里的要求。石龙坝的厂区除了办公楼前面有几盏灯，还有远处的家属区有灯，整个厂区漆黑一片。晚上9点多钟我才拿着手电筒往招待所走，当时天黑又冷，厂区里人很少，当我经过从厂家属区到招待所的一所小桥时，有一个中年妇女背着包和一位老年妇女正借着家属楼的灯光聊着什么，突然看见我，问我是哪里来的，干什么的，当知道我是来做研究的博士生，她问我住哪里，当得知我住招待所的时候，她竟然说我胆子真大。我只好和她说了我昨晚的遭遇，她忽然从背着的包里拿出四个带红绳的东西，她说这是核桃核，是避邪和驱鬼的，我听了不敢接。她说她以前是这厂里的，今天回石龙坝是回来看看朋友，她丈夫以前就是办公楼看门的，办公楼以前死过人，她丈夫好几次在办公楼里见到鬼影，吓得将她丈夫把家里的狗叫过去守门，她也半夜在传达室窗前见到人影闪过，但出去看了啥也没有，她说那就是鬼影，连她家的狗都一直狂吠，后来她丈夫再也不敢守办公楼了，所以辞职了。她说没人敢守办公楼，所以现在的办公楼只能安摄像头确保安全，但是摄像头拦不住鬼。一旁的老奶奶也说确实办公楼常有鬼出现。我和她们说她不应该将这些鬼故事告诉我，她说她们是好心，看我是个姑娘家不容易，所以才舍得将她一直带在身的核桃核给我，她说："你不信我的话，拿手电筒看看是不是核桃核已经被我摸得光亮"，听了她的话我只好收下核桃核。她还特意给我留了手机号让我害怕时给她打电话。和她告别后恐惧又充满了我的心间。

我不敢往办公楼院里的招待所走了，我鼓足了勇气给常师傅的媳妇小罗打电话问她在哪里，她说她正在一车间值夜班。我就打着手电筒到一车间找到她，她问我怎么还没回招待所，在车间里几台老水轮机正在轰鸣着运转中，我说了我昨晚的遭遇和今晚的遭遇后，告诉她我不敢回去，问她我能不能和她一起值夜班，她同意了。她很同情我，问我："为啥要遭这罪啊？不受苦不行吗？"她还很好奇我的一切，借着车间里昏黄的灯光和机器的轰鸣声，我把我的求学、家庭都和她讲了。她听了后也敞开了自己的心扉告诉我她的命不好，她家是附近200号（石龙坝附近一家军工厂的名字）的，她高中一直学习很好，因为他爸爸有病，200号又效益不行，上面的哥哥、姐姐都下岗，在这种情况下她没上大学，高中毕业后就招工去石龙坝的小水电工作。小水电是石龙坝职工集资入股办的，属于合同工，工资很低，常师傅那时是她的师傅很关心她，虽然他离过婚还带着小孩，并且比她大十几岁，她不顾厂里的流言蜚语和家庭的阻挠毅然嫁给了他，将他儿子从小学抚养一直上了大学。为此，她一直没要自己的孩子，后来考上了昆明理工大学的成人大本班也因为继子放弃了，但是因为她的严格要求，继子对她并不好，上了大学很少打电话给她。婆婆、大姑姐（丈夫的姐姐）都对她不好，嫌弃她是合同工（常师傅是正式工）。父亲最关心她，可惜去世了，去世前给她留了一间30多平方米的平房，可是已经离婚的母亲带着哥哥和姐姐来和她争，父亲病重住院的时候她（他）们都舍不得掏钱，等父亲去世，姐姐和哥哥过来霸占住房子，她告了法院才将房子要回来。但是在法庭上母亲宣布和她断绝关系，姐姐和哥哥上她家闹，将她的脸、脖子都抠破了，她给我看手指上还没好的伤痕，然后就伏在我肩头哭了起来，我也不禁跟着她一起哭了。她说这是第一次向外人哭诉她的苦命，因为石龙坝很封闭，一天到晚说闲话的人太多，当时她和常师傅结婚就听了很多难听的闲话，所以她从不和同事讲她自己。她请我原谅刚来时她对我的不热情，说当她婆婆要介绍我来她家时，因为讨厌她婆婆，所以连着我一起讨厌了，我在她家吃饭的这几天她感觉我很好。她忽然说："你也不容易，以后你就是我的朋友了，有啥困难和我说。”那个半夜，她在废旧的1米长的机器箱上铺了两张废纸箱让我困了躺一会儿，我穿着衣服躺在上面，她说车间里机器轰鸣又闷热，估计我睡不着，她就在旁边守着我，因为前一天晚上一夜没睡，我很快就睡着了，一直到第二天早晨都没听到早晨来换班的工人进车间的声音，小罗叫醒了我，我赶紧从废纸箱上下来。

不知道为什么消息传得很快，当我再访问工人的时候，他们都表达了对我的同情。有的老工人师傅说：“你这娃娃哪里是暗访的记者或者北京来的干部，她（他）们公款消费哪会受这种罪啊，没地儿吃饭还遇到鬼，学生搞调查真是不容易啊！以后没地方吃来我家吧！”我没想到夜半铃声成了工人们接纳我的契机，而且他们开始热诚地邀请我到他们家吃饭，每逢到中午、晚上快开饭时间，我都能接到好几个邀请我吃饭的地方。有时正在这家吃，那几家就打电话过来叫我过去，很多时候我为了推辞又不让工人生气还需要注意说话策略。住的问题还没法解决，我还是哆哆嗦嗦地住在招待所里，因为工人们大都是几代人挤在30～60平方米的小房子里，所以他们不会开口叫我去家里住。秋玲听说了我的事，她说她一个人，让我和她住。她丈夫去世女儿在外上中专，秋玲很热情地让我住到她女儿屋。因为住在职工家属楼里，我和工人们更亲近了，工人们叫着我上车间和他们一起上班，看他们如何操作机器和维护机器，在车间里给我讲解机器的性能，也讲他们几代工人和机器之间的情感故事；下班后他们带着我在厂里的荒地上开垦的农田里种菜、浇水、收玉米，然后回家一起做饭吃，还带着我走亲戚。更有意思的是张妈妈带着我到石龙坝附近的她娘家村的寺庙拜佛，让我更好地了解她们老一辈工人心底里的信仰，她自豪地和娘家村的人介绍我是她的干女儿。逐渐我获得石龙坝人的信任，和他们建立了友善的关系，我从石龙坝人的“他群"进入了到他们的"我群"。

从"他群"到"我群"的艰难转折过程让我对田野工作进行反思。在来石龙坝调查之前我做了充足的田野准备，认真储备了有关田野调查中参与观察和访谈的方法、技巧知识，但是在石龙坝的田野调查让我感到按照这些书本中的方法和技巧知识去做很困难。我一厢情愿地想和石龙坝人发展平等、亲密的关系，但是在一开始的阶段大多数人对我抛出的橄榄枝持缄默、推托或回避的态度，使得我重新审视那些传统的人类学的田野调查范式和重新思考田野中研究者的角色位置、研究者和被研究者之间的关系互动。田野中研究者和研究对象的关系，像所有社会场域的互动一样，不可避免地受到出身、社会阶层、教育背景、故乡、权力、民族等的影响。除了陌生身份进入的因素带来的距离，作为人类学学者，我的多重社会身份也阻隔了我与石龙坝人的亲近，例如我是山西人、城市教师家庭出身、无工厂经历、来自北京、中国人民大学女博士生等因素很容易在田野中造成研究对象的好奇、误解、不信任甚至不平等感，从而他们从情感上不愿向我敞开心扉。我来田野之前设想的"坦诚交流"似乎只是一种乌托邦式的理想。如果没有后来的坚持和耐心地等待契机的出现，我的田野也许就可能半路夭折了。

所以，进入田野后研究者与被研究者建立信任关系需要时间和过程，"这在实地研究中可能是最为困难而又最费时间的任务了。的确，这可能是会引起损伤的一步，但要获得有效的资料，则是必不可少的一步"①。然而，田野工作者也不必为之过急，在田野遇到困境时不要丧失信心，要不屈不挠地坚持和等待，努力参与当地人的生活，当地人慢慢习惯你，慢慢了解你，"而在这种

① 〔美〕肯尼斯·D. 贝利：《现代社会研究方法》，许真译，上海人民出版社，1986，第347页。

参与生活的过程中，常常会出现一些自然的契机，这些契机将成为一种转折点，使得研究者逐渐从当地人的‘他群体’中，进入到他们的‘我群体’里。”①

三　田野凝视和分享生活

从“他群”到“我群”的艰难过程也让我凝视田野中研究者和研究对象的关系。我受传统田野调查范式的影响，在初期的田野调查中急于从研究对象那里获得所需要的资料，理所当然地将对象当作资料的来源。在刚到石龙坝田野时，为了使得研究对象很好地配合和完成研究任务，我刻意与研究对象拉近距离，以获得更真实的田野材料。这种将研究对象当作研究工具的“研究者本位”的思想，使得研究者变成了想方设法获得调查材料的“索取者”，这让研究对象感觉到我急于从他们那里获取对我有价值的信息，所以他们常常会用缄默或者拒斥的态度面对我的索取。传统的田野调查范式在某种程度上是一种索取式的理念，是以主体和客体、主位和客位二元对立的关系模式为基础和前提的，它无法超越研究者和研究对象之间的鸿沟而深入到两者共同的本源之处。正像女性主义田野工作者所分析的那样：想要了解研究对象，研究者必须将她们看作人，她们与我们一起创造对生活的阐释。②现象学家舒茨也认为只有从日常生活世界的意义出发才能超越研究者和研究对象的二元对立，他认为我们所生活在其中的世界是主体间际的世界，即人和人是互为主体的。“即它从一开始就是一个主体间际的文化世界。它之所以是主体间际的，是因为我们作

---

① 风笑天：《社会学研究方法》，中国人民大学出版社，2001，第246页。

② Fontana. A. and Frey J.，“The Interview：From Structured Questions to Negotiated Text，” In Denzin N. and Lincoln Y.，eds.，Handbook of Qualitative Research（2nd eds.）（Thousand Oakes，CA：Sage Publications，Inc，2000），p.668.

为其他人之中的一群人生活在其中、通过共同影响和工作与他们联结在一起，理解他们并且被他们所理解。”[①] 主体间际也是一种研究视域，这种研究视域不将研究者和研究对象看作主体与客体、局外人和局内人、自我与对象之间相互对立、相互外在的关系，而是相互生成、相互内在和相互依存的关系。在本文看来从某种意义上说主体间际的互动是一种心灵分享活动，是主体与主体之间分享着生活、信仰、情感、态度、思想和对意义的诠释，分享不在于达成共识或同一，而在于尊重对方、了解对方、求同存异、相互交融、共同建构有意义的世界。

经过田野的凝视，我开始改变在石龙坝的田野调查范式，变索取为分享，用心灵分享，这种心灵分享是主体间际的平等分享。石龙坝人对我是女博士研究生的生活很好奇，有的工人问我：“你们博士是不是整天只知道学习，不会做饭，也不懂生活？”我和他们分享我的博士生活、日常的爱好还有在家里如何做饭、我的情感、态度和生活理念等，他们也和我分享他们的情感、思想、信仰等，还分享他们的知识。田野中的知识生产人类学研究者并不占据主导地位，更没有特权，恰恰相反，分享也是一种知识的互相生产。不仅研究者具有人类学知识储备，而且研究对象有他们的人类学知识，他们的自我认同有一部分来源于这些知识。我在车间的时候看不懂水轮机和发电机是如何运转的，因为我没有水电知识的储备，常师傅带着我在车间里观察机器的运转、给我讲解水发电的原理，还带着我到滇池的出海口看水的落差，又带着我到前池给我演示当水草疯长不能发电时他们如何捞草的动作，并找来梯子让我看水轮机上的具体参数，还带着我趴到地下口看发电机的运转。有时候我听不懂时，他就开玩笑地说：“我收的这

---

① 〔德〕阿尔弗雷德·许茨：《社会实在问题》，霍桂桓、索昕译，华夏出版社，2001，第36～37页。

个博士徒弟有点笨”，我就笑呵呵地叫他常老师让他讲解得再清楚点，他竟然花了一晚上给我画了石龙坝的四个车间的发电图，并注明水的势能是如何转为机械能，机械能又是如何转为电能，发的电又是如何输送出去并入电网的。我老担心耽误他的时间，但是他说他很愿意做这些事，因为带着我参观和给我讲解，让他找回了刚到石龙坝学水电的辛苦和快乐。而且他主动约我到家里好几次，从他父亲那一代到他这一代再到他儿子，他都敞开心扉对我倾诉，一连回忆很多天。有时候他想起来就叫我马上到他家，并让我用录音笔录音，怕我用笔记记不全，每次去他家我就给他和小罗放上次的谈话录音，他和小罗总是认真地听，不时还大笑。有时候还对我的提问方式提出意见和建议，他觉得说不好的，就问我能不能不写在论文里，他们还要补充，我感谢常师傅时他说了一句颇具有哲学意味的话：“你听我讲过去，也是帮我在梳理我的人生记忆。”我还将每次回去后总结的他的回忆笔记给常师傅和小罗看，他和小罗总会认真地提出建议。小罗后来也主动要求向我回忆她的故事，每天我到常师傅家吃饭，他和小罗都关心地问我：“今天有没有收获？说给我们听听。”他说：“你要更真实地反映我们的生活”，为此，他带着我去石龙坝周围的国有企业的工厂与石龙坝进行对比，还找到那些老工人让我访谈，甚至后来带着我到昆明他姐姐和妈妈那里让我听她们讲石龙坝的故事。

很多工人师傅都愿意像常师傅那样热情地和我谈他们的水轮机和发电机，有的工人是一家几代人和这些机器打交道。有时机器出问题的时候，他们会当着我的面吵架，责怪看护机器的人没仔细呵护它。王师傅说：“机器不仅仅是我们的衣食父母，它跟随了我的爷爷、我的爸爸和我三代人，它身上带着祖辈的血汗和情感。”当然很多时候他们不只是对机器的热爱，当谈到现在百年的老厂被人遗忘，缺水发电、机器闲置的时候他们脸上充满了悲凉；

有时他们也会反观自身的命运，干了一辈子没房没钱，几代人挤在几十平方米的公租房里，微薄的工资导致不敢生病。老工人刘师傅对我说：“我们和那台百年老机一样，干不动了，也被历史淘汰了。”郑师傅也说：“机器是我们工人生命的根，离开了机器，工人哪叫工人?”而修了一辈子机器的老李师傅更是说：“有时候机器坏了，我们都非常心疼，就好比是自己身上的哪个零件出了问题。机器是有灵性的，你对它好，它就对你好，我们对机器的感情就像你们读书人对书的感情。”我听了很惭愧，我感觉虽然我对书很热爱，但没有像他们那样将物当作自己的生命一样去爱惜。

除了机器，厂里的工人们还喜欢和我谈他们的故事，还有很多工人喜欢带着我到田里看他们如何开垦荒地和种菜，后来还让我和他们一起种菜。他们工资很低，有时候厂里甚至拖欠，所以他们都将厂里后山荒芜的土地开垦成菜地贴补生活，还在附近搭了鸡窝养鸡。他们常常一边回忆着自己的过去，一边教我如何手工培植菜地，如何不用化肥种菜而实现生态循环等等农田知识。种菜时他们从不会用农药杀虫，让虫子和蔬菜、土地一起共生。张师傅说蔬菜的叶子有孔说明虫子咬过，这才是纯天然和有营养的蔬菜，他们瞧不上附近的农民为了挣钱使劲用化肥。他们用的是生态肥，用鸡粪、狗粪、人粪等给土地施肥。种完地，他们会很自然地对我说：“走，咱们回家做饭去。”我和他们一起抱着刚采摘的玉米、南瓜、新鲜的蔬菜往回走，一边走一边分享给路过的工人。后来工人们不仅仅和我分享他们的生活，还分享他们的感受，那天在地里我和老王师傅给新种的小白菜浇完水后，站在河堤旁聊天，他指着地旁边的河坝里奔流的水说：“生命就像这河里的水一点一点就流走了，那台百年水轮机也是这样被一点点磨蚀掉了，我跟了它快50多年了，退休后我还常常去看看它，你说能没有感情吗？不知道它的寿命还能延续多久啊?”我不知道老王师傅是在感慨水轮机还是在感慨他自己，也许在某种意义上机器和他是一体，分享着生命的意义。

分享生活的过程，使得我更细致地体察和理解石龙坝工人的文化、情感、思想、信仰还有他们对待生命的态度和诠释生活意义的方式；同时田野也是一面文化透镜，让我凝视自我、反思自我、重新发现生活的意义，正如人类学家拉比诺所说的那样："通过对他者的理解，绕道来理解自我"[①]，随着分享得越多，田野调查的时光让人感觉很快就流逝了，我用相机将这种分享的画面凝固在记忆里。我几乎给石龙坝每个人都照了相，每次回昆明我就洗了再带给他们，然后和他们一起回忆照相时的情境。他们似乎更喜欢自己在车间或田地劳动的画面，而不喜欢居家的照片，他们和我说劳动更让他们感觉自己活得有意义。有时候他们还叫我过去给他们照个全家福，让我多洗几张，因为我从不收他们的钱他们很过意不去；有的工人还让我上昆明时给他家捎点东西，我非常快乐地为他们做这些；还有的老工人想申请低保，我给他们拍了照片，带着他们的资料到昆明市民政局等地反映情况，有时候去石龙坝所属的昆明西山区政府为老职工争取权利，大多数时候并未帮上他们，因为我只是一介书生。但是他们还是很高兴我为他们做的努力，老工人张妈妈高兴地对厂里的人说："小赵真是我的干女儿，她为了搞调查本来就不容易，还要为了我的事来回跑。"张妈妈的丈夫参加过辽沈战役、淮海战役获得过功章，退伍后转业去石龙坝，张妈妈作为工人家属当了厂里的临时工，参加了石龙坝的很多建设，但是一直没机会转正，干到63岁厂里就不让她干了，找了年轻的临时工代替她。张妈妈没有了生活来源，只好靠卖菜为生。张妈妈幼年丧母，中年丧夫，老年丧子，她一

---

① Paul. Ricoeur, *Existence at Hermeneutique in Le Conflit des Interpretations*（Paris：Editions du Seuil，1969），p. 20.

身病却没钱买医保，子女都下岗。她的感谢让我很愧疚，因为我向有关部门的反映并没有帮助她，但她为了我更深入地了解她们老工人，主动叫上厂里的老姐妹和我一起到附近工厂和农村调查。在分享的过程中，石龙坝人已将我当作了他们中的一员，家里来了客人做了好吃的，他们会打电话叫我赶紧过来吃，有的工人还带着我走亲戚。程师傅的父亲去世了，我当时在昆明，她给我打电话："爷爷去世了，你赶紧回来吧。"很多时候，工人们也会生我的气，因为我没到他们家吃饭，就说："我不把你当外人，你怎么将我当外人。"原来我到老工人董师傅家访谈时他对我很冷淡，不愿多谈，当我在地里和其他工人师傅边种菜边聊天时，他一边在自家地里干活，一边时不时地望一望我们这边，后来在田埂上遇到他，他竟然主动拿出五六个山坡上野生的仙人果（仙人掌结的果）叫我坐下来一边吃，一边听他讲故事。他说以前他在厂里当过科长，结果上面来搞调查的人不住在石龙坝，都住在安宁市的高级酒店，不到工人家问工人们怎么想，问问大领导就回去写完发在报纸上了，读了他们的文章工人们直骂。他说："我也不懂你所说的田野调查，我感觉你做学问搞调查就像母鸡地里刨食，如果爪子不刨地三分怎么能找到好东西。你不深入到工人生活中，不钻入工人的心里，怎么知道工人怎活的怎想的？"我没想到董师傅将我的田野调查比喻得这么形象，但是比我认识得深刻，所以我从石龙坝人身上学到了很多新知识，对田野调查也有了新的认识。

经过我多次和工人们分享工田野调查的感受，他们越来越了解我，也越来越喜欢参与研究，"你调查得怎么样了"成了他们见我时的口头禅，一旦他们又回忆起什么就赶紧给我打电话，还在家里努力找以前工厂里的老古董让我拍照，并给我讲老古董的故事。涉及一些他们认为是重要的人物，他们积极主动地帮我联系能不能上门做访谈，联系好后我就去，有时候我自己去，有时候他们带着我去，为此我找到了家在云南安宁市、楚雄市、昆明市等地的老工人访谈。每次他们都会很关心地问我访谈的收获，如果有收获他们会和我一起高兴，没有收获他们会和我一起沮丧。有的工人还跟着我到我昆明的婆婆家里玩和吃饭，然后在昆明一起逛街和买衣服、聊天。通过分享他们也了解了我的田野，常师傅这样总结说："你的田野调查并不高深，就和我们养护机器、养护土地那么自然，只是一项工作或者一种乐趣。"

通过主体间际的分享，我发现在石龙坝人的生活世界里有两种时间观，白天是围绕着水轮机和发电机的标准工业时间，下班后是围绕着农历的自然节气和农作物的耕作周期转动，所以他们说自己是半工半农。时间和生命对他们来说既是直线的又是循环的。在车间里他们的情感是压缩的，在田地里他们是释放的，他们坦诚地将这两个自我和我分享，他们也分享了学究中的我和生活中的我。石龙坝的工人尽管因为电厂的衰落日子过得艰难，但是他们保持着一种人与机器、人与土地不是索取而是分享的心态。不发电的日子、发不起工资的日子，他们也会细致地维护和擦拭运转了一百多年、几十年的那些水轮发电机，对待宝贝似的对待它，与它共患难共荣辱，面对着机器默默地将自己心里的酸甜苦辣说给它听，所以他们创造了世界的奇迹。他们的第一台老水轮发电机经过了100多年还在正常运转，连生产它的德国人看了都为之惊叹。工人们对土地也是持这样分享的态度，不是全部地索取它的果实，收获了甜玉米他们会和土壤里的虫子分享，虫子也会分享，它会为人消灭掉有病虫害的植物。老王师傅是这样说他们的生活态度的："不能老向土地要食吃，不能老向机器要电发，土地和机器和人差不多，也有情感，也会生病，你对它们好，它们才会对你好哩。要把一些东西留给它们养着，不能人都夺走。"人和土地、人和机器、人和人都不能只索取，要分享，只有养土地，养机器，养周遭的生命，才能养人，人和人分享才能有乐，这就是石龙坝人朴素的分享信念。

四　结语

如上所述，石龙坝人朴素的分享信念也启示我们在田野中要不时反省自己的角色位置。以往索取式的田野调查范式其实是以研究者为本位，以研究主体/研究客体、主位研究/客位研究、局内人/局外人等传统的二元关系为模式，为田野调查设置了研究者与研究对象交流的阈限。而本文所提出的分享式的田野调查范式中研究者和研究对象不是二元对立关系，双方是主体间际的关系即平等的主体，研究者和被研究者之间建立的不是主体对客体的索取关系，也不是"我"和"他们"的关系，而是"我们"之间的主体间际关系。"我们——向我讲话的他和倾听他讲话的我——都生活在我们共同的生动的现在之中，都在这种沟通过程中、并且通过这种沟通过程被引向应当认识的思想，我们是一起变老练的。"① 在"我们"之间的分享中，彼此将对方看作与"我"一样有着思想、情感、信仰、意识、行动的平等的主体，"我们"之间敞开心灵，通过分享进入彼此的内心，相互理解和相互丰富。

我在石龙坝电厂的田野调查中经历了由索取者到分享者的转变，在刚进石龙坝的时候我脑海里也是带着这样的二元结构框架，急于从石龙坝人那里收集到自己所需要的资料和信息，在田野中是一个带着研究者本位思想的索取者，由此也陷入了田野调查的困境。经过深刻反思之后，我开始了主体间际分享的田野历程，石龙坝的车间、田里、工人家里、厂区周围、附近集镇等等空间

① 〔德〕阿尔弗雷德·许茨：《社会实在问题》，霍桂桓、索昕译，华夏出版社，2001，第297页。

都变成不同文化的主体之间分享的场域，我也越来越进入石龙坝人的生活世界；随着分享得越多，我发现主体间际的分享是跨越这些二元阈限的桥梁。“心灵的共同性和共享性隐含着不同心灵或主体之间的互动作用和沟通，这便是它们的主体间性。”[①] 只有主体间际分享才能体察和洞见研究对象内心丰富的情感世界和他们自身对生活意义的理解和建构。“人是人的镜子，每个人都从他人身上看到自己，也从自己身上看到他人。在主体间的这种相互观照中，既确定了对于自身而言的自我的存在，同时也确认了他人的自我的存在。”[②] 我在石龙坝的田野调查的分享过程，也让我一次次不断地内省和反思人类学者在田野中的位置，重新审视和认知研究者和研究对象的关系，认识田野调查本身的性质，我们不是在田野调查中寻找或索取我们要的资料和信息，而是通过心灵分享洞察田野中生活表象后面的意义；田野调查不是发现某种文化表象的存在，而是探寻不同文化背后的人性的共同本质；而主体间际的分享不仅仅是互相了解对方，通过对方观照自我、发现自我、赋予自我新的意义的心灵历程，更是互相沟通，互相指引，共同发现遮蔽在快速的物化社会下的生活的本真样貌的生命历程；同时主体间际的分享也是新的社会历程，在同一时空中不同文化带着各自的惯习和特质相互对话、相互碰撞、相互融合，为研究者和研究对象建构多棱镜、多向度的共享世界。

---

① 余纪元：《西方哲学英汉对照词典》，人民出版社，2001，第68页。

② 郭湛：《论主体间性或交互主体性》，《中国人民大学学报》2001年第3期。

参考文献

（一）著作

〔德〕哈拉尔德·韦尔策：《社会记忆：历史、回忆、传承》，季斌等译，北京大学出版社，2007。

〔美〕卡尔·A. 魏特夫：《东方专制主义》，徐式谷等译，中国社会科学出版社，1989。

〔德〕马克斯·韦伯：《儒教与道教》，洪天富译，江苏人民出版社，2008。

〔法〕布迪厄：《实践感》，蒋梓骅译，译林出版社，2003。

〔法〕布罗代尔：《资本主义的动力》，杨起译，三联书店，1997。

〔法〕迪尔凯姆：《社会学方法的准则》，狄玉明译，商务印书馆，1995。

〔法〕哈布瓦赫：《论集体记忆》，毕然等译，上海人民出版社，2002。

〔法〕马塞尔·莫斯：《礼物》，汲喆译，上海人民出版社，2002。

〔美〕杜赞奇：《从民族国家拯救历史：民族主义话语与中国现代史研究》，王宪明等译，社会科学文献出版社，2003。

〔美〕格尔兹：《文化的解释》，纳日碧力戈等译，上海人民出版社，1999。

〔法〕布迪厄、〔美〕华康德：《实践与反思——反思社会学导引》，李猛、李康译，中央编译出版社，1998。

〔美〕马歇尔·萨林斯：《历史之岛》，蓝达居等译，上海人民出版社，2003。

〔美〕马歇尔·萨林斯：《文化与实践理性》，赵丙祥译，上海人民出版社，2002。

〔美〕詹明信：《晚期资本主义的文化逻辑》，陈清侨等译，三联书店，1997。

〔美〕詹姆斯·C. 斯科特：《国家的视角》，王晓毅译，社会科学文献出版社，2004。

〔美〕保罗·康纳顿：《社会如何记忆》，纳日碧力戈译，上海人民出版社，2000。

〔英〕凯蒂·加德纳、大卫·刘易斯：《人类学、发展与后现代挑战》，张有春译，中国人民大学出版社，2008。

〔英〕齐格蒙特·鲍曼：《共同体》，欧阳景根译，江苏人民出版社，2003。

〔英〕王斯福：《帝国的隐喻——中国民间宗教》，赵旭东译，江苏人民出版社，2008。

〔德〕海德格尔：《演讲与论文集》，孙周兴译，三联书店，2005。

〔德〕海德格尔：《人，诗意地安居》，郜元宝译，上海远东出版社，2004。

白青锋等：《锈迹：寻访中国工业遗产》，中国工人出版社，2008。

陈向明：《质的研究方法与社会科学研究》，教育科学出版社，2000。

费孝通：《费孝通九十新语》，重庆出版社，2005。

费孝通：《论人类学与文化自觉》，华夏出版社，2004。

费孝通：《乡土中国》，三联书店，1985。

高宣扬：《布迪厄的社会理论》，同济大学出版社，2004。

（明）刘文征：《天启滇志》，古永继点校，云南教育出版社，1991。

国家能源局：《中国水电100年》，中国电力出版社，2010。

行龙：《以水为中心的晋水流域》，山西人民出版社，2007。

侯钧生：《西方社会学理论教程》，南开大学出版社，2001。

胡鸿保等：《文野互动》，中央民族大学出版社，2010。

黄光宇、陈勇：《生态城市理论与规划设计方法》，科学出版社，2002。

黄剑波：《文化人类学散论》，民族出版社，2007。

黄懿陆：《滇国史》，云南人民出版社，2004。

孔令仁等主编《中国近代化与洋务运动》，山东大学出版社，1992。

李清均：《从刚性到柔性——资源枯竭型老工业基地改造》，经济科学出版社，2003。

林越英：《资源型城市旅游业开发的初步探索》，中国水利水电出版社，2005。

刘嘉林、毛凤华等编著《中国劳动制度改革》，经济科学出版社，1988。

陆韧：《云南对外交通史》，云南民族出版社，1997。

陆学艺主编《当代中国社会阶层研究报告》，社会科学文献出版社，2002。

罗荣渠、牛大勇编《中国现代化历程的探索》，北京大学出版社，1992。

马继孔等：《云南陆军讲武堂史》，云南民族出版社，1993。

马曜编《云南简史》，云南人民出版社，1983。

木霁弘：《茶马古道上的民族文化》，云南民族出版社，2003。

庞规荃主编《旅游开发与旅游地理》，旅游教育出版社，1992。

邵循正：《中法越南关系始末》，河北教育出版社，2000。

石峰：《非宗族乡村：关中“水利社会”的人类学考察》，中国社会科学出版社，2009。

司马迁：《史记·西南夷列传》卷五十六，中华书局，1959年点校本。

孙立平：《断裂》，社会科学文献出版社，2003。

童恩正：《人类与文化》，重庆出版社，1998。

汪宁生编《云南考古》，云南人民出版社，1980。

王建国等：《后工业时代产业建筑遗产保护更新》，中国建筑工业出版社，2008。

王铭铭：《社会人类学与中国研究》，广西师范大学出版社，2005。

王铭铭：《社区的历程》，天津人民出版社，1997。

（清）魏源：《海国图志》第27卷，清道光二十四年（1844）毗陵薛子瑜木活字印本。

谢本书、冯祖贻等编著《护国运动史》，贵州人民出版社，1984。

谢本书、李江主编《近代昆明城市史》，云南大学出版社，1997。

谢立中：《西方社会学名著提要》，江西人民出版社，1998。

杨晓林主编《云南百年故事》，云南人民出版社，2001。

杨选民：《石龙奇月》，国际文化出版公司，1990。

云南近代史编写组编《云南近代史》，云南人民出版社，1993。

张广瑞、刘德谦：《旅游绿皮书——中国旅游发展分析与预测

(2007)》，社会科学文献出版社，2007。

张荣华等编《费孝通论文化自觉》，内蒙古人民出版社，2009。

张松：《历史城市保护学导论——文化遗产和历史环境保护的一种整体性方法》，上海科学技术出版社，2001。

张小军：《社会场论》，团结出版社，1991。

赵旭东：《文化的表达：人类学的视野》，中国人民大学出版社，2009。

（清）郑观应：《盛世危言·道器》，华夏出版社，2002。

中国史学会主编《洋务运动》第7册，上海人民出版社，1961。

周晓虹：《传统与变迁——江浙农民的社会心理及其近代以来的嬗变》，三联书店，1998。

庄孔韶：《行旅悟道：人类学的思路与表现实践》，北京大学出版社，2009。

庄孔韶：《人类学通论》，山西教育出版社，2002。

庄孔韶等：《时空穿行——中国乡村人类学世纪回访》，中国人民大学出版社，2004。

庄孔韶：《银翅：中国的地方社会与文化变迁》，三联书店，2000。

庄锡昌、孙志民编著《文化人类学的理论构架》，淑馨出版社，1991。

（二）期刊

陈蕴茜：《国家典礼、民间仪式与社会记忆——全国奉安纪念与孙中山符号的建构》，《南京社会科学》2009年第8期。

单霁翔：《关注新型文化遗产——工业遗产的保护》，《北京规划建设》2007年第2期。

范可：《全球化语境下的文化认同与文化自觉》，《世界民族》2008年第2期。

范玉秋：《西学东渐与儒学转型》，《中国海洋大学学报》（社会科学版）2010年第1期。

方国瑜：《滇池水域的变迁》，《思想战线》1979年第1期。

费孝通：《反思·对话·文化自觉》，《北京大学学报》（哲学社会科学版）1997年第3期。

费孝通：《文化自觉的思想来源与现实意义》，《文史哲》2003年第3期。

费孝通：《继往开来，发展中国人类学》，《广西民族学院学报》（哲学社会科学版）1995年第4期。

冯革群、陈芳：《德国鲁尔区工业地域变迁的模式与启示》，《世界地理研究》2006年第3期。

郭景萍：《社会记忆：一种社会再生产的情感力量》，《学习与实践》2006年第10期。

胡鸿保、王红英：《口述史的田野作业和文献》，《广西民族学院学报》（哲学社会科学版）2003年第3期。

胡江路：《工业遗产旅游开发浅议》，《黑龙江对外经贸》2005年第7期。

胡显章：《全球化背景下的文化多样性与文化自觉》，《清华大学学报》（哲学社会科学版）2007年第3期。

黄剑波：《何处是田野？——人类学田野工作的若干反思》，《广西民族研究》2007年第3期。

季玉群：《中国工业遗产旅游开发的市场机制分析》，《旅游学研究》2008年第2期。

李辉、洪静：《基于工业遗产地的休闲景观开发模式探析》，《旅游学研究》2007年第2期。

李金齐：《文化理想、文化批判、文化创造与文化自觉》，《思想战线》2009年第1期。

李蕾蕾：《逆工业化与工业遗产旅游开发：德国鲁尔区的实践过程与开发模式》，《世界地理研究》2002 年第 3 期。

李蕾蕾等：《中国工业旅游发展评析：从西方的视角看中国》，《人文地理》2003 年第 6 期。

李林、魏卫：《国内外工业遗产旅游研究述评》，《华南理工大学学报》（社会科学版）2005 年第 4 期。

李路路、李汉林、王奋宇：《中国单位现象与体制改革》，《中国社会科学季刊（香港）》1993 年第 1 期。

李士坤：《对“以人为本”的解读》，《中共福建省委党校学报》2005 年第 3 期。

李小波、祁黄雄：《古盐业遗址与三峡旅游》，《四川师范大学学报》（社会科学版）2003 年第 6 期。

李宗桂：《文化自觉与文化发展》，《中山大学学报》（社会科学版）2004 年第 6 期。

梁学成：《对世界遗产的旅游价值分析与开发模式研究》，《旅游学刊》2006 年第 6 期。

林伯强：《中国电力工业发展：改革进程与配套改革》，《管理世界》2005 年第 8 期。

刘伯英、李匡：《工业遗产的构成与价值评价方法》，《建筑创作》2006 年第 9 期。

刘沛林、Abby Liu、Geoff Wall：《生态博物馆理念及其在少数民族社区景观保护中的作用——以贵州梭嘎生态博物馆为例》，《长江流域资源与环境》2005 年第 2 期。

刘晓虹、崔毅、马交国：《和谐规划：城市规划人本主义的回归》，《规划师》2007 年第 S1 期。

刘亚秋：《从集体记忆到个体记忆：对社会记忆研究的一个反思》，《社会》2010 年第 5 期。

陆邵明：《关于城市工业遗产的保护和利用》，《规划师》2006年第10期。

陆邵明：《是废墟，还是景观？——城市码头工业区开发与设计研究》，《华中建筑》1999年第2期。

闾平贵、周章、魏向东：《浅谈我国的工业遗产旅游开发》，《科技和产业》2009年第1期。

马莉：《历史构建中的民族历史和社会记忆》，《甘肃理论学刊》2005年第5期。

马耀峰、白凯：《基于人学和系统论的旅游本质的探讨》，《旅游科学》2007年第3期。

闵洁：《论我国工业遗产旅游的开发》，《廊坊师范学院学报》（自然科学版）2008年第5期。

裴蕾：《浅析西学东渐影响下的中国近代文化的特征》，《传承》2009年第14期。

彭兆荣、朱志燕：《族群的社会记忆》，《广西民族研究》2007年第3期。

秦勃：《我国社会转型镜像中的“单位制度”——兼论“社区制度”发展的必然性》，《创新》2009年第10期。

渠敬东：《涂尔干的遗产：现代社会及其可能性》，《社会学研究》1999年第1期。

阙维民：《国际工业遗产的保护与管理》，《北京大学学报》（自然科学版）2007年第4期。

阙维民：《世界遗产视野中的中国传统工业遗产》，《经济地理》2008年第6期。

阮仪三、张松：《产业遗产保护推动都市文化产业发展——上海文化产业区面临的困境与机遇》，《城市规划汇刊》2004年第4期。

孙德忠、王峰：《论社会记忆的历史类型》，《湖北社会科学》2006 年第 12 期。

孙德忠：《论社会记忆的合法性根据》，《武汉大学学报》（哲学社会科学版）2005 年第 2 期。

孙德忠：《重视开展社会记忆问题研究》，《哲学动态》2003 年第 3 期。

孙立平：《迈向实践的社会学》，《江海学刊》2002 年第 3 期。

覃琛：《唤醒文化价值——生态博物馆的身份认同》，《中国文化遗产》2011 年第 6 期。

王建国、蒋楠：《后工业时代中国产业类历史建筑遗产保护性再利用》，《建筑学报》2006 年第 8 期。

王军：《文化自觉与文化建设》，《社会观察》2005 年第 4 期。

王铭铭：《“水利社会”的类型》，《读书》2004 年第 11 期。

王希鹏等：《主体文化自觉：逻辑内涵与时代价值》，《学术论坛》2010 年第 3 期。

巫莉丽、隋淼：《德国工业旅游的发展及其借鉴意义》，《德国研究》2006 年第 2 期。

吴相利：《英国工业旅游发展的基本特征及经验启示》，《世界地理研究》2002 年第 4 期。

邢怀滨、冉鸿燕、张德军：《工业遗产的价值与保护初探》，《东北大学学报》（社会科学版）2007 年第 1 期。

徐逸：《都市工业遗产的再利用》，《建筑》2003 年第 9 期。

杨柳：《费孝通思想探微——谈文化自觉及对文化的作用》，《社科纵横》2010 年第 7 期。

杨寿堪、李建会：《现代科学主义与人本主义哲学的基本特征及其走向》，《学术月刊》2001 年第 11 期。

俞孔坚、方琬丽：《中国工业遗产初探》，《建筑学报》2006

年第8期。

尤中:《古滇国、夜郎考》,《史学史研究》1989年第1期。

张桥:《作为史料的“社会记忆”研究——〈社会记忆:历史、回忆、传承〉》,《中国图书评论》2009年第9期。

张小军、王思琦:《咸与权:历史上自贡盐业的“市场”分析》,《清华大学学报》(哲学社会科学版)2009年第2期。

张小军:《复合产权:一个实质论和资本体系的视角——山西介休洪山泉的历史水权个案研究》,《社会学研究》2007年第4期。

张小军:《历史人类学化和人类学的历史化——兼论被史学“抢注”的历史人类学》,《历史人类学学刊》2003年第1期。

张小军:《实践史:一个历史人类学的研究视角——以民间信仰研究为例》,载复旦大学文史研究院编《“民间”何在谁之“信仰”》,中华书局,2009。

张毅杉、夏健:《城市工业遗产的价值评价方法》,《苏州科技学院学报》(工程技术版)2008年第1期。

赵旭东:《费孝通对于中国农民生活的认识与文化自觉》,《社会科学》2008年第4期。

中山大学西学东渐文献馆:《西学东渐与文化自觉》,《国际学术动态》2009年第1期。

（三）学位论文

陈雨蕉:《历史记忆、工业遗产与城市生活——关于个旧工业遗产规划与保护的人类学研究》,硕士学位论文,中央民族大学,2008。

刘静江:《论我国工业遗产旅游的开发》,硕士学位论文,湘潭大学,2006。

石颖川:《对城市工业遗产的人类学思考——西直门火车站的变迁与历史记忆》,硕士学位论文,中央民族大学,2010。

汪希芸:《工业遗产旅游“资源-产品”转化研究——以南京市为例》，硕士学位论文，南京师范大学，2007。

王驰:《产业建筑遗存的改造性再利用——一种可持续发展的城市设计策略》，浙江大学，2003。

袁筱薇:《维护再利用工业遗产的重要性与方法》，硕士学位论文，西南交通大学，2007。

张晶:《工业遗产保护性旅游开发研究》，硕士学位论文，上海师范大学，2007。

张毅杉:《基于整体观的城市工业遗产保护与再利用研究》，硕士学位论文，苏州科技学院，2008。

(四) 方志

(清) 杜绍先:《晋宁州志》卷五《水利志》，凤凰出版社，2009。

开远铁路分局志编纂委员会编《开远铁路分局志》上册，中国铁道出版社，1997。

昆明市档案馆存:《云南商务总会开办电灯公司卷宗》。

昆明市地方志编纂委员会编《昆明市志》第七分册，人民出版社，2001。

昆明市工商联存:《云南商务总会开办电灯公司卷宗》。

昆明市水利局水利志编写小组编《滇池水利志》，云南人民出版社，1996。

昆明市地方志编纂委员会编《昆明市志》，人民出版社，2002。

昆明市志编纂委员会编《昆明市志长编》卷十一，云南人民出版社，1983。

新编昆明市情编委会编《新编昆明市情》，云南科技出版社，1999。

云南省地方志编纂委员会编《云南省志》卷三十七《电力工业志》，云南人民出版社，1994。

云南省档案馆：《续修昆明县志》卷二，云南人民出版社，1983。

云南省地方志编纂委员会编《新纂云南通志》卷二百三十五，《实业传》，1949。

云南省图书馆存：《耀龙电灯公司历年营业报告汇刊》。

云南省图书馆存：《商办耀龙电灯公司股东宣言董事答辩书合刊》。

云南省政协文史资料委员会编《云南文史资料选辑》，云南人民出版社，1997～2007。

云南通志馆编《续云南通志长编》下册，云南省志编纂委员会办公室出版，1986。

云南通志馆：《新纂云南通志外交略草稿》，民国二十年至民国二十三年钞本。

赵尔巽：《清史稿》第124卷，中华书局，1976。

中国人民政治协商会议云南省委员会文史资料研究委员会编《云南文史资料选辑》第28辑，云南人民出版社，1986。

中国人民政治协商会议云南省委员会文史资料研究委员会编《云南文史资料选辑》第9辑，云南人民出版社，1989。

（五）网络资源

国际工业遗产保护委员会：http://www.ticcih.org/。

联合国教科文组织世界遗产委员会：http://www.unesco.org/。

国际古迹遗址理事会：http://www.international.icomos.org/。

（六）国外文献

Aldous T. 1999. "Britain's Industrial Heritage Seeks World Status", *History Today* 5：3－13.

Alfery J, Putnam T. 1992. *The Industrial Heritage Managing Resources and Uses*. London: Rout ledge.

Appadurai Arjun. 1996. *Modernity at Large: Cultural Dimensions of Globalization*. Minnesota: University of Minnesota Press.

Appadurai Arjun eds. 1986. *The Social Life of Things: Commodities in Cultural Perspective*. Cambridge: CambridgeUniversity Press.

Bernard S. Cohn. 1987. *History and Anthropology: The State of Play*. Oxford: Oxford University Press.

Binney M. 1984. *Our Vanishing Heritage*. London: Arlington.

David Throsby. 1999. "Cultural Capital", *Journal of Cultural Economics*, 23: 3 - 12.

Edwards JA. 1996. " Mines and Quardes Industrial Hostage Tourism" . *Annals of Tourism Research* 2.

Friedrich Nietzsche. 2010. *On the Use and Abuseof History for Life*. ArlingtonRicher Resources Publicalions.

Francoise Zonabend. 1984. *The Enduring Memory: Time and History in a French Village*. Manchester: Manchester University Press.

Henry Hodges. 1995. Aritfacts: *Introduction to Early materials and Technology*. London: Bristol Classisal Press.

Jansen-Verbeke, Myriam. 1999. "Industrial Heritage: A Nexus for Sustainable Tourism Development" . *Tourism Geographies*1: 70 - 85.

L. Lin, X, Honggen. 2003. "Industrial Heritage as Tourism Resources: the Case of an Automobile City in China. " In *Asia Pacific Tourism Association & Annual Conference*, edited by Tony Griffin, Robert Harris, pp. 410 - 419. Sydney: University of Technology Sydney Press.

Latz. P. 2000. "Landscape Pari Duiburg—Nord: the mtamorphosis of an industrial site." In *Manufactured Sites: rethinking the post industrial landscape*, edited by Niall Kirkwood, pp. 150－161. London & New York: Spon Press.

Levi-Strauss, Claude. 1987. *Introduction to the Work of Marvel Mauss*. London: Roudedge and Kegan Paul Press.

Miles K. Oglethorpe. 2001. "Tounsm and industrial Scotland." *Tounsm Management* 3.

P. Bourdier. 1977. *Outline of a Theory of Practice*. Cambridge: Cambridge University Press.

P. Bourdier. 1998. *Social Theory In the Twentieth Century*. Cambridge: Polity Press.

P. Bourdier. 1990. *The Logic of Practice*. Cambridge: Polity Press.

Palmer. M., and P. Neacerson. 1998. *Industdal amhaeology: principles and practice*. New York: Routledge.

Parry Jonathan, and Maurice Bloch, eds. 1989. *Money and the Morality of Exchange*. Cambridge: Cambridge University Press.

Pat Y. 1991. *From Tounsm Attractions to Heritage Tounsm*. Huningdon: Elm Publications.

Philip FeifanXie. 2005. "Developing industrial heritage tourism: A case study of the proposed jeep museum in Toledo, Ohio." *Tourism Management* 7.

P. Bourdieu. 1986. "The forms of capital." in *Handbook of Theory and Research for the Sociology of Education*, edited by J. G. Richardson, pp. 241－258. NewYork: GreenWood Press.

P. Bourdieu. 1985. *The Social Space and the Genesis of Groups, Theory and Society*. Cambridge: Cambridge University Press.

Sahlins, M. 1972. *Stone Age Economics*. New York: Aldine de

Gruyter.

Strathern, M. 1988. *The Gender of the Gift*. Berkeley: University of California Press.

The Iron Bridge Gorge Museum Trust Ltd. 2000. *The Iron Bridge and Town*. Great Britain: Jarrold publishing.

Theodore Adorno. 1981. *Valery Proust Museum*. Cambridge: MIT Press.

Weiner, Anette B., and Jane Schneider. 1989. *Cloth and Human Experience*. Washington, DC: Smithsonian Institution Press.

后　记

昨夜西风凋碧树。独上高楼，望尽天涯路

衣带渐宽终不悔，为伊消得人憔悴

众里寻他千百度，蓦然回首，那人却在，灯火阑珊处

——王国维①

经过脚与心的跋涉方知人类学是“望尽天涯路”的时空旅行，十二本已经翻得卷了边角的田野笔记记录了一年多田野的艰辛探寻，旅行没有想象的“众里寻他千百度”的浪漫，唯有多少个不眠之夜的孤灯和清影相伴，灯下电脑前无数次敲击着心间的困顿与迷惘。记得那一天从石龙坝坐车到安宁又从安宁倒长途车 17 路回昆明期间不知怎么将两本田野笔记丢失，上面有我寻了很多天才找到的几位老工人的口述笔录。在昆明的夜色里背着沉沉的包下了长途车，我倏忽间惆怅万端，漫无目的地走了很远，路过一家不知名的书店，走了进去，在一个不起眼的角落看到熟悉的王国维的《人间词话》，翻到上面这段话时，不禁泪眼模糊，这本书像一盏提灯，让我在转身之间有了继续旅行的力量。

① 王国维：《人间词话》，中华书局，2009，第 26 页。这句词出自宋代词人晏殊的《蝶恋花》，国学大师王国维认为做学问的第一种境界是悬思；第二种境界是苦索；第三种境界是顿悟。

后　记

在这夜阑人静，轻轻回眸走过的岁月，不禁心有戚戚，依依难舍。从南开大学，到云南大学、中国人民大学，再到北京大学，一路曲曲转转的跨学科跋涉，路途上既有求索的迷茫与困顿，也有发现的惊喜与沉醉。校园的丁香花开了又谢，谢了又开，在每一个踟蹰的瞬间，光阴悄悄在心扉上镌刻下那些温暖的往事。在人大读博的数年我沉醉于读书，匆忙而充实，不但跨学科选课，还跑到北京大学、清华大学和中央民族大学听课，每次我坐在人大图书馆的阅览室的玻璃窗旁看书，觉得此刻的世界被幸福填满。我的论文还只是一叶很粗陋的小舟，一路上因为得到很多人的帮助它才渐渐找到方向。

感谢我的导师庄孔韶教授，庄师博学达观，儒雅平和，无论是学术著作还是诗歌散文无不洋溢着真性情。对学生很少束缚，让学生自由思想，和学生亦师亦友，常在谈笑风生处流露出对人类学学科发展和中国社会问题的深切体察和忧思，并身体力行从田野出发，将人类学的理论关怀融入社会的实践。庄师教导我做学问既要勤勉也要乐在其中，选题一定要选择自己有兴趣的题目，还应该有跨学科的视野。我在滇越铁路和石龙坝选题之间迟疑不决时，他以人类学家敏锐的眼光建议我以石龙坝为研究的田野点，而且他将自己的田野秘诀悉数向我传授，使我如获至宝，并运用于田野实践；他指导我用历史人类学的方法将田野和文献紧密结合，在我对自己失去信心时导师的指导和鼓励给了我前行的方向。从田野点的选择、到论文开题，再到论文撰写凝聚了导师的心血。记忆犹新的是那段随庄师到宁蒗做田野追踪调查的时光，让我深切感受了人类学研究的历史寻绎和现实关怀。庄师思与行合一的学术人生，让我体会到古人所言："沉浸浓郁，含英咀华。"①

① （唐）韩愈：《韩昌黎文·卷一·进学解》，中华书局，民国40年，第26页。

感谢胡鸿保教授，他将我带入了人类学的殿堂。胡老师知识赡博，严谨求实、孜孜不倦，宁静致远，以淡远从容的方式坚持对学术求实精神的追求。博一时胡老师作为我的指导老师，每次三个小时的耳提面命将我这个人类学的门外汉一点点引进殿堂。他总是将他认为对我有用的文章发到我的邮箱，将他认为与我研究的问题相关的资料和书籍找来给我。胡老师对文献研究严谨考据、小心求证，并强调做人类学研究要有问题意识，他的严谨学风和治学精神给了我有益的学术引导，使我受益匪浅。胡老师慕道式的学术人生，让我明白做学问要沉潜反复，耐得住寂寞。

感谢美国芝加哥大学的赵鼎新教授，他最初了解了我的研究计划后，将他做研究的方法毫无保留地传授给我，并给与我方法论上的指导；感谢美国伯克利大学的刘新教授，他认真看了我的开题报告，不但给与我热情的鼓励还激发我理论上的灵感；感谢台湾辅仁大学的夏林清教授，她对我的田野计划给予的指导和鼓励，开阔了我田野调查的视野。

感谢中国人民大学的沙莲香教授数年来对我的教诲和关心，沙师指导我要关注中国传统文化对工厂变迁的影响，她的指导和关心给了我许多的信心。

感谢中国人民大学赵旭东教授的多次指导，他对我的开题报告和论文提出很多有益的建议和指导，感谢黄剑波教授对我开题报告、田野调查和博士论文的多次指导，感谢富晓星博士对我论文多次细致的指导和鼓励，感谢刘谦副教授对我论文的多次指导和启发，感谢张有春副教授对我论文的指导和鼓励；感谢匿名评审老师对我论文的指导意见；还要感谢中国农业大学的孙庆忠教授，中国人民大学的陆益龙教授，他们的指导和点拨让我受益匪浅。

感谢中央民族大学的潘守永教授，我最初打算做城市工业文化的计划得到他的鼓励和细致的指导。感谢北京大学的王铭铭教授，我选了他讲授的《物与心——历史学、神话学与人类学》的课程，他有关物的文化史的讲解给了我有益的启示。还要感谢给我们上过课的李路路教授、郭星华教授、潘绥铭教授、夏建中教授、刘少杰教授、郝大海教授、杨念群教授、黄兴涛教授等，他们的讲授开阔了我的学术视野，使我获益良多。

感谢参加我论文答辩的汪毅夫教授、赵旭东教授、刘夏蓓教授、潘守永教授、曹兵武教授，你们的学识风采和对我博士论文的宝贵指导，我将铭记于心。

感谢我的博士后导师北京大学彭泗清教授，彭老师治学严谨、学贯中西和诲人不倦，愚钝的我能在彭老师门下忝为学徒实在是人生之幸。在北大经过三年的学术训练，彭老师严格要求我既要有本土思考，又要有全球视野，激励我在学术路上不断成长。

感谢博士班的同学，与你们同窗共读、相互砥砺的时光，已经留驻在岁月的画册里。感谢高萍在几年中尤其是在我写博士论文期间给予我的帮助；感谢和柳几年中的帮助和鼓励；感谢罗英豪每次在我离开人大时将我送上地铁；感谢孟亚男帮我保管学生卡；感谢祖霞将她温暖的被窝让给我；感谢和张慧一起听讲座和学佛的日子，感谢和高雅楠同渡文舟和深夜谈心的时光，感谢王方萍、张菊枝等同学，与你们一起携手共进、相互勉励的点点滴滴已留驻在心灵的胶片上。还要感谢张晓莹、王媛、曲珍等同学的美好情谊，感谢方静文同学赋予我的一个充满诗意和历史画面的英文名字。

感谢石龙坝发电厂的工人师傅们给予我热诚的帮助和关照。感谢刘超云老师、陆永朝老师、何绿洲老师、王海燕老师还有陈妈妈给我的家人般温暖。感谢刘德鹏老师和金艺平老师为我提供了石龙坝的资料和图片，感谢陈瑞云、陈学周、章兰仙、樊成方、樊妈妈、杨富高、杨妈妈、陶学柏、王兴贵、陈妈妈、王从礼、毕桂珍、施增龄、严庆珍、陶学柏、余洪生、李春龙、李文林、马廷刚、李云华、普润、李兴华、樊永生、樊永琼、王敏、王国庆、王国文、王桂萍、刘玥、赵芒、陶留仙、冯兵、冯新、张君乔、王海燕、何燕、杨万珠等各位老师。此外，还有很多工人师傅和家属，在这里不能一一列举你们的名字，谢谢你们与我分享生产中和生活里的美好回忆，并给予我真挚的帮助。

感谢云南民族博物馆的谢沫华馆长给予我的指导、关心和帮助。我有关云南的各民族的知识大多来自于云南民族博物馆的各位老师，感谢普卫华老师、起国庆老师、杨松海老师，张金文老师；感谢杜韵红老师在工作和学业上对我的指导和帮助；感谢王国梁老师，他曾经是石龙坝水电站的顾问，他多次耐心地对我进行指导；感谢杨晓冰老师的启迪和帮助；感谢李月英老师、李晓斌老师、李晋老师、张萍老师、林素芬老师、黄海耘老师、郭大伟老师、杨晓老师、戴江老师、余鸣老师、邱文发老师、蒋贞老师、杨冰老师、杨莉老师、罗丹老师、周伟老师、赵菲老师、李海燕老师、谢春波老师、黑少荣老师、陈晓琴老师、黄滢丹老师、高建国老师、吴松懿老师、高祥老师、普志明老师、段明明老师、普宗德老师、李佳泉老师、李淳信老师等，他们丰富的地方性知识给予我有益的指导和参考。

还要感谢在我博士论文撰写期间给予我帮助和鼓励的张凤竹和赵枭凌，一直支持我的赵霄翀和李洲人，感谢张天阳和李雨霏的关心。感谢李兴热诚地帮助我校对和修改书稿的脚注和参考文献。感谢郭晟旭在我读博士和博士后期间给予我的帮助。我还要感谢天堂的爸爸，他总是在我失去信心的时候给予我无穷的力量，感谢妈妈，她总是给予我无私的爱和支持，是我前行的动力；感谢公公婆婆的关心和无私奉献让我总是备感温暖；感谢王丽斌、涂亚峰和涂腾对我的关心和鼓励；感谢我的先生，他总是默默地支持我，在我遇到困难的时候，给我以宽慰和鼓励，他是深邃的海洋，总是能融化我的忧愁。

还要感谢本书的责任编辑社科文献出版社的谢蕊芬老师和胡亮老师。她们的认真、真诚、热情和细致让本似晦涩难行的出版过程充满回味。谢蕊芬老师负责书稿的篇章结构和方向的审核，胡亮老师负责书稿具体的勘校和编辑。谢蕊芬老师总是声音里含笑，一次次柔和耐心地化解我书稿修改中遇到的难题，花蕊的芬芳常在电话的缝隙间沁入我的心田。胡亮老师前前后后花费了很长的时间不厌其烦对书稿进行校对和编辑，她的一丝不苟为本书添光溢彩。冥冥之中，胡亮老师是上天为我安排的责任编辑，记得第一次听到谢蕊芬老师说胡亮老师的名字时，我忽然心生欢喜。石龙坝水电站于 1912 年建成发电时，建设者刻在石上“皓月之光”，希望其永亮于世。“胡亮”恰如这种历史心性和现实意境的映照。

数年的时光，定格了多少难以忘怀的瞬间。在书稿即将画上句号时，我的人类学旅行还是“漫漫长路其修远兮”，对王国维所言“那人在灯火阑珊处”的境界我还需继续在路上求索。然而石龙坝的百年灯火，让我感受到那些丰富的物的生命故事和人的心灵故事，比起我们自身的境遇更值得去探寻，在漂泊中探寻永恒。

赵晓荣　于昆明书味轩

2016 年 3 月 27 日

图书在版编目(CIP)数据

物以载志：中国第一座水电站的历史人类学考察：1910～2012／赵晓荣著．--北京：社会科学文献出版社，2016.5

（田野中国）

ISBN 978-7-5097-8999-5

Ⅰ.①物… Ⅱ.①赵… Ⅲ.①水力发电站-人类学-研究-昆明市-1910～2012 Ⅳ.①F426.61

中国版本图书馆CIP数据核字（2016）第070246号

田野中国

物以载志

——中国第一座水电站的历史人类学考察（1910～2012）

著　　者／赵晓荣

出 版 人／谢寿光

项目统筹／谢蕊芬　童根兴

责任编辑／胡　亮

出　　版／社会科学文献出版社·社会学编辑部（010）59367159

地址：北京市北三环中路甲29号院华龙大厦　邮编：100029

网址：www.ssap.com.cn

发　　行／市场营销中心（010）59367081　59367018

印　　装／三河市尚艺印装有限公司

规　　格／开 本：787mm×1092mm 1/16

印 张：20.5　字 数：257千字

版　　次／2016年5月第1版　2016年5月第1次印刷

书　　号／ISBN 978-7-5097-8999-5

定　　价／89.00元